ESPAÑOL LENGUA EXTI

nuevo Ven
Libro del profesor
3

www.edelsa.es
GRATUITO
España en directo.
**Explotación pedagógica
de las secuencias
de vídeo.
Coordinador:
Carlos Barroso**

**Fernando Marín
Reyes Morales
Mariano del M. de Unamuno**

edelsa
GRUPO DIDASCALIA, S.A.
Plaza Ciudad de Salta, 3 - 28043 MADRID - (ESPAÑA)
TEL.: (34) 914.165.511 - (34) 915.106.710
FAX: (34) 914.165.411
e-mail: edelsa@edelsa.es - www.edelsa.es

Primera edición: 2005

© Edelsa Grupo Didascalia, S.A. Madrid, 2005.
Autores: Fernando Marín, Reyes Morales y Mariano del M. de Unamuno.

Dirección y coordinación editorial: Departamento de Edición de Edelsa.
Diseño de cubierta: Departamento de Imagen de Edelsa.
Diseño y maquetación de interior: Departamento de Imagen de Edelsa.

Imprime: Orymu.

ISBN: 84-7711-855-8

Depósito Legal: M-28855-2005

Impreso en España / *Printed in Spain*

Fuentes, créditos y agradecimientos:

Fotografías:
- Acción Contra el Hambre: págs. 77, 85.
- Brotons: págs. 14, 120.
- Chema Conesa / EL MUNDO: págs. 62, 66.
- Cordon Press: págs. 38, 122, 136, 137, 146.
- Ediciones Temas de Hoy, S.A.(T.H.): pág.112.
- Editorial Anagrama, S.A.: pág. 143.
- El Deseo S.L.U. (Producciones cinematográficas): pág.132.
- FACUA (Federación de Consumidores en Acción): pág. 50.
- Joseph Aznar: pág. 30.
- Juliette Toro: págs. 26, 31, 34, 96.
- María Sodore: págs. 102, 108.

Ilustraciones:
Ángeles Peinador Arbiza: pág. 41.
Rubén Fernández: págs. 8, 9, 23, 64, 112, 114, 145.
Raquel García: pág. 100.

Notas:
- La editorial Edelsa ha solicitado los permisos de reproducción correspondientes y da las gracias a todas aquellas personas e instituciones que han prestado su colaboración.
- Las imágenes y los documentos no consignados más arriba pertenecen al Departamento de Imagen de Edelsa.
- Las audiciones en las que aparecen personajes famosos son adaptaciones de entrevistas reales. Sin embargo, las voces son interpretadas por actores.

INTRODUCCIÓN

NUEVO VEN parte de la larga experiencia docente que proporcionan los miles de estudiantes que han aprendido español con VEN. En su renovación, se incorporan las recomendaciones y sugerencias del *Marco de referencia europeo*. En consecuencia, **NUEVO VEN** se inspira en una idea clara del proceso de aprendizaje que se estructura con arreglo al siguiente esquema de secuenciación:

Antes de empezar, el manual se abre con una unidad 0 que permite al alumno repasar los puntos esenciales de gramática y comunicación abarcados en **NUEVO VEN** 2.

Primera etapa. **APROPIACIÓN**
• Comprensión lectora: esta sección presenta un texto periodístico o literario con su correspondiente explotación pedagógica enfocada en el trabajo del léxico y en el control de la comprensión.
• Comprensión auditiva: esta sección presenta diferentes tipos de audición (entrevistas, diálogos, poema, noticias...) con su correspondiente explotación pedagógica centrada en el trabajo del léxico y en el control de la comprensión.

Segunda etapa. **SISTEMATIZACIÓN**
• Lengua: esta sección ofrece una práctica específica de los exponentes gramaticales mediante cuadros de sistematización seguidos de ejercicios.

Tercera etapa. **TRANSMISIÓN**
• Taller de escritura: esta sección invita al alumno a redactar diferentes tipos de escritos (cartas personales y formales, correos electrónicos, cartas de protesta, etc.) a partir de un modelo.
• Tertulia y Vídeo: Tertulia (en 8 unidades) o Vídeo (en 4 unidades).
   • Tertulia: el tema de la unidad es el eje de esta sección y permite a los alumnos expresarse y debatir.
   • Vídeo: utilización de algunas secuencias del vídeo ***España en Directo*** para ilustrar el tema de determinadas unidades.

Se completa con tres modelos de exámenes del DELE Intermedio.

El **libro del profesor** de **NUEVO VEN** 3 incorpora las soluciones y las transcripciones del **libro del alumno**, la clave del **libro de ejercicios** y las sugerencias de explotación.
Por fin, hay que destacar el vídeo ***España en Directo*** como complemento idóneo para **NUEVO VEN** 3. En efecto, la utilización del vídeo está integrada en el manual donde se trabajan 4 de las 8 secuencias.

España en Directo es un vídeo que contiene ocho entrevistas. A través del testimonio de las personas que aparecen se descubren facetas tan variadas de España como la vida estudiantil, el turrón, las tapas, la fruta, la prensa, los taxis, la Lotería Nacional y el flamenco. Encontrará en el portal de Edelsa (www.edelsa.es), Fórum didáctico, Carpeta de recursos, unas actividades de explotación de todas las secuencias de vídeo.

Al terminar **NUEVO VEN** 3 el alumno será capaz de comprender una gran variedad de tipos de texto y de expresar ideas argumentando de manera eficaz. Todo ello corresponde al nivel B2/B2+ de las directrices del *Marco de referencia europeo*.

Los autores

lingüísticas	Conocimiento sociocultural
léxica	
• Especialidades médicas. • La salud.	• Salud y sociedad. • El mercado en España.
• Vida en la ciudad. • Descripción del carácter de alguien.	• Hispanos en Estados Unidos. • Vida cotidiana en España y en Estados Unidos.
• Las profesiones. • Los estudios universitarios.	• La universidad en España. • Tipo de profesionales que buscan las empresas.
• Perfil psicológico. • Las adicciones modernas.	• Uso del teléfono móvil. • Uso educativo de páginas de la red. • Adicciones.
• La justicia. • La seguridad vial.	• La justicia en España. • El carné de conducir por puntos.
• Medio ambiente. • Desastres naturales.	• Vulnerabilidad medioambiental de algunos países. • La ayuda humanitaria.
• Sentimientos. • Personalidad.	• Acercamiento a la poesía de Pablo Neruda.
• Mundo laboral y hogar. • Formas de vida.	• La mujer y el mundo laboral en España. • Nuevos estilos de vida en España.
• Periodismo y riesgo. • La prensa.	• Periodismo de guerra y de investigación en España. • La prensa en España.
• Géneros cinematográficos. • Las emociones.	• El cine español e hispanoamericano.
• Comida. • Restauración.	• Grandes cocineros españoles. • El tapeo.
• La ciencia. • El hombre y las máquinas.	• La ciencia ficción en el siglo XIX. • Los adelantos científicos actuales.

Para conocerse

Unidad 0
Antes de empezar

1. Escribe un cuestionario

a. LEE los puntos que figuran abajo y PREPARA una entrevista.
Tienes que realizar, al menos, una pregunta de cada apartado, menos en el primero (datos personales), donde preguntamos todos los datos.

Ejemplos:
Estudio de idiomas, tiempo de estudio del español. "¿Cuánto tiempo llevas estudiando español?".
Gustos y aficiones, espectáculos. "¿Qué te gusta más: el teatro, el cine o los conciertos?", o bien: "¿Qué clase de espectáculo te gusta más?".

Datos personales

- nombre
- nacionalidad / origen
- edad
- profesión

Experiencias

- el viaje más interesante
- el día más feliz
- la anécdota más graciosa
- los países hispanohablantes visitados

Gustos y aficiones

- actividades preferidas para el fin de semana
- actividades preferidas para las vacaciones
- espectáculos
- aficiones especiales

Planes

- personales
- profesionales
- la casa

Estudio de idiomas

- tiempo de estudio del español
- 3 cosas que no puedes hacer en español
- 3 cosas que puedes hacer en español
- otros idiomas hablados

Deseos y temores

- ¿qué harías si...?
- 2 deseos (espero que.../ojalá...)
- 2 temores (espero que no...)

Amistades

- describe al amigo o a la amiga ideal
- 2 defectos que no aguantas en los amigos

Sociedad

- 2 obligaciones que te parecen bien
- 2 obligaciones que no te gustan

Tu cuerpo

- comidas o bebidas que procuras no tomar
- ejercicio
- malos hábitos

b. Ahora en parejas FORMULA las preguntas a tu compañero y TOMA NOTAS de sus respuestas.
El alumno formulará preguntas de este tipo:
- Cuéntame el viaje más interesante que has hecho.   - Dime dos obligaciones que te parecen bien.
c. ESCRIBE una presentación de tu compañero/a basada en la información del cuestionario.
Léela al resto de la clase.

Voy a hablar de... . Tiene... años, es canadiense y trabaja para... . Dice que el día más feliz de su vida fue... .Lo que más me ha interesado de... .

Entrevista a un personaje

2. Habla Verónica Sánchez

Transcripción pág. 159

ESCUCHA esta entrevista de la actriz Verónica Sánchez y **CONTESTA** a las preguntas.

Verónica Sánchez es una joven actriz. Se hizo famosa por su participación en la serie televisiva española "Los Serrano", junto al joven cantante Fran Perea. Vero nació el 1 de julio de 1977. Estudió hasta selectividad y a los dieciocho años entró en la Escuela de Arte Dramático de Sevilla. Su primer papel importante fue Juliana en *Al sur de Granada*.

a. ¿Cuál de los siguiente temas se tratan en la entrevista?
   1. Sus estudios ☒
   2. Sus películas preferidas ☐
   3. La ropa que lleva ☐

b. Si no hubiese sido actriz, ¿qué le habría gustado ser? Bailarina, o estudiar filosofía o cultura dramática.

c. ¿Por qué menciona a las actrices Carmen Maura y Cecilia Roth? Porque le gustaría parecerse a ellas.

d. ¿Qué deportes practicaba en el instituto?
   1. Baloncesto ☒
   2. Balonmano ☐
   3. Balonvolea ☐

e. ¿Qué cosas le gustan en un chico?
   1. Que sea guapo y atractivo ☐
   2. Que sea buen conversador e interesante ☐
   3. Que sea divertido e inteligente ☒

f. ¿Cómo es un día normal en la vida de Verónica?
   1. Es muy tranquilo ☐
   2. Está lleno de actividad ☒
   3. Pasa lentamente ☐

g. ¿Qué deseo expresa Verónica sobre la popularidad?
   1. Ojalá tuviera más importancia ☐
   2. Ojalá no la reconociera la gente ☒
   3. Ojalá no tuviera ninguna importancia ☐

h. ¿Qué locura cometió?
   1. Escaparse de casa para ver un concierto de rock ☒
   2. No asistir a clase una semana ☐
   3. Irse sola a viajar por el mundo ☐

alSurdeGranada

Contenidos comunicativos y gramaticales

 ¿TE GUSTA?

> Gustos: *(A mí) me gusta el café / Me gustan las novelas. Me gusta mucho... / No me gusta nada...*
> Opiniones: *Esta novela me parece aburrida / Me parece que esta novela es aburrida.*
> Preferencias: *Prefiero la poesía a la novela.*

1 En parejas, EXPRESAD vuestros gustos y preferencias con respecto a las cosas siguientes.

Ejemplo: Novelas de detectives o novelas históricas.
- *Me gustan las novelas de detectives, porque me parecen muy emocionantes.*
- *Pues a mí no me gustan nada. Me parecen aburridísimas. Prefiero las históricas porque así aprendo cosas.*

a. Vacaciones "activas" (deportes, aventura) o "relajadas" (playa, piscina, paseos...).
b. Comprar por Internet o en las tiendas.
c. Comida asiática o comida "tex-mex".
d. Ir al cine o ver una película en casa.
e. Ir a una discoteca o a una fiesta en casa de unos amigos.
f. Trabajar en una oficina o trabajar desde casa.

 DESEOS

> Con Infinitivo: *Espero llegar a tiempo.*
> Con Subjuntivo: *Espero que llegue la ambulancia a tiempo.*
> *¡Ojalá llegue la ambulancia a tiempo!*
> Temores: *Espero que / Ojalá no llueva. Mañana tenemos excursión.*

2 ESCRIBE un deseo relacionado con la frase dada y con el dibujo.

Ejemplo: Si nieva podremos ir a esquiar.
Espero que nieve.
¡Ojalá nieve!

a. Vamos a ir a la playa.

Espero que no llueva / Ojalá no llueva.

b. Mañana te examinas de matemáticas, ¿verdad?
- Sí,

espero aprobar / ojalá apruebe.

c. La película empieza dentro de cinco minutos y Jorge no ha llegado todavía.

Espero que llegue pronto / Ojalá llegue pronto.

d. Hay que darse prisa. La tienda cierra a las dos.

Espero que esté abierta / Ojalá esté abierta.

e. Vamos a ir de excursión al desierto.

Espero que no haga demasiado calor / Ojalá no haga demasiado calor.

f. Me voy a vivir a Italia, pero no hablo nada de italiano, ...

espero aprenderlo (pronto) / ojalá lo aprenda (pronto).

 IDENTIFICA la función comunicativa de cada frase.

a. Me parece muy bien.
b. ¡No hay derecho!
c. ¿Podrían ustedes mandarme un catálogo?
d. ¿Podría llevarme este catálogo?
e. Hay que tener cuidado con los animales.

1. No estoy conforme.
2. Pido permiso para hacer algo.
3. Estoy de acuerdo.
4. Todos estamos obligados a hacerlo.
5. Pido un favor.

 LOS INTERROGATIVOS

| ¿Qué? | ¿Cuál/es? | ¿Cómo? | ¿Cuándo? | ¿Cuánto/a/os/as? |

 COMPLETA con palabras o expresiones interrogativas.

a. ¿Cuál es tu segundo apellido?
b. ¿Cómo se llama tu padre?
c. ¿Qué nombre tiene tu perro?
d. ¿Cuánto cuesta este coche?
e. ¿Cuántos hermanos tienes?
f. ¿Por qué se han ido tus amigos?
g. ¿Qué día es tu cumpleaños?
h. ¿A qué hora entras a trabajar por la mañana?
i. ¿Cuándo me devolverás mi libro?

 **SER Y ESTAR**

> SER: *Manolo es divertido.*
> *Este queso es de La Mancha.*
>
> ESTAR: *Álvaro está en la cocina.*
> *Estamos a principios de mes.*
> *Francisco está enfermo.*

5 En el siguiente texto RELLENA los huecos con las formas correctas de los verbos SER o ESTAR.

Mi primo Gustavo (a) es pintor. (b) Es de Cáceres, pero se ha formado en Barcelona. Ahora (c) está muy contento porque su última exposición (d) ha sido un éxito y (e) está vendiendo muchos cuadros. La exposición (f) está situada en la Galería Goya.

Trabajando en sus cuadros, Gustavo (g) es muy paciente. Retoca con su pincel una y otra vez, hasta que (h) está satisfecho. Cuando (i) está de mal humor es cuando mejor pinta, según él. Entonces empieza a pintar y no para, aunque (j) esté malo y con fiebre.

Dice que (k) está harto de la crítica. Los críticos no le comprenden. Hubo uno que escribió una crítica malísima, diciendo que sus cuadros (l) eran muy malos. Pues bien, Gustavo descubrió que ese crítico ¡ni siquiera había (m) estado en la exposición!

 LA IMPERSONALIDAD

> ¿Cómo se va a la Plaza de la Ópera? (cualquier persona).
>
> *La gente comenta que es una película muy buena.*
> *Se comenta que es una película muy buena.*
>
> *En la droguería los clientes compran productos de limpieza.*
> *En la droguería se compran productos de limpieza.*

6 TRANSFORMA las frases siguientes para emplear *se.*

a. En esta tienda los dependientes hablan inglés. En esta tienda se habla inglés.

b. En este país los ciudadanos admiran mucho a los deportistas. En este país se admira mucho a los deportistas.

c. ¿Cómo puedo ir a la catedral? ¿Cómo se puede ir a la catedral?

d. ¿Cómo hacen los cocineros una tortilla de patatas? ¿Cómo se hace una tortilla de patatas?

e. En Navidad la gente celebra muchas fiestas. En Navidad se celebran muchas fiestas.

USO DE DIFERENTES TIEMPOS VERBALES DEL PASADO.

Pretérito Perfecto	*¿Has comido algo, o te preparo un bocadillo?*
Pretérito Indefinido	*Anoche comimos salmón para cenar.*
Pretérito Imperfecto	*De pequeños, mis hermanos comían en la cocina.*
Pretérito Pluscuamperfecto	*Cuando llegué a la fiesta ya se lo habían comido todo.*

Alejandro ha estado de vacaciones. A la vuelta escribe un correo a todos sus amigos. LEE y ESCRIBE los verbos que aparecen entre paréntesis en la forma correcta.

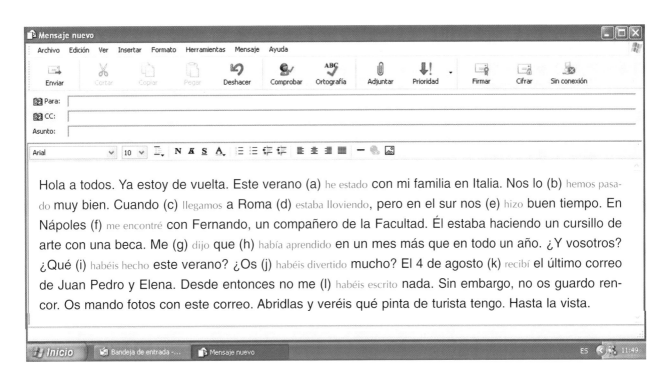

Hola a todos. Ya estoy de vuelta. Este verano (a) he estado con mi familia en Italia. Nos lo (b) hemos pasado muy bien. Cuando (c) llegamos a Roma (d) estaba lloviendo, pero en el sur nos (e) hizo buen tiempo. En Nápoles (f) me encontré con Fernando, un compañero de la Facultad. Él estaba haciendo un cursillo de arte con una beca. Me (g) dijo que (h) había aprendido en un mes más que en todo un año. ¿Y vosotros? ¿Qué (i) habéis hecho este verano? ¿Os (j) habéis divertido mucho? El 4 de agosto (k) recibí el último correo de Juan Pedro y Elena. Desde entonces no me (l) habéis escrito nada. Sin embargo, no os guardo rencor. Os mando fotos con este correo. Abridlas y veréis qué pinta de turista tengo. Hasta la vista.

 EL ESTILO INDIRECTO

Estuve ayer con tu primo. *Me dijo que había estado con mi primo el día anterior.*
Llama a tus padres. *Me dijo que llamara a mis padres.*
¿Has visto a Juan? *Me preguntó si había visto a Juan.*
Venga, vámonos a tomar un café. *Me propuso que nos fuéramos a tomar un café.*
No sé nada. *Me contestó que no sabía nada.*

8 María José, Celia y Andrés están comunicándose en un "chat". Están haciendo planes para el fin de semana. ESCRIBE un correo a Alejandro contándole, como si fueras Andrés, lo que han dicho en el chat. USA los verbos siguientes:

decir	preguntar	proponer	contestar

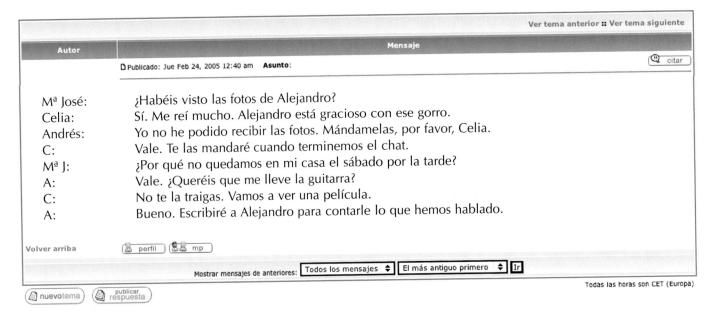

Ver tema anterior :: Ver tema siguiente

Autor	Mensaje

Publicado: Jue Feb 24, 2005 12:40 am **Asunto:**

citar

Mª José: ¿Habéis visto las fotos de Alejandro?
Celia: Sí. Me reí mucho. Alejandro está gracioso con ese gorro.
Andrés: Yo no he podido recibir las fotos. Mándamelas, por favor, Celia.
C: Vale. Te las mandaré cuando terminemos el chat.
Mª J: ¿Por qué no quedamos en mi casa el sábado por la tarde?
A: Vale. ¿Queréis que me lleve la guitarra?
C: No te la traigas. Vamos a ver una película.
A: Bueno. Escribiré a Alejandro para contarle lo que hemos hablado.

Volver arriba   perfil   mp

Mostrar mensajes de anteriores: Todos los mensajes ◆ El más antiguo primero ◆ Ir

Todas las horas son CET (Europa)

nuevotema   publicar respuesta

Empieza así:

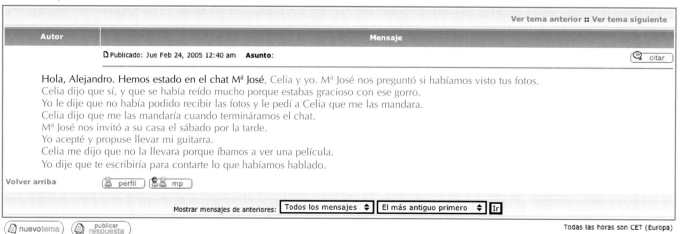

Ver tema anterior :: Ver tema siguiente

Autor	Mensaje

Publicado: Jue Feb 24, 2005 12:40 am **Asunto:**

citar

Hola, Alejandro. Hemos estado en el chat Mª José, Celia y yo. Mª José nos preguntó si habíamos visto tus fotos.
Celia dijo que sí, y que se había reído mucho porque estabas gracioso con ese gorro.
Yo le dije que no había podido recibir las fotos y le pedí a Celia que me las mandara.
Celia dijo que me las mandaría cuando termináramos el chat.
Mª José nos invitó a su casa el sábado por la tarde.
Yo acepté y propuse llevar mi guitarra.
Celia me dijo que no la llevara porque íbamos a ver una película.
Yo dije que te escribiría para contarte lo que habíamos hablado.

Volver arriba   perfil   mp

Mostrar mensajes de anteriores: Todos los mensajes ◆ El más antiguo primero ◆ Ir

Todas las horas son CET (Europa)

nuevotema   publicar respuesta

 ORACIONES SUBORDINADAS

Concesivas:	*Aunque no me apetece, iré.* (Ahora mismo no me apetece). *Aunque no me guste, aplaudiré.* (Todavía no sé si me gustará).
Condicionales:	*Si vas, te acompañaré.* *Si fueras te acompañaría.* *Si hubieras ido, te habría / hubiera acompañado.*
Finales:	*Te lo repetiré para que me comprendas.*
Causales:	*No fui porque no me encontraba bien.*
Temporales:	*Avísame cuando llegues.* (Todavía no has llegado). *Cuando llegó Juan estábamos en la playa.*

9 RELACIONA las dos partes de cada frase.

a. Aunque haga frío
b. Si tuviera más tiempo libre
c. Llamaré al restaurante
d. Cuando lleguemos a Canadá
e. No fuimos a la excursión
f. Cuando llegamos a Caracas
g. Me sentiría más acompañado
h. Si no me siento mejor mañana

1. para que nos reserven una mesa.
2. porque era demasiado cara.
3. yo pienso ir a la playa.
4. aprendería más idiomas.
5. hacía muchísimo calor.
6. tenemos que visitar las cataratas del Niágara.
7. no iré a trabajar.
8. si vinieras conmigo.

 IMPERATIVO

> *Calienta la leche para el biberón*
> *Come esta tarta*
> *Fríe estas patatas*
>
> *No la calientes tanto*
> *No la comas entera*
> *No las frías todas*

10 COMPLETA las frases con los verbos del recuadro en la forma correcta del Imperativo.

> venir   decir   hacer   ir   poner   volver

a. Mira, Manu, no hagas caso de los rumores. Son todos mentira.
b. Adiós, señores. Vuelvan ustedes cuando quieran. Esta es su casa.
c. Señora Cortez, ¡no le diga a su marido que estamos aquí! Queremos darle una sorpresa.
d. Fran, por favor, pon la mesa mientras termino la comida, ¿vale?
e. ¿Mesa para cuatro? Sí, vengan ustedes conmigo por aquí, por favor.
f. Rafa, Carmen, no os vayáis todavía. La fiesta está en lo mejor.

 COMPARATIVOS Y SUPERLATIVOS

> *Alfredo ha sacado buena nota. Laura sacó mejor nota todavía.*
> *¡Qué tiempo más malo! Todavía hace peor en mi pueblo.*
> *Tengo un hermano mayor, me lleva cinco años.*
> *¡Qué rica la carne! La verdad, está riquísima.*

11 COMPLETA las frases con palabras o expresiones del recuadro.

> más grande   mayor   grandísimas   bueno   mejor   buenísimos

a. Mi hermano es mayor que yo. Él tiene treinta y yo tengo veintisiete.
b. Mi cuarto es el más grande de toda la casa. Tengo mucha suerte.
c. Lo mejor que puedes hacer es pedir consejo a un experto.
d. ¿Has probado estos canapés? Están buenísimos .
e. Hacía tiempo que no veía a tus hijas. ¡Están grandísimas !
f. Me gusta este libro, pero no es tan bueno como el anterior de la misma autora.

Unidad 1
Sentirse bien

Objetivos

■ **Competencias pragmáticas:**

- **Hablar de la salud.**
- **Expresar obligación de forma personal e impersonal.**
- **Expresar juicios de valor.**
- **Dar instrucciones y consejos.**
- **Comprar en un mercado.**

■ **Competencias lingüísticas:**

Competencia gramatical
- **Perífrasis verbales de obligación.**
- **Verbos con preposición.**
- **Comparativos y superlativos.**
- **Verbos que expresan juicios de valor.**

Competencia léxica
- **Especialidades médicas.**
- **La salud.**

■ **Conocimiento sociocultural:**

- **Salud y sociedad.**
- **El mercado en España.**

Recursos y tareas

■ Comprender una entrevista.
- Explicar cómo conservar la salud y mantenerse en forma.

■ Comprender un artículo periodístico.

■ Taller de escritura.
- **Escribir un texto dando consejos.**

■ Vídeo.
- **Descubrir una realidad sociocultural: el mercado.**

Comprensión auditiva

1. La alimentación y la salud

a. Antes de escuchar, CONTESTA a estas preguntas.

- ¿Qué opinas de la preocupación por el adelgazamiento?
- ¿Conoces dietas milagrosas? ¿Qué piensas de ellas?
- ¿Hay alimentos que engordan más que otros?
- ¿Por qué estar gordo puede ser un problema para la salud?

Ver pág. 160

b. ASOCIA cada verbo del carro de la izquierda con su sinónimo del carro de la derecha.

a. Almacenar   1. Repercutir
b. Conllevar   2. Implicar
c. Ingerir   3. Guardar
d. Aprovechar   4. Crear
e. Influir   5. Comer
f. Sustituir   6. Utilizar
g. Inventar   7. Suplir

c. ¿Qué SIGNIFICAN estas palabras que vas a escuchar en la audición?

a. Sedentario
1. que no se mueve [X]
2. que tiene sed ☐
3. que se pone nervioso ☐

c. Inexorablemente
1. que no tiene explicación ☐
2. que no se puede prever ☐
3. que no se puede evitar [X]

e. Apetencia
1. necesidad ☐
2. deseo [X]
3. obligación ☐

b. Escasez
1. abundancia ☐
2. ausencia ☐
3. carencia [X]

d. Oficio
1. afición o diversión ☐
2. trabajo o profesión [X]
3. actividad pública ☐

f. Peculiaridad
1. característica propia [X]
2. rareza ☐
3. excepción ☐

2. Infórmate   Transcripción pág. 160

a. Escucha y CONTESTA: verdadero o falso.

	V	F
a. La edad y la estatura no influyen en el sobrepeso.	☐	[X]
b. Las personas que comen cantidades parecidas engordan lo mismo.	☐	[X]
c. El organismo almacena la energía no utilizada en forma de grasa.	[X]	☐
d. Acostumbrarse de niños a comer más favorece la tendencia a engordar.	[X]	☐
e. La genética es el factor más importante para estar gordo.	☐	[X]
f. La vida moderna nos hace ir más deprisa y desarrollar más actividad.	☐	[X]
g. En las comidas bebemos menos líquido del que necesitamos.	☐	[X]
h. El especialista nos aconseja controlar las cantidades que comemos.	[X]	☐

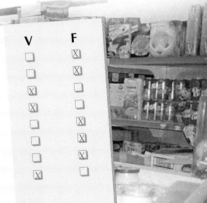

b. **Lee estas preguntas, ESCUCHA de nuevo la entrevista y RESPONDE.**

a. ¿Cuáles son las causas del sobrepeso?
b. ¿Por qué personas que comen la misma cantidad tienen más sobrepeso que otras?
c. ¿Qué deben hacer los padres para que sus hijos no engorden demasiado?
d. ¿En qué medida influye la actividad física?
e. ¿Qué aspectos de la vida moderna influyen en el sobrepeso?
f. ¿Qué consejos nos da el especialista?

a. No sólo depende de lo que se come, sino también de la talla, el grado de actividad física, la edad y ciertas peculiaridades fisiológicas.
b. Porque hay personas que aprovechan mejor su energía, que almacenan en forma de grasa.
c. Guiar los hábitos y apetencias alimenticias de sus hijos.
d. El especialista no responde directamente, pero da a entender que mucho, pues "la vida moderna conlleva menos ejercicio físico cotidiano".
e. La comida rápida y las bebidas calóricas.
f. Vigilar cuánto comemos y lo que comemos, caminar y hacer ejercicio.

3. ¿Qué especialista elegir?

Especialidad	Especialista	Actividad
Pediatría	Pediatra	corazón
Cardiología	Cardiólogo	huesos
Traumatología	Traumatólogo	niños
Psiquiatría	Psiquiatra	mujer
Ginecología	Ginecólogo	ojos
Oftalmología	Oftalmólogo	cáncer
Oncología	Oncólogo	mente

a. **Fíjate en las especialidades médicas y COMPLETA el cuadro con el nombre del especialista.**

b. **RELACIONA cada nombre de especialidad médica con su especialista y la actividad que desempeña.**

Ejemplo: *El pediatra es el especialista de las enfermedades de los niños.*

c. **ESCRIBE los nombres de otras especialidades médicas relacionándolas con las partes del cuerpo.**

Odontología, dientes, odontólogo - Dermatología, piel, dermatólogo- Gastroenterología, estómago, gastroenterólogo

4. Cómo conservar la salud y estar en forma

En grupos, LEE las siguientes indicaciones.

1. No fume y evite estar en ambientes donde la gente lo haga.
2. No beba alcohol, o reduzca al mínimo su consumo.
3. Ingiera abundante fruta y verdura cruda.
4. Reduzca al mínimo el café, el té y los refrescos.
5. Disminuya las grasas todo lo posible.
6. No consuma demasiado pan.
7. Evite medicamentos no recetados por su médico.
8. Haga ejercicio al menos 5 días a la semana, a ser posible un mínimo de 45 minutos por sesión, preferentemente un ejercicio aeróbico como correr, nadar o montar en bicicleta.
9. Duerma al menos 7 horas diarias.
10. No haga dietas sin control médico.

a. Comenta cuál de estas indicaciones te parece más importante y argumenta por qué.
b. Cuenta experiencias personales relacionadas con las sugerencias.
c. ¿Añadirías algún otro consejo?

a. Posible repuesta: todas las sugerencias son importantes para conservar la salud, pero las más importantes son la 10 (si se hacen dietas disparatadas), la 1 y la 7, aunque lo esencial en conservar la salud y estar en forma es el equilibrio entre lo que debemos hacer y lo que tenemos que evitar.
b. Respuesta libre.
c. Sugerencias: evitar el estrés, llevar un estilo de vida que no nos deteriore, combatir el ruido, huir del sedentarismo caminando o subiendo las escaleras a pie.

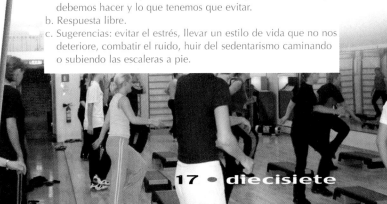

Curarse a carcajadas

Reírse es la más barata de las terapias. Después de tres horas la risa puede cambiar los resultados de unos análisis clínicos porque disminuye el colesterol y produce una activación cerebral que da lugar a una sensación placentera y sedante.

Hay muchas personas que se benefician con la técnica de la risoterapia. Los depresivos son muy agradecidos porque tienen unos niveles muy bajos de ciertas sustancias cerebrales que con la carcajada aumentan. También todas las patologías del sistema inmunológico mejoran con esta técnica.

La risa es uno de los misterios más antiguos de la ciencia. Cuando nos venimos abajo por alguna circunstancia, ese momento provoca la risa en los demás y la vergüenza en nosotros mismos. En esa situación, lo mejor es reírse de uno mismo. No debemos tomarnos muy en serio.

En la medicina oriental la risa es muy apreciada, los budistas zen buscan la iluminación a través de una gran carcajada. Por el contrario, en Occidente su uso curativo es una novedad, aunque cada día son más los médicos interesados por este tipo de terapia y se acercan a ella con voluntad de aplicarla a sus enfermos. Como tendemos a reprimir la risa en situaciones formales, hay que preparar previamente al paciente para que rompa su defensa natural que le lleva a no manifestarse espontáneamente y a no exteriorizar sus sentimientos. La risa es la distancia más corta entre dos personas.

El oncólogo Eduardo Salvador afirma que "a veces tenemos miedo a ser malinterpretados, a parecer vulgares en lugar de unos profesionales rigurosos si no nos tomamos todo demasiado en serio. Sin embargo, como pacientes, asistentes sanitarios o alguien a quien le importa el bienestar del enfermo, tenemos que mantener la moral elevada y una actitud positiva que incluya la esperanza, la alegría y la risa".

Leyda Barrena lleva 12 años en España dedicándose a investigar la risa como arma médica. Explica que tras varias carcajadas aumenta la ventilación y la sangre se oxigena. Hay que reírse varias veces al día para combatir el estrés y prevenir muchas enfermedades. La risa está conectada con el hemisferio derecho, la parte del cerebro responsable de la creatividad, la intuición, el juego y el arte.

Son muchas las aplicaciones de esta terapia, algo que sabe bien Leyda, que en la "Academia de la Risa" imparte clases tanto a personas con Alzheimer como a ejecutivos o adolescentes. "Con ella nos libramos del estrés y la ansiedad acumulados, las hormonas que se activan tras una carcajada confieren bienestar".

Esta defensora de la risa anima a todos a probar esta terapia, "aunque no tengan grandes problemas, siempre es enriquecedor. Yo me tiré al ruedo; y estoy encantada".

Texto adaptado, Ángeles López, *El Mundo Salud*, 17 de junio de 2003.

1. Reírse es la más barata de las terapias

a. LEE el texto y ESCRIBE todas las palabras que aparecen relacionadas con:

RISA

reírse - risa - risoterapia - carcajada - alegría

MEDICINA

terapias - análisis clínicos - colesterol - depresivos - patologías - sistema inmunológico - medicina - curativo - médicos - enfermos - paciente - oncólogo - asistente sanitario - enfermedades

b. BUSCA en el texto un sinónimo correspondiente a cada una de estas palabras.

carcajada	disminuir	placentero	reprimir	riguroso
a. Risa fuerte	c. Reducir	e. Agradable	g. Controlar	i. Estricto
b. Curación	d. Proporcionar	f. Enfermedad	h. Enfermo	j. Dar
terapia	conferir	patología	paciente	impartir

2. Tírate al ruedo

¿Qué SIGNIFICAN las siguientes expresiones idiomáticas? Selecciona para cada una la definición que más se aproxime entre las 6 propuestas.

a. Tirarse al ruedo
b. Tomarse en serio (algo)
c. Venirse abajo

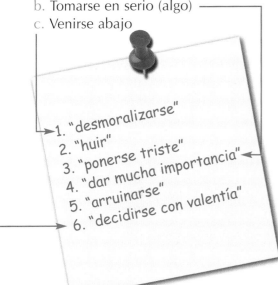

1. "desmoralizarse"
2. "huir"
3. "ponerse triste"
4. "dar mucha importancia"
5. "arruinarse"
6. "decidirse con valentía"

3. La risoterapia

CONTESTA a las preguntas.

a. Explica con tus propias palabras en qué consiste la risoterapia.
b. ¿Cuáles son los beneficios de esta terapia?
c. ¿Se aplica sólo la risoterapia para problemas de salud mental? Justifica y razona tu respuesta con las informaciones del texto.
d. ¿Qué nos recomienda la autora del texto cuando nos hundimos moralmente?
e. ¿Qué diferencias han existido entre la medicina occidental y la oriental sobre el uso terapéutico de la risa?
f. ¿Qué propone el oncólogo Eduardo Salvador respecto de la conducta del médico con el paciente?
g. ¿Qué efectos se producen tras varias carcajadas? ¿Qué explicación científica da Leyda Barrena?

Ja

a. Curar o mejorar la salud riéndose.
b. Disminuye el colesterol, activa el cerebro de forma sedante y placentera, aumenta ciertas sustancias cerebrales y mejora el sistema inmunológico.
c. No. En el texto no sólo se habla de los depresivos, sino también del sistema inmunológico (párrafo 2) y de prevenir el estrés y prevenir muchas enfermedades (párrafo 6).
d. Reírse de uno mismo.
e. En la medicina oriental, la risa es muy apreciada desde la Antigüedad; en la occidental, es una novedad.
f. Mantener la moral elevada y una actitud positiva que incluya la esperanza, la alegría y la risa.
g. Aumenta la ventilación y la sangre se oxigena. La risa está conectada con el hemisferio derecho, la parte del cerebro responsable de la creatividad, la intuición, el juego y el arte.

Punto  de vista

a. ¿Cómo se interpreta la risa en nuestra sociedad? ¿Para qué sirve?
b. ¿Qué connotaciones tiene?
c. ¿Qué opinas de la risa como arma médica? ¿Te parece útil que exista una "Academia de la risa"?

a. Depende de la situación comunicativa. La risa se interpreta en nuestra sociedad como una forma de evasión de las tensiones, como manifestación de simpatía. Pero hay circunstancias en las que tenemos que reprimirla. La risa sirve para relajarnos y ver las cosas de una forma menos dramática.
b. La risa se asocia a que uno no está hablando en serio.
c. Respuesta libre.

 Lengua

 PERÍFRASIS VERBALES DE OBLIGACIÓN

Las perífrasis verbales de obligación son construcciones que expresan un hecho obligatorio o necesario.

• **Tener que + Infinitivo.** Expresa obligación o necesidad y se construye con sujeto personal:
Tenemos que mantener la moral elevada.
En Pretérito Indefinido implica que la acción fue inevitable: *Tuve que contarle una mentira.*

• **Haber de + Infinitivo.** Expresa obligación o necesidad y se construye con sujeto personal o impersonal. En oraciones impersonales permite dar instrucciones:
Se ha de desmontar la caja con sumo cuidado.
Se emplea en un registro más formal y es propia de la lengua culta:
Dentro de ese difícil oficio de educadores que los padres tienen, ha de incluirse la tarea de guiar los hábitos y apetencias alimenticias de los hijos.
En primera persona indica la decisión firme del sujeto de hacer algo: *He de decírselo cuanto antes.*

• **Deber + Infinitivo.** Expresa obligación o necesidad, se construye con sujeto personal. Tiene un valor de fuerza moral o de consejo: *Debemos ayudar a los más necesitados.*
Si usted sufre sobrepeso, debe proponerse cambiar dos cosas en su vida.

• **Haber que + Infinitivo.** Expresa obligación o necesidad, es una forma impersonal (sólo se usa en tercera persona del singular): *Hay que preparar previamente al paciente.*

1 SUSTITUYE las palabras subrayadas por la perífrasis de obligación más adecuada. En ocasiones habrá más de una respuesta correcta posible.

a. <u>Necesito</u> Tengo que dormir más, estoy muy cansado.
b. Lo tengo muy claro, <u>no voy a revelar</u> no debo / no tengo que / no he de revelar el secreto a nadie.
c. <u>Conviene</u> que te esfuerces Tienes que / Debes esforzarte más.
d. Javier no ha venido. <u>Es imprescindible</u> que alguien lo llame. Hay que llamarlo.
e. <u>Es preciso</u> leerlo Se ha de / hay que leer con mucha atención.
f. En esta receta <u>se siguen</u> se han de / se tienen que seguir todos los pasos al pie de la letra.
g. Antes <u>era necesario</u> había que sacarse el pasaporte para viajar a Francia.
h. Como buenos ciudadanos <u>estamos obligados a</u> debemos / tenemos que pagar impuestos.

 VERBOS CON PREPOSICIÓN

Muchos verbos exigen el uso de una preposición determinada.

Verbos con preposición más frecuentes:

Acordarse de: *No me acordé de llamarte.*
Consistir en: *El trabajo consiste en vender seguros.*
Estar de acuerdo con: *Estoy de acuerdo contigo.*
Tender a: *Tendemos a reprimir la risa.*
Depender de: *Depende de lo que se come.*

Jugar a: *Pau Gasol juega al baloncesto.*
Confiar en: *Sé que puedo confiar en ti.*
Discutir con: *Discute mucho con su pareja.*
Dedicarse a: *Lleva años dedicándose a cantar.*
Enamorarse de: *Se enamoró de ella enseguida.*

Algunos verbos cambian de significado según la preposición que lleven:

Reírse de = burlarse de alguien.	*Lo mejor es reírse de uno mismo.*
Reírse con = divertirse con alguien.	*Cuenta muy bien los chistes; nos reímos con él.*
Hablar = expresarse.	*Al teléfono Luis no para de hablar.*
Hablar de (un tema) = Referirse a (un tema).	*Hablamos del trabajo, de nuestros amigos...*
Creer a = confiar en que alguien dice la verdad.	*El juez creyó al testigo.*
Creer en = confiar en la existencia de algo.	*¿Crees en los extraterrestres?*
Creer en = confiar en la valía de alguien.	*Mi jefe creyó en mí desde el principio.*
Pensar en (algo o alguien) = acordarse de.	*Sigo pensando en ella.*
Pensar de (algo o alguien) = opinar.	*¿Qué piensas de su último disco?*

 COMPLETA las siguientes frases con la preposición correcta: *a, de, en, con.*

a. Él sólo piensa en su pasado.

b. ¿Qué piensas de la amiga de Teresa?

c. Me encanta jugar a las cartas.

d. Él discute con su socio continuamente.

e. Se dedica al baile flamenco.

f. Estoy de acuerdo con él en casi todo.

g. Lleva tiempo hablando de esto.

h. Es difícil confiar en la gente.

i. María se ha enamorado de Javier.

j. El productor creyó en Amenábar desde el principio.

 COMPARATIVOS Y SUPERLATIVOS

Comparativos

De superioridad:	más...que (sustantivos, adjetivos o verbos)	*Es más cariñosa que él.*
De inferioridad:	menos...que (sustantivos, adjetivos o verbos)	*Es menos divertido que tú.*
De igualdad:	tanto...como (verbo)	*Se ríe tanto como un niño.*
	tan...como (adjetivo)	*Es tan alto como su abuelo.*
	tanto/a/os/as...como (sustantivo)	*Tengo tantas ideas como ella.*

En el caso de más...que, menos...que, si el complemento de esos comparativos va seguido de una proposición, se añade de lo: Más/menos ... de lo que ...: *Es más listo de lo que parece.*

Comparativos y Superlativos irregulares		
Bueno	Mejor	Óptimo
Malo	Peor	Pésimo
Grande	Mayor	Máximo
Pequeño	Menor	Mínimo

Superlativos absolutos		
Buenísimo	=	Muy bueno
Malísimo	=	Muy malo
Grandísimo	=	Muy grande
Pequeñísimo	=	Muy pequeño

Superlativos relativos

Expresan la superioridad o la inferioridad en grado máximo respecto de un grupo.

El/la más/menos + adjetivo	*A. Banderas es el actor español más conocido en EEUU.*
El/La más/menos + adjetivo + de + nombre	*Reírse es la más barata de las terapias.*
El/la más/menos + adjetivo + que + verbo	*Es la persona más generosa que existe.*

 COMPLETA las siguientes frases con un comparativo o superlativo.

a. Cien euros es la cantidad máxima que puedo pagar.

b. México es la ciudad más poblada de Hispanoamérica.

c. ¡Qué mal! Es la peor experiencia que he tenido nunca.

d. *El Quijote* es la mejor novela de Cervantes.

e. Él sabe menos de lo que la gente cree.

f. Es más bonito de lo que había imaginado.

Taller *de escritura*

Dar instrucciones y consejos

1. Consejos para la prevención del dolor de cabeza

a. LEE el siguiente texto:

Aprender a reconocer el dolor de cabeza es el primer paso para ponerle remedio. Pero antes de sufrirlo, es mejor prevenirlo. Estos son algunos consejos para combatirlo.

En primer lugar, evite el estrés, pues es el primer factor desencadenante del dolor de cabeza. El estrés lleva a la ansiedad, potente generador de cefaleas tensionales.

Asimismo, es necesario moderar la tensión nerviosa. Las personalidades ansiosas, obsesivas y perfeccionistas son más vulnerables a estos dolores. Conviene tomarse la vida con filosofía.

Además, debe alejar de su vida los ruidos. El ruido estridente y continuado es un factor generador de dolor de cabeza, sobre todo para las personas con tendencia a las migrañas.

Por otro lado, tenga cuidado con el alcohol. No beba vinos ni cava que no sean de calidad.

Finalmente, manténgase alerta ante los cambios de tiempo. El frío y los cambios bruscos de temperatura pueden causar cefaleas tensionales y crisis de migraña.

b. SUBRAYA en el texto sinónimos de la expresión "dolor de cabeza".

Cefaleas - migrañas

c. COMPLETA.

Adjetivo	Nombre	Verbo
Potente	Potencia	Potenciar
Tensional	Tensión	Tensar
Ansioso	Ansiedad / Ansia	Ansiar
Obsesivo	Obsesión	Obsesionar
Perfeccionista	Perfección	Perfeccionar
Continuado	Continuación / Continuidad	Continuar

Expresar juicios de valor: *ser* + adjetivos valorativos

- Es mejor
- Es preciso
- Es necesario
- Es conveniente

que + Subjuntivo si el sujeto de las dos oraciones es distinto.
Es mejor que lo pienses dos veces.
+ Infinitivo si es una construcción impersonal.
Es mejor esperar a mañana.

Para ayudarte

> **Dar consejos**
>
> • Imperativo afirmativo: *Piénsalo bien antes de tomar una decisión.*
> • Imperativo negativo: No + Subjuntivo. *No te dejes llevar por tus emociones.*
> • Perífrasis verbales de obligación: Tener que + Infinitivo, Deber + Infinitivo.

Para ayudarte

2. Aconséjanos

a. COMPLETA las siguientes frases dando consejos. Emplea juicios de valor, imperativos o perífrasis verbales.

Ejemplo: *Para superar la timidez hay que confiar en los demás.*

a. Para manejar bien el ordenador

tienes que practicar muchas horas / hacer un cursillo.

b. Si quieres organizar tus estudios

debes seguir los consejos del profesor / no debes dejar todo para el final.

c. Debes leer bien las instrucciones

Es aconsejable que lo hagas/no actúes sin leerlas.

d. Para hacer amigos

tienes que ser sociable / hay que saber compartir / debes salir más.

e. Si quieres adelgazar sin dejar de comer

tienes que hacer ejercicio / no hagas vida sedentaria / lo mejor es que te apuntes a un gimnasio.

b. ¿Cuáles son las construcciones que se utilizan en el texto para dar instrucciones? DA ejemplos.

a. ¿Qué tiempos verbales utiliza el autor?
b. ¿Qué tipos de perífrasis verbales se usan?
c. ¿Cómo se expresan los juicios de valor? ¿Con qué verbos o locuciones verbales?
d. ¿Cuáles son los conectores? Subráyalos.

a. Presente de Indicativo e Imperativo.
b. Usa una perífrasis verbal de obligación.
c. Con verbos valorativos ("conviene") y expresiones como "es mejor", "es necesario".
d. En primer lugar, Asimismo, Además, Por otro lado, Finalmente.

3. Dar instrucciones y consejos

a. En parejas. ELIGE un tema entre los que aparecen a continuación.

Cómo adelgazar sin dejar de comer.
Cómo organizar tus estudios.
Cómo sacar partido al ordenador.
Cómo instalar un equipo de música.
Cómo hacer amigos.
Cómo superar la timidez.

Cómo superar la timidez.

Cómo organizar tus estudios.

b. ESCRIBE unos consejos relativos al tema elegido.
• Cada uno elabora su propia lista de consejos y la pone en común con su compañero.
• Entre los dos, elegís cinco consejos entre los más pertinentes.
• Siguiendo el modelo, redactáis un escrito de 150 -180 palabras.

Modelo pág. 160

España es... fruta

1. ¿Te gusta la fruta?

Antes de visionar

- ¿Conoces la fruta española y la de Hispanoamérica?
- ¿Qué diferencias hay entre la fruta de España y la de tu país?
- ¿Hay en tu país algunas frutas que en España no existan?
- ¿Cuántas piezas de fruta tomas al día?
- ¿Te gusta comer distintos tipos de fruta en cada estación del año?

- Se trata de que el alumno dé varios nombres de frutas españolas e hispanoamericanas y se contrasten los conocimientos del grupo: frutas tropicales (mango, papaya), frutas típicamente españolas (naranja, melón).
- El alumno debe responder aquí cuál es la fruta más típica de su país.
- La idea es que cada alumno mencione un tipo de fruta de su país que no exista en España y viceversa.
- Es una ocasión para hablar de hábitos alimenticios.
- Aquí se trata de hablar de las frutas típicas de cada temporada en contraste con las frutas de los invernaderos, que se dan todo el año.

2. En el puesto de frutas

Primer visionado. LEE las preguntas y después de ver una vez la escena, CONTÉSTALAS.

Transcripción pág. 161

a. ¿Dónde están los personajes?
    1. En un mercado ☒   2. En un supermercado ☐   3. En la calle ☐

b. ¿Quién es Laura y en qué trabaja? Es frutera y trabaja en una frutería.

c. Laura
    1. Es la que más sabe de frutas ☒
    2. Sabe mucho de frutas ☐
    3. Dice que nadie sabe de frutas ☐

d. ¿Qué frutas tienen en verano y en invierno y cuáles se venden más?

	VERANO	INVIERNO
Plátanos		X
Sandías	X	
Cerezas	X	
Naranjas		X
Mandarinas		X
Fresas	X	
Melones	X	

En verano se venden más los melones, las sandías y las fresas. En invierno las naranjas y los plátanos.

3. Usos y costumbres

a. ¿Qué SIGNIFICAN las siguientes expresiones?

a. Hoy en día
    1. Actualmente ☒   2. En el día de hoy ☐
b. La gente pide la vez
    1. La gente se apunta a un turno ☒   2. La gente pide una vez ☐
c. Clientes de toda la vida
    1. Habituales ☐   2. Que compran ahí desde hace mucho tiempo ☒

b. ESCRIBE los sinónimos de las siguientes palabras:

Atender   Servir, Hacer caso.
Tocar   Corresponder.
Soler   Acostumbrar.
Salir a   Costar, Valer.

c. Segundo visionado. ¿Lo has entendido?

a. ¿Cómo sabe la frutera a qué cliente tiene que atender primero? Porque la gente pide la vez.
b. ¿En qué temporada se vende más fruta? En verano.
c. ¿Qué inconveniente tiene –según Laura– comprar en unos grandes almacenes? No se compra lo mejor.
d. ¿Qué ventajas tiene comprar en una frutería? Los consejos del frutero, que conoce los gustos de sus clientes.
e. ¿La fruta se vende según lo que pesa o pagando una cantidad por cada unidad? Depende del tipo de fruta. Normalmente, se vende al kilo.
f. ¿Qué frutas se compran por piezas? Los melones y las sandías.
g. ¿Cuánto cuesta el kilo de naranjas si compramos las bolsas? 1,5 € el kilo.
h. ¿Cuánto tiene que pagar al final la entrevistadora por los plátanos y las naranjas? Nada, porque le invita la frutera.

4. ¿La última, por favor?

Para pedir la vez se dice:

¿Quién es el/la último/a? o *¿El/la último/a, por favor?*

Información cultural:
Lo de pedir la vez es todo un rito en mercados o comercios tradicionales, donde se da una atención personalizada al comprador. La forma de establecer los turnos de compras consiste en preguntar a los demás clientes "¿quién es el/la último/a?" o "¿quién da la vez?" para saber cuándo te toca. Así, en lugar de formar una fila, puedes moverte por el mercado, sabiendo que tu turno es inmediatamente después de que compre la persona que te ha dado la vez.

* ¿Conoces otras maneras de "pedir la vez"? ¿Se hace así en tu país?
* ¿Y tú, prefieres comprar la fruta en un mercado o en un supermercado? ¿Por qué?
* ¿Cuáles son las costumbres en tu país?

• ¿Quién da la vez?
• En los supermercados, es más práctico porque hay máquinas que dan números para esperar turno.
• Comprar en supermercados, hipermercados, mercadillos, mercados tradicionales, por Internet, por teléfono, etc.

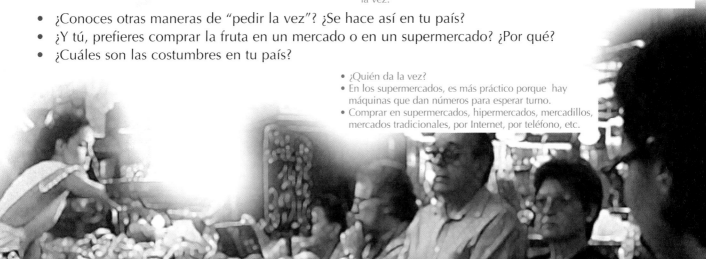

Hispano en Nueva York. Estados Unidos.

Unidad 2
La ola latina

Objetivos

■ **Competencias pragmáticas:**

- Hablar de la vida en la ciudad.
- Describir una ciudad.
- Describir el carácter de alguien I.

■ **Competencias lingüísticas:**

Competencia gramatical
- Oraciones de relativo.
- Usos de *Como*.
- Conectores del discurso I.
- Adverbios de frecuencia.

Competencia léxica
- Vida en la ciudad.
- Descripción del carácter de alguien.

■ **Conocimiento sociocultural:**

- Hispanos en Estados Unidos.
- Vida cotidiana en España y en Estados Unidos.

Recursos y tareas

■ Comprender un reportaje sobre un fenómeno social.

■ Comprender una entrevista radiofónica.
- Describir un paseo por la ciudad.

■ Taller de escritura.
- Redactar una carta personal.

■ Tertulia.
- Expresar la opinión sobre la integración en una ciudad.

Hispanos en EE.UU.

Entre la población hispana de Estados Unidos se utiliza la expresión *síndrome de Cristóbal Colón* para designar el "redescubrimiento" de la población "latina" que allí acontece cada cuatro años, justo antes de las elecciones presidenciales, cuando la caza del voto se convierte en el deporte más practicado por los aspirantes a dirigir el cotarro. Con más de siete millones de votos hispanos -de los aproximadamente 38 millones que viven en EEUU-, el dato demográfico no es baladí. En algunos estados el porcentaje de población hispana es más que significativo: en Nuevo México supone el 42 por ciento del total, el 33 por ciento en California y Texas, el 25 por ciento en Arizona, el 16 por ciento en Florida. La nación más poderosa del planeta ya es en este momento el país con mayor número de hispanohablantes, exceptuando México. Y con un índice de natalidad en aumento, la población de origen latino será mayoritaria en EEUU a lo largo del próximo siglo. Los sociólogos constatan el dato y los políticos toman nota.

Pero los hispanos ya no son lo que eran. En primer lugar, se sienten más fuertes y seguros, entre otras cosas porque saben que su poder adquisitivo ha aumentado exponencialmente en la última década, convirtiéndoles en objetivo de muchas grandes compañías, que ya utilizan la "ñ" en sus reclamos y propagandas. Lo latino está de moda: Shakira, Jennifer López, Gloria Estefan, Ricky Martin o Benicio del Toro son algunas de las más populares estrellas latinas. En segundo lugar, los soldados hispanos han muerto en Irak en una proporción mucho mayor a la de su escasa representación política en las magistraturas de la nación: sólo tienen un gobernador, y carecen de senadores o de jueces en el Tribunal Supremo.

En definitiva, a los hispanos ya no se les camela con unas pocas palabras en español macarrónico y un vistoso combo de mariachis amenizando el discurso del político que acude al barrio a buscar votos. Quieren más. Quieren papeles que los legalicen, mejores condiciones de trabajo, atención educativa (son el grupo étnico que registra mayor deserción de las escuelas), acceso sin trabas al sistema sanitario, etc. Y ahora saben que lo pueden pedir: hay elecciones a la vuelta de la esquina.

Texto adaptado, *Blanco y Negro Cultural*, 19 de junio de 2004.

1. "Los hispanos ya no son lo que eran"

a. LEE el texto y CONTESTA.

a. ¿Qué ocurrirá en el futuro con la población hispana de EE.UU?
1. Crecerá, pero no será nunca mayoritaria. ☐
2. Crecerá por encima de la media y será mayoritaria. ☒
3. Crecerá menos que la media y por eso hace falta que aumente la natalidad. ☐

b. ¿Qué implica emplear la letra "ñ"?
1. Que se utilizan palabras raras. ☐
2. Que se usa correctamente la ortografía. ☐
3. Que se escribe en español, único idioma en el que existe la "ñ". ☒

c. Actualmente, la representación política de los hispanos en EE.UU es:
1. Importante. ☐
2. Proporcional. ☐
3. Escasa. ☒

d. ¿Por qué es "típico" llevar mariachis a un acto político en EE.UU?
1. Porque distraen al público para que no se aburra. ☐
2. Porque cantan cosas bonitas a los políticos, que se sienten adulados. ☐
3. Porque son vistosos y son algo claramente hispánico. ☒

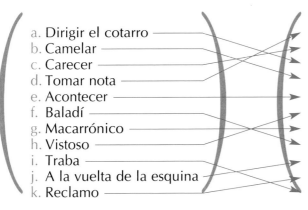

b. BUSCA en el texto las palabras o expresiones de la columna de la izquierda. Léelas en contexto y RELACIÓNALAS con los sinónimos de la columna de la derecha.

a. Dirigir el cotarro
b. Camelar
c. Carecer
d. Tomar nota
e. Acontecer
f. Baladí
g. Macarrónico
h. Vistoso
i. Traba
j. A la vuelta de la esquina
k. Reclamo

1. Fijarse, darse cuenta.
2. No tener.
3. Mandar, dominar.
4. Engañar con adulación.
5. Ocurrir.
6. Llamativo.
7. Con fallos y faltas.
8. De poca importancia.
9. Muy pronto.
10. Algo que atrae la atención.
11. Obstáculo, impedimento.

a.
Pertenecen al mundo del espectáculo. Shakira, Jennifer López, Gloria Estefan y Ricky Martin son cantantes y Benicio del Toro es actor. Jennifer López es también actriz. Podríamos mencionar otros muchos como: Javier Bardem, Penélope Cruz, Paz Vega, Andy García, Salma Hayek, Plácido Domingo, Enrique Iglesias, Antonio Banderas, etc.
b.
Cada cuatro años, con motivo de las elecciones, los políticos necesitan los votos de toda la población norteamericana y es sólo entonces cuando se acuerdan de la población hispana para conseguir su voto.
c.
El artículo es reivindicativo y desde luego realista, ya que los hispanos viven en condiciones inferiores a las del resto de la población estadounidense, si exceptuamos las de alguna que otra minoría.
Los hispanos reivindican mejores condiciones de trabajo, que se legalice su situación, acceso al sistema sanitario, etc.

2. La ola latina

Despues de leer el texto.

a. Menciona el ámbito, si lo sabes, al que pertenecen los hispanos famosos que se nombran en el texto y cita a otros conocidos.

b. Explica con tus propias palabras qué es el "Síndrome de Cristóbal Colón" en Estados Unidos.

c. ¿Cómo calificarías el tono de este artículo? (irónico, realista, reivindicativo, negativo, etc.) Razona tu respuesta.

Comprensión auditiva

1. Hispanos en la cima

Antes de escuchar. ¿Qué SIGNIFICAN estas palabras que aparecen en la entrevista?

a. Bienvenidos a nuestro programa "Hispanos en la cima".
   1. la base ☐   2. lo más alto ☒   3. la mitad ☐

b. Hemos entrevistado a figuras tan importantes como Ainhoa Arteta...
   1. persona famosa ☒   2. persona desconocida ☐   3. persona agradable ☐

c. Esta maravillosa y acogedora ciudad.
   1. desconfiada ☐   2. hospitalaria ☒   3. ladrona ☐

d. Callejear por la ribera del río Hudson.
   1. orilla ☒   2. principio ☐   3. desembocadura ☐

e. Utiliza algún medio de transporte para desplazarse por la ciudad.
   1. perderse ☐   2. aislarse ☐   3. moverse ☒

f. Tower Records, mi principal debilidad neoyorquina.
   1. repugnancia ☐   2. indiferencia ☐   3. afición ☒

g. Nueva York es el faro del mundo.
   1. la ciudad más grande ☐   2. el punto de referencia ☒   3. la ciudad más alta ☐

2. Habla Ángel Corella

a. ESCUCHA y CONTESTA.   `Transcripción pág. 162`

a. ¿Qué tienen en común Ainhoa Arteta, Benicio del Toro y Ángel Corella, según la audición?
   1. Son españoles que han triunfado en el extranjero.
   2. Son cantantes hispanos que viven en Estados Unidos.
   3. Son artistas hispanos que viven o trabajan en Nueva York.

b. La entrevista es sobre...
   1. La ciudad de Nueva York.
   2. La carrera artística de Ángel Corella.
   3. Las ciudades del mundo que están de moda.

c. ¿Qué dice Ángel Corella sobre la ciudad en la que vive?
   1. "Esta ciudad me lo ha dado todo".
   2. "Esta ciudad me ha dado de todo".
   3. "Esta ciudad no me ha dado todo".

d. ¿Cuántas horas ensaya Ángel Corella?
   1. Entre ocho y diez horas a la semana.
   2. Entre ocho y diez horas, seis días a la semana.
   3. Entre ocho y diez horas todos los días de la semana.

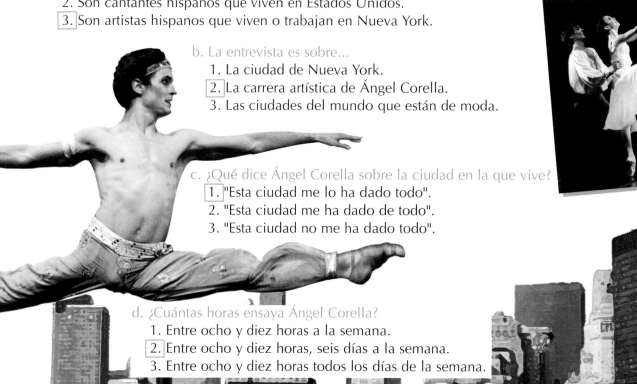

e. Le gusta mucho callejear.

    1. Por el parque *Union Square*.

    2. Por La Quinta Avenida.

    3. Por la "zona cero".

f. Utiliza el metro.

    1. Siempre.

    2. Nunca.

    3. A veces.

 b. ESCUCHA otra vez y ANOTA lo siguiente:

a. Un consejo que da Ángel Corella a todo el mundo sobre Nueva York.

b. Algo que le hace sentirse orgulloso.

c. ¿Qué es lo que se aprecia en el metro de Nueva York?

a. Que todo el mundo debería vivir una temporada allí, aunque no sea para siempre.
b. Se siente muy orgulloso cuando entra en una tienda de discos y vídeos, Tower Records, y ve un cartel de su compañía de danza.
c. Se aprecia la diversidad de gentes que viven en Nueva York.

3. Un paseo por la ciudad

a. LEE este fragmento de la entrevista:

"De camino a la sede del American Ballet Theatre siempre me paro en Tower Records, mi principal debilidad neoyorquina. Me siento muy orgulloso cuando entro en esta tienda de discos y vídeos y veo un cartel de mi compañía de danza."

¿Se refiere Ángel Corella a...?

a. lo que le ocurrió un día ☐   b. sus costumbres ☒   c. sus deseos ☐

Justifica tu respuesta: utiliza *siempre* y el verbo en Presente.

b. ELIGE uno de estos 3 temas y DESCRIBE:

• 1. El camino entre tu casa y tu lugar de trabajo o estudio. ¿Qué medio de transporte utilizas? ¿En qué sitios te detienes? ¿Qué cosas hay interesantes?

• 2. Un barrio por donde te gusta "callejear" (pasear sin rumbo fijo) en tu tiempo libre.

• 3. Lo que más te llama la atención de tu ciudad.

Ejemplo:
2. Tengo por costumbre pasear por el casco antiguo de mi ciudad casi todos los fines de semana. A menudo me paro en las tiendas de antigüedades y compro cosas curiosísimas. Jamás he ido a la universidad a pie. Está muy lejos de casa.

1. El alumno habla del medio de transporte que prefiere: autobús, metro o coche y argumenta el porqué de su elección. En autobús uno puede disfrutar del paisaje siempre que no tenga demasiada prisa, se suele elegir el metro por la rapidez. El alumno también evocará los sitios que rodean su lugar de trabajo y hablará de lo que le gusta hacer: pasear por las tiendas, tomar algo utilizando los adverbios de frecuencia propuestos en el apartado *para ayudarte.*

3. Elementos que pueden llamar la atención en una ciudad: la tranquilidad, el ruido, la vida cultural (museos, galerías de arte, espectáculos...), la gastronomía, la proximidad del mar, etc.

**P**ara ayudarte

Adverbios de frecuencia.

Siempre > Casi siempre	*Una vez al año*
Generalmente > Normalmente	*Dos veces al mes*
Con frecuencia > A menudo	*Tres veces por semana*
A veces > De vez en cuando	*Un día sí y otro no*
Nunca > Casi nunca > Jamás	*Cada quince días*

 ORACIONES DE RELATIVO

Las oraciones adjetivas o de relativo, introducidas por los pronombres y adverbios de relativo *quien, quienes, que, cuyo, cuanto, donde, cuando, como* se forman:
- Con Indicativo (acción constatada o real): *coge el melocotón que está maduro.*
- Con Subjuntivo (acción no constatada): *coge el melocotón que esté maduro.*

Pueden ser:
- Especificativas: no van separadas por comas de la oración principal.

La oración de relativo identifica al antecedente. Sin ella no sabríamos de qué objeto hablamos.
Coge el melocotón que está maduro. (Solamente el maduro, no cojas los que no lo están).
- Explicativas: van entre comas.

La oración sólo aporta más información sobre el antecedente, que ya está suficientemente identificado.
Coge el melocotón, que está maduro. (Tú ya sabes de qué melocotón estoy hablando, y añado que está maduro).

Algunos relativos:
- Cuyo, cuya, cuyos, cuyas: pronombre relativo que indica posesión o relación. Se emplea tanto para personas como para cosas. Concuerda en género y número con el nombre del objeto poseído.
Ángel Corella, el gran bailarín madrileño, cuya residencia está en Nueva York...
- Donde: adverbio relativo que indica lugar, equivale a en el/la/los/las que...
Me gusta callejear por Broadway, donde está la sede del estudio (...)
- Cuando: adverbio relativo que indica tiempo. Se utiliza en oraciones explicativas.
Los políticos se acuerdan de los hispanos antes de las elecciones, cuando la caza del voto se convierte en el deporte más practicado.

En oraciones especificativas, la relación de tiempo se expresa con preposiciones:
El año en el que...., el periodo durante el cual.

1 **TRANSFORMA las siguientes frases empleando *cuyo, –a, –os, –as, donde,* o *cuando.***

a. Los alumnos de esta profesora van a ir de viaje a México.

    Esta es la profesora *cuyos alumnos van a ir de viaje a México.*

b. En este edificio se dan clases de español.

    Este es el edificio *donde se dan clases de español.*

c. Vicente conoció a su mujer en 2002. En ese año publicó su primera novela.

    Vicente conoció a su mujer en 2002, *cuando publicó su primera novela.*

d. Las experiencias de este novelista le han ayudado a conseguir el éxito.

    Este es un novelista *cuyas experiencias le han ayudado a conseguir el éxito.*

e. La misión de este Centro Cultural es acercar las culturas hispana y anglosajona.

    Este es un Centro Cultural *cuya misión es acercar las culturas hispana y anglosajona.*

f. En este instituto estudié el bachillerato.

    Este es el instituto *donde estudié el bachillerato.*

2 En estas oraciones **DECIDE** si debe usarse el **INDICATIVO** o el **SUBJUNTIVO**. Fíjate en la explicación de cada frase.

a. Los alumnos que *desean* / *deseen* matricularse en francés, por favor pasen a la sala 2.
   (No sabemos si hay o no hay alumnos de los que hemos descrito).
b. Vivimos en la casa blanca que *tiene* / *tenga* flores en el balcón.
   (Sabemos que la casa tiene flores en el balcón).
c. Los que *quieren* /*quieran* café que levanten la mano.
   (No sabemos quién quiere café).

 USOS DE *COMO*

> a. *Como es habitual en nuestro programa "Hispanos en la cima"...*
> b. *Hemos entrevistado a figuras tan importantes como Ainhoa Arteta,...*
> c. *Como ensayo entre ocho y diez horas durante seis días a la semana estoy bastante ocupado,...*
>
> La palabra "como" aparece en todas las frases. ¿En qué frases tiene alguno de los siguientes significados?
> 1. Indica la causa o el motivo: "porque, puesto que".
> 2. Indica el modo o la manera en la que se hace algo.
> 3. Indica el ejemplo o la comparación.

3 En el siguiente texto, **AÑADE** la palabra *como* donde haga falta. (¡Ojo! No confundir con *cómo*).

> *Nadie conoce Nueva York mi amiga Sara. Es una verdadera entendida. No trabaja guía turística, pero podría si quisiera. Ella es azafata y ha viajado por todo el mundo, pero estuvo varios años en el puente aéreo entre Madrid y Nueva York, llegó a conocer esa ciudad a fondo. Dormía muchas noches en Nueva York, acabó comprando un apartamento, pequeño una caja de zapatos, pero muy céntrico, en el mismo Manhattan. "Vives una reina", le dicen sus amigos, pero ella no lo cree así. A veces se siente sola y le gustaría tener una mascota, pero viaja mucho, eso sería muy incómodo para ella.*

 CONECTORES DEL DISCURSO

> • *Pero los hispanos ya no son lo que eran.*
> • *En primer lugar, se sienten más fuertes y seguros.*
> • *En segundo lugar, los soldados hispanos han muerto en Irak.*
> • *En definitiva, a los hispanos ya no se les camela con unas pocas palabras.*

Enumeraciones de argumentos:		Contradicción:	Consecuencia:	Conclusiones:
En primer lugar,...	En segundo lugar,...	Pero	Así que	En definitiva,
Para empezar,...	Además,...	Sin embargo,	Por lo tanto,	En resumen,
Por una parte,...	Por otra parte,...			

4 Este texto no tiene los suficientes conectores. **AÑADE** los que hagan falta.

> *Andrés solamente tiene quince años.* 1. *Ya sabe en qué quiere trabajar. Quiere ser médico, por dos motivos.* 2. *Le gusta hablar con la gente y* 3. *ayudarla.* 4. *Le ha gustado desde que era muy pequeño.* 5. *Su madre es médico.* 6. *él conoce la profesión. Está habituado a ver pacientes en la consulta esperando, y lleva toda la vida oyendo a su madre hablar de enfermedades y tratamientos.* 7. *Ha nacido para ser médico. Tiene muchas aficiones, no se aburre nunca.* 8. *No pasa mucho tiempo dedicándose a esas aficiones, porque estudia muchas horas. Como dice él, "bastante diversión es estudiar las cosas que me gustan".*

1. Pero
2. En primer lugar,
3. En segundo lugar,
4. En definitiva
5. Además
6. Así que,
7. En resumen,
8. Sin embargo

Taller *de escritura*

Redactar cartas personales

1. Vivir en la ciudad

a. En estos textos se habla de la vida en una ciudad. ASOCIA cada texto (A, B, C, D) al género al que pertenece:

- Carta personal • Texto literario • Guía turística

¿En qué detalles te has fijado para decidir tu respuesta?

A carta personal

Barcelona es una ciudad muy interesante y muy cosmopolita, pero no es difícil moverse por ella. Yo llevo sólo dos meses viviendo aquí y ya me apaño bastante bien. Utilizo muchísimo el autobús para ir a todas partes. Antes iba a menudo en taxi, y hablaba bastante con los taxistas, que me contaban muchas cosas de la ciudad, pero sale muy caro...

guía turística **B**

Situada en el valle formado por el río Nervión, y rodeada de montes, Bilbao, capital de la provincia de Vizcaya y la ciudad más grande e influyente del País Vasco, se extiende a lo largo del río, y subiendo por las laderas. El clima es lluvioso y fresco aunque a veces hace mucho bochorno en verano. El barrio de Siete Calles es famoso por sus tascas,...

C texto literario

Por eso me sorprenden y me gustan tanto las ventanas grandes de Manhattan, anchas, rectangulares, despejadas, admitiendo espaciosamente el mundo exterior en los apartamentos, revelando en cada edificio, como en capítulos o estampas diversas, las vidas y las tareas de quienes habitan al otro lado de cada una de ellas...

carta personal **D**

México DF es una ciudad enorme. Cuando voy en taxi suelo preguntar al taxista si conoce toda la ciudad. Todos me han confesado que no. De todas maneras, ya me conoces: apenas me muevo de mi barrio sin mi mapa, así que no corro peligro de perderme. Me decías en tu última carta que no conoces México. No sabes lo que te pierdes.

b. RELACIONA las siguientes palabras con la definición correspondiente.

a. Despejado/a	1. Con gente y cultura de muchas partes del mundo.
b. Estampa	2. Arreglárselas, ser capaz de solucionar problemas.
c. Cosmopolita	3. Sin obstáculos para la vista.
d. Apañarse	4. Escena, dibujo de una situación.
e. Ladera	5. Admitir que algo que no gusta es verdad.
f. Bochorno	6. Parte intermedia de una montaña.
g. Confesar	7. Tiempo caluroso y húmedo.

c. ¿Has encontrado en los textos palabras informales?, ¿literarias? ¿técnicas? Da ejemplos.

Palabras informales: "apañarse bien", "salir muy caro", "no sabe lo que se pierde".
Literarias: "...las ventanas grandes de Manhattan, anchas, rectangulares, despejadas, admitiendo espaciosamente el mundo exterior...revelando estampas diversas...".
Técnicas: "situada en el valle formado por...", "el clima es lluvioso y fresco...".

2. Querido Javier:

En una carta es importante cuidar la forma y el fondo.
Ahora LEE esta carta personal. Está completa pero mal presentada. REDÁCTALA de nuevo.

a. *Fíjate en la forma*
¿Cómo se debe presentar? (fecha, saludo, despedida...) ¿Dónde debe dividirse en párrafos? ¿Qué comas deben incluirse?

b. *Fíjate en el fondo*
¿Cuál es el motivo de la carta? ¿Cuál es el contenido de cada párrafo?
Busca y subraya en el texto cuatro palabras informales que significan:

b. El motivo de la carta es contar su experiencia a un amigo y mantenerse en contacto.
Párrafos:
1º: Introducción y referencia al cursillo (profesores y compañeros).
2º: Alojamiento.
3º: El tiempo.
4º: Pedir noticias a Javier y hablar de las vacaciones de verano.

1) simpático, agradable   2) de mala calidad   3) aterido, congelado   4) echar de menos tu país
   majo   cutres   pajaritos   estoy con morriña

a.
Querido Javier: *Manchester, 17 de julio.*

> *Te escribo esta carta desde Manchester, en el norte de Inglaterra. Llevo ya cinco días y han empezado las clases del cursillo de inglés que estoy haciendo. Los compañeros no están mal, aunque hay algunos muy mayores y muy raros. Los profes, por lo general bien, sobre todo Jack Murray, que nos da Traducción Español –Inglés. Es muy majo y hace la clase muy amena.*
> *Estamos todos alojados en una residencia universitaria. Nos dijeron que estaba a diez minutos de la Universidad andando, pero resulta que tardamos casi veinte minutos (quizá aquí los ingleses tienen las piernas más largas que nosotros o andan más deprisa). Las habitaciones son un poco cutres, pero están limpias. Podemos hacernos la comida en una cocina compartida, así que espero ahorrar dinero en comidas.*
> *El tiempo, como imaginaba, es fresco y húmedo. Dicho así, no parece demasiado malo, pero podría decir que estamos todo el día con jerseys y chubasqueros, pajaritos de frío, y no para de llover.*
> *Y tú, ¿qué me cuentas? Seguro que estás todo el día tumbado en la playa sin hacer nada. ¡Qué envidia! Espero verte a mediados de agosto cuando acabe este cursillo. ¡Guárdame algo de arena de la playa! Y no esperes hasta entonces para escribirme. Aunque sea una postal, mándame algo, que estoy con un poco de morriña. Bueno, esto es todo.*
> *Un abrazo de tu amiga,*
>   *Carla.*

3. Escribe una carta personal | Modelo pág. 162 |

Has emigrado a otro país y llevas viviendo un mes en una ciudad nueva.
Escribe una carta (unas 150 palabras) a un/–a amigo/–a, con el contenido siguiente:

- Quieres noticias de tu amigo/a y de su familia.
- Tus hábitos diarios en tu nueva ciudad.
- Descripción y comparación de esta ciudad con aquella en la que vivías antes.
- Una anécdota que te ha ocurrido, con un comentario final.

| *Llevo un mes...* | *Resulta que...* | *Por lo general,...* |
| *Está a...minutos andando.* | *Seguro que...* | *Dicho así,...* |

Para ayudarte

Recuerda que...
- El formato debe ser el normal en una carta (saludo, fecha, despedida, etc.).
- El estilo será informal y el tono familiar.
- Es conveniente hacer una lista detallada de todos los puntos que quieres comentar.
- Hay que estructurar la carta en varios párrafos utilizando conectores.

1. "Ventanas de Nueva York"

a. LEE este fragmento y RESPONDE a las preguntas.

... Es una de las paradojas de Nueva York, una entre tantas de sus oposiciones extremas, como la del calor y el frío, el aire acondicionado y la calefacción, la belleza y la fealdad, la opulencia y la miseria, la antipatía y la afabilidad. Un vecino se te cruzará en el largo pasillo torciendo la cara, tensando el cuerpo entero en una hostilidad física dispuesta al rechazo de toda cercanía, y otro te preguntará tu nombre y te dirá el suyo estrechándote la mano, y querrá saber de dónde vienes y cuánto tiempo piensas quedarte en la ciudad.

Fragmento de *Ventanas de Nueva York*, de A. Muñoz Molina.

a. ¿Qué característica de Nueva York quiere destacar en este fragmento Muñoz Molina?
b. ¿Has estado en Nueva York? Respuesta libre.
c. ¿Compartes esta opinión sobre los neoyorkinos? Respuesta libre.
d. ¿Podrías decir lo mismo de la gente de otra ciudad? ¿Cuál? Respuesta libre.

a. La característica que quiere resaltar es la de los contrastes, tales como el frío y el calor, la gente rica y pobre, la belleza y la fealdad, etc.

b. RELACIONA las palabras (A) con las de significado más parecido (B).

A
a. Agresivos
b. Inocentes
c. Reservados
d. Personas de mundo
e. Educados
f. Cerrados
g. Abiertos
h. Agradables

B
1. Afables.
2. Herméticos.
3. Cosmopolitas.
4. Hostiles.
5. Ingenuos.
6. Introvertidos.
7. Extrovertidos.
8. Correctos de trato.

c. Ahora DESCRIBE el carácter de la gente de una ciudad de tu elección.

Ejemplo: La primera vez que viajé a México lo que más me impresionó, aparte por supuesto de sus maravillosas ruinas mayas y aztecas, fue el carácter afable de sus gentes. Al principio parecen un poco reservados, pero enseguida te das cuenta que son muy correctos en el trato, muy educados en las formas y muy agradables.

2. Tópicos

LEE estas frases que dice alguien que está en un país extranjero.

¡Qué horas de comer! ¿Es que no pueden comer a horas normales?

¡Aquí hacen cola para todo!

¡Mira qué hora es y las tiendas cerradas! En mi país estarían abiertas.

No entiendo sus chistes ni su humor.

¿Dónde irán a divertirse? ¿Qué hacen los fines de semana?

Ver pág. 163

a. ¿Has pensado tú algo parecido alguna vez?

b. Elige una de estas frases y explica la situación. ¿Qué diferencia hay con tu país?

c. Imagina qué pensaría un extranjero de esta costumbre en tu país.

d. En grupos, explica anécdotas de incomprensión cultural que te hayan ocurrido a ti o a conocidos tuyos.

e. ¿Qué significado tiene esta frase? "Donde fueres, haz lo que vieres". ¿Estás de acuerdo con ella?

3. ¿Dónde has estado?

Ver pág. 163

En parejas. B HABLA sobre una ciudad que A no conoce.

A	B
Acaba de llegar a la ciudad.	Le explica cosas que debe saber, contestando a las preguntas de A, y ofreciendo más información.

Sevilla

Río de Janeiro

Buenos Aires

Te podemos sugerir:

- El tiempo que hace en las distintas estaciones.
- Transportes: cómo moverse de forma más rápida/barata/cómoda por la ciudad.
- Tiendas/grandes almacenes que ofrecen descuentos a estudiantes.
- Restaurantes típicos/económicos/de comida rápida, etc.
- Supermercados/mercados/tiendas de ultramarinos con productos frescos/biológicos/de calidad, etc.
- La propina que debe dejarse en los sitios, las colas, etc.
- Los monumentos y visitas turísticas más interesantes.
- Las fiestas y aniversarios más importantes.
- Salas de espectáculos, teatros, auditorios, museos, revistas de ocio, otras ofertas culturales, etc.

Tertulia

¿Es tu ciudad hospitalaria?

- Formamos grupos y elegimos un portavoz en cada grupo.
- Discutimos las siguientes cuestiones.

Ver pág. 163

- *¿Hay muchos inmigrantes / turistas en tu ciudad? ¿Por qué?*
- *¿Es tu ciudad hospitalaria? ¿Por qué?*
- *¿Es fácil para el inmigrante / visitante sentirse integrado?*

- Al final, los portavoces resumen lo tratado en los diversos grupos. Se puede hacer un turno final para aclaraciones o conclusiones en el que participe toda la clase.

INTERVENIR EN LA TERTULIA.

- En un debate es importante:
- *Justificar las respuestas con argumentos.*
- *Estructurar las intervenciones de cada uno utilizando expresiones y conectores del discurso.*

Facultad de medicina de la Universidad Complutense.
Madrid. España.

Unidad 3
Campus

Objetivos

■ **Competencias pragmáticas:**

- **Hablar de la formación universitaria.**
- **Solicitar información por escrito.**
- **Localizar acciones en el tiempo.**
- **Corregir una información.**

■ **Competencias lingüísticas:**

Competencia gramatical
- **Infinitivo e Infinitivo Perfecto.**
- **Gerundio y Gerundio Perfecto.**
- **Oraciones temporales.**
- **Conectores del discurso II.**

Competencia léxica
- **Las profesiones.**
- **Los estudios universitarios.**

■ **Conocimiento sociocultural:**

- **La universidad en España.**
- **Tipo de profesionales que buscan las empresas.**

Recursos y tareas

■ Comprender intervenciones orales sobre experiencias universitarias.

■ Comprender un texto periodístico sobre el perfil profesional.
- Discutir sobre el candidato ideal.

■ Taller de escritura.
- Redactar una carta formal.

■ Vídeo.
- Descubrir una realidad sociocultural: la universidad.

1. La universidad para todas las edades

a. LEE este texto e infórmate.

> Sergio, Gonzalo e Ignacio pertenecen a generaciones separadas por veinte años. Como ellos, en España hay 1.525.659 universitarios, según datos del Ministerio de Educación y Ciencia. El 28% tiene menos de 21 años; el 48% entre 21 y 25 años; el 14% de 26 a 30 años y aún hay un 10% de alumnos universitarios que tienen más de 30 años.
>
> Texto adaptado de *El Mundo*.

b. Vamos a escuchar a estos tres estudiantes hablando sobre su experiencia universitaria. Primero LEE las presentaciones de cada uno y numera a quién CORRESPONDE cada intervención.

A

Alumno 3

Sergio Ayala tiene 18 años y desde hace tiempo ha tenido claro que quería ir a la Universidad, más que nada, por la satisfacción de tener hecha una carrera. Quiere trabajar en la enseñanza cuando termine Filología Italiana. Se ha matriculado por primera vez este año.

B

Alumno 1

Gonzalo Mañueco, de 46 años, es entrenador de baloncesto. Decidió formarse mejor para aportar más a los jóvenes que prepara. Cambió de trabajo para poder hacer la carrera de Pedagogía (sólo el 18% de los universitarios trabaja al tiempo que estudia), donde hay más chicas que chicos (en su clase son sólo dos varones).

C

Alumno 2

Ignacio Carrascal, 67 años, dice que seguirá estudiando hasta que se canse. En esta última convocatoria de exámenes ya ha pasado dos noches en vela, para desesperación de su mujer, a quien le gustaría que se tomase su segunda carrera con más calma. Este químico de profesión decidió, con 63 años, reconvertirse en historiador, según él, para aprovechar los libros de Historia que su hija había dejado abandonados en casa.

Transcripción pág. 164

2. Un profesor "hueso"

¿Qué SIGNIFICAN estas palabras o expresiones? Elige la mejor opción.

a. ¿Cuál es la palabra que va mejor con "servicios"?
   1. conceder servicios ☐   2. prestar servicios ☒   3. llevar a cabo servicios ☐

b. ¿Cuál de estas expresiones significa "aprovechar"?
   1. tener en cuenta ☐   2. sacar partido ☒   3. estar por ver ☐

c. ¿Qué es una asignatura?
   1. una materia ☒   2. un estudio ☐   3. una especialidad ☐

d. Un profesor "hueso" es aquel que...
   1. pone exámenes difíciles ☒   2. pone exámenes fáciles ☐   3. es poco amistoso ☐

e. Si una persona está nerviosa se dice que es un … de nervios.
   1. puño ☐   2. montón ☐   3. manojo ☒

f. ¿Qué te pasa si te quedas "en blanco"?
   1. te olvidas de todo ☒   2. te quedas limpio ☐   3. vuelves a empezar ☐

3. ¿Lo has entendido?

 Lee las preguntas, ESCUCHA de nuevo las tres intervenciones y CONTESTA.

a. ¿Qué carrera estudia cada uno?
1. Sergio: Filología Italiana
2. Gonzalo: Pedagogía
3. Ignacio: Geografía e Historia

b. ¿Quién la estudia...
1. ... porque le conviene en su actividad habitual? Gonzalo
2. ... porque tenía esa área de conocimiento abandonada? Ignacio
3. ... porque le gusta? Sergio

c. ¿Cuántas horas estudian a la semana?
1. Sergio: 4
2. Gonzalo: 18
3. Ignacio: no sabe cuántas

d. ¿A quién le resulta difícil...
1. ... decidirse a estudiar? Gonzalo
2. ... asistir a clase por el horario? Sergio
3. ... leer ciertos libros? Ignacio

e. ¿Cuáles son las asignaturas que más les gustan y cuáles las que menos a cada uno?
Prefieren: Gonzalo, la Historia de la Educación y la Historia de la Cultura; Ignacio, la Geografía, la Filosofía y la Literatura; Sergio, la redacción en italiano.
No les gusta: Gonzalo, no sabemos cuál; Ignacio, el Latín; Sergio, el examen oral.

4. Elige una carrera

RELACIONA cada nombre de profesión con el de la carrera universitaria y la descripción de la actividad correspondiente.
COMPLETA los nombres de profesiones y las descripciones de su actividad.

Especialidad	Especialista	Actividad
Medicina	periodista	cuida la salud
Arquitectura	profesor/a	redacta noticias
Derecho	arquitecto/a	hace planos de casas
Filología	abogado/a	resuelve asuntos legales
Periodismo	médico/a	da clases de idiomas
Veterinaria	veterinario/a	cuida la salud de los animales
Pedagogía	pedagogo/a	educa a los niños
Física	físico/a	investiga o enseña la Física

5. Cuéntame cómo te ha ido

Elige algunas de las preguntas y RESPONDE, usando las expresiones del cuadro:

a. ¿Qué asignaturas se te dan / daban bien?
¿Y las más odiadas? ¿Por qué?
b. ¿Cuántas horas estudias / estudiabas a la semana?
c. ¿Por qué elegiste tus estudios / tu profesión?
d. ¿Qué carrera universitaria te parece más interesante? ¿Por qué?
e. ¿Qué esperas / esperabas de la Universidad?
a, b, c, d, e: Respuestas libres.

Para particularizar: para mí / en mi caso / yo... / según... / lo que...
Para indicar exactitud: precisamente / justo...
Para mostrar certeza / probabilidad: desde luego / a lo mejor / yo tenía muy claro que...

Hablar de destrezas
• me/te/le/... resulta + adjetivo + a + (persona)
• me/te/le ... cuesta + Infinitivo
• algo me/te/le/... sale bien/mal/mejor/peor/etc.
• llevar algo bien/mal/mejor/peor/etc.
• algo se me/te/le/... da bien/mal/mejor/peor/etc.

 Para ayudarte

1. El candidato ideal

LEE el artículo periodístico y RELACIONA cada párrafo con el encabezamiento que le corresponde. Subraya las partes de los párrafos que contienen la información necesaria para decidir. a-4; b-6; c-2; d-3; e-1; f-7; g-5.

a Haber trabajado en cualquier cosa.

1 La iniciativa y el esfuerzo son cualidades ligadas a una actitud positiva. En cuestión de carácter, las empresas demandan gente que no se desanime, con una personalidad fuerte y que sepa aguantar los fracasos.

b Tener una referencia prestigiosa.

2 Las empresas necesitan personas con capacidad de adaptación a las necesidades del entorno, que es muy cambiante en un corto período de tiempo, universitarios ágiles con capacidad para tener flexibilidad en el ámbito de trabajo y para relacionarse con distintos contextos profesionales.
Para una empresa grande moderna, aceptar la movilidad funcional y geográfica es uno de los requisitos básicos a la hora de contratar a un recién licenciado.

c Saber enjuiciar situaciones y adaptarse rápidamente.

3 Siempre que se habla de "buena presencia", en realidad (salvo en empleos muy específicos en los que se sube mucho el nivel) se está hablando de normalidad y, sobre todo, de forma de vestir correcta y clásica. La presencia física ha de transmitir a quien nos está entrevistando que estamos seguros de nosotros mismos y que sabemos estar, adaptarnos a las situaciones.

d Vestir sin estridencias

e Ser optimista.

4 Aunque sea cuidando niños, poniendo copas o en una hamburguesería, tener un trabajo, incluso si no tiene que ver con la carrera, da una idea de responsabilidad en la vida. Una empresa que ofrece un puesto de trabajo ve con buenos ojos que alguien haya realizado alguna actividad profesional mientras estudiaba. Tener cualquier tipo de trabajo aporta serenidad y conocimientos prácticos del mundo laboral.

f Practicar deporte.

5 Sigue siendo imprescindible el inglés. De hecho, la mayoría de las grandes empresas hacen la entrevista de selección en inglés. El proceso de selección de licenciados en una gran multinacional suele incluir una primera fase de pruebas psicotécnicas e inglés, y luego una segunda fase de dinámica de grupo. También se valora mucho el idioma de la casa matriz.

g Ser casi bilingüe.

6 Enchufes aparte, haber pasado por una escuela de negocios prestigiosa, estar en la bolsa de trabajo de una institución de toda confianza o haber hecho un máster reconocido ayuda mucho. En muchos centros de enseñanza superior se mantiene relación con antiguos alumnos que ahora, al cabo de varios años, están en puestos directivos en numerosas empresas. Los antiguos alumnos se dirigen a esos centros cuando necesitan contratar a alguien, con la idea de tener una preselección hecha. Confían en que les manden gente que pueda responderles.

7 ¡Ojo! Están mejor vistos por las empresas los deportistas que los intelectuales, así que tengamos esto en cuenta. El deporte aporta muchos valores. Por ejemplo, la capacidad de esfuerzo, el hábito del trabajo en equipo y la necesidad de aguantar cuando uno se siente frustrado por no obtener el éxito que quería. Todos estos valores se parecen a los que pide una empresa.

Texto adaptado, Leonor Hermoso, *El Mundo*.

2. La movilidad funcional

a. Ahora LEE de nuevo y CONTESTA a las preguntas.

a. Una persona que "tiene iniciativa" es la que...
1. toma decisiones y actúa por su cuenta ☒
2. se lo piensa todo muy bien antes de actuar ☐
3. tiene buenas ideas antes que los demás ☐

b. Un sinónimo de "aguantar" es...
1. rendirse ☐
2. vencer ☐
3. resistir ☒

c. La movilidad funcional se refiere a...
1. actuar en varios contextos a la vez ☐
2. cambiar de función en la empresa ☒
3. la capacidad de adaptarse muy rápidamente ☐

d. La expresión "saber estar" se refiere a...
1. el comportamiento ☒
2. los estudios ☐
3. los conocimientos prácticos ☐

e. "Ver con buenos ojos" es...
1. perdonar ☐
2. considerar algo positivo ☒
3. estudiar a fondo ☐

f. Si algo es "imprescindible", es que...
1. es completamente necesario ☒
2. es imposible ☐
3. no se puede comprender ☐

g. Un "enchufe" es...
1. un golpe de suerte ☐
2. una recomendación de alguien influyente ☒
3. una crítica mala ☐

h. Cuando decimos "¡ojo!" queremos...
1. espantar la mala suerte ☐
2. felicitar a alguien por su inteligencia ☐
3. alertar de un riesgo ☒

b. Pon otro título al artículo.

Los títulos deben hacer referencia a los requisitos / las cualidades de un candidato para entrar a trabajar en una empresa. Ejemplos: **el perfil buscado**, **el empleado idóneo**.

Punto de vista

Ver pág. 164

En parejas. HABLA con tu compañero y CONTESTA brevemente a las preguntas.

a. ¿Qué características pueden ir ligadas a una actitud negativa y cuáles a una actitud positiva?
b. Imagina qué posibles "cambios" se pueden producir en el "contexto profesional" de un empleado de una gran empresa moderna.
c. Piensa en dos ejemplos de cosas "correctas" y dos "incorrectas" en cuanto a la presencia.
d. ¿Qué te parecen los ejemplos de empleos? ¿Qué clase de trabajos son? ¿Por qué crees que se han utilizado estos ejemplos?
e. ¿Por qué crees que se valora el idioma "de la casa matriz"?
f. ¿Qué se da a entender por "tener la preselección hecha"?
g. ¿De qué pueden carecer "los intelectuales" según la autora del texto?

 INFINITIVO E INFINITIVO PERFECTO

• El Infinitivo puede tener funciones de sustantivo.
Estar en la bolsa de trabajo es importante.

Cuando se utiliza con preposiciones el Infinitivo tiene diferentes valores:

Temporal: al + Infinitivo	*Al entrar en casa se encontró un ramo de flores.*
Condicional: de + Infinitivo	*De darte prisa, llegarías a tiempo.*
Concesivo: con + Infinitivo	*Con hacerlo bien, no será suficiente.*
Causal: por + Infinitivo	*Por pedir, lo conseguiste.*
Final: a / para/ por + Infinitivo	*Han venido a visitarnos.*
	Queda mucho trabajo por hacer (acción inacabada).

• El Infinitivo Perfecto indica acción previa ya terminada.
Es conveniente haber hecho un máster.

 GERUNDIO Y GERUNDIO PERFECTO

• El Gerundio equivale, fundamentalmente, a un adverbio.
Puede tener diferentes valores: causal, condicional, modal, etc.
Muchos estudiantes trabajan cuidando niños o poniendo copas.

• El Gerundio Perfecto se refiere a una acción ya acabada.
Habiendo terminado la entrevista, el candidato se retiró.

 1 TRANSFORMA las frases para utilizar un Infinitivo precedido de preposición.

a. Cuando volvía de la oficina, se paró a comprar el pan para la cena. Al volver de la oficina, …
b. Si yo lo hubiera sabido, no habría venido. De haberlo sabido, no…
c. Iremos en metro, ya que queremos tardar menos. Iremos en metro para tardar menos.
d. Dado que no pagué la multa en su momento, ahora tengo que pagar el doble. Por no pagar la multa en…

 2 RELLENA los huecos con la forma correcta de los verbos que aparecen entre paréntesis: Infinitivo, Infinitivo Perfecto, Gerundio, Gerundio Perfecto.

(1)Estudiar una carrera no es ningún seguro para (2) conseguir ese primer trabajo que resulta tan difícil. Los jóvenes licenciados se pasan el día (3) leyendo las páginas de anuncios de trabajo y (4) mandando su currículum a diversas empresas. Algunos se arrepienten de (5) haber hecho una carrera conocida y tradicional, como Derecho o Económicas, mientras que en otros sectores hay una gran demanda de especialistas, y antes incluso de (6) acabar / haber acabado la carrera ya están las empresas más interesantes (7) mandando ofertas de trabajo a los estudiantes. "¡Qué envidia! ¡Qué torpeza no (8) haber elegido alguna de estas carreras tan prometedoras!", pensarán algunos. Pero ahora, (9) habiendo hecho cuatro cursos de una carrera, ya es demasiado tarde.

CORREGIR UNA INFORMACIÓN

> • A veces queremos precisar con exactitud una información o corregir alguna errónea:
> - *Estás tiritando. ¿Tienes fiebre?*   - No. *Lo que tengo es frío.*
> También podemos emplear "no..., sino": *No tengo fiebre, sino frío.*
> Pueden darse las dos construcciones a la vez:
> *"... lo que demanda la empresa no es un especialista, sino alguien que tenga la mentalidad muy abierta...".*
>
> • A veces la corrección de la información consiste en añadir algo. Para ello se emplea:
> no sólo..., sino (también) + adjetivo: *Marta no sólo es dinámica, sino también responsable.*
> no sólo..., sino que + verbo conjugado: *Pedro no sólo llamó, sino que además vino él mismo a casa.*

3 CAMBIA las frases empleando *lo que... no es... sino...* en a, b, c y *no sólo... sino (que)...* en d, e, f.

a. Yo no estudio Derecho, estudio Económicas.

Lo que estudio no es Derecho, sino Económicas.

b. Necesitas más tiempo, no más ayuda.

Lo que necesitas no es más ayuda, sino más tiempo.

c. Demandan gente con entusiasmo, no intelectuales.

Lo que demandan no son intelectuales, sino gente con entusiasmo.

d. Conducir rápido es ilegal. Además, es peligroso.

Conducir rápido no sólo es ilegal, sino también peligroso.

e. Te regalarán el ordenador. Además, te lo instalarán.

No sólo te regalarán el ordenador, sino que además te lo instalarán.

f. Aprueba los exámenes. Saca buenas notas en todos.

No sólo aprueba los exámenes, sino que (además) saca buenas notas en todos.

 ORACIONES TEMPORALES

> • Seguir + Gerundio expresa continuidad de una acción.
> *Seguirá estudiando toda la vida. Seguirá estudiando hasta que se canse.*
>
> • Llevar + Gerundio (+ una expresión de tiempo) expresa la duración de una acción.
> *Llevo tres horas estudiando y ya no puedo más.*
>
> • Antes de/ Después de expresan anterioridad o posterioridad de una acción respecto a otra.
> + Infinitivo: el sujeto de las dos oraciones es el mismo.
> *Suelo estudiar después de cenar.*
> + que + Subjuntivo: el sujeto de las dos oraciones es diferente.
> *Ya antes de que me lo planteara mi mujer, yo tenía muy claro...*
>
> • Mientras expresa simultaneidad de varias acciones.
> + Indicativo: cuando la acción se sitúa en el presente o pasado.
> *Se ve con buenos ojos que alguien haya realizado alguna actividad profesional mientras estudiaba.*
> + Subjuntivo: cuando la acción se sitúa en el futuro.
> *Mientras sigas hablando no te interrumpiré.*
>
> • Siempre que expresa que un acontecimiento se produce todas las veces que se produce otro.
> *Suele equivaler a cuando.*
> + Indicativo: tiene valor de presente o pasado.
> *Siempre que se habla de "buena presencia", se está hablando de forma de vestir correcta.*
> + Subjuntivo: tiene valor de futuro. *Ven a verme siempre que quieras.*

 COMPLETA las frases con la forma correcta del verbo.

a. El trabajo tiene que estar terminado antes de que venga la directora.
b. Siempre que hablamos de política acabamos discutiendo.
c. Después de cerrar su tienda, Marina solía volver a casa andando.
d. ¿Cuántos años llevas comprando el mismo periódico?
e. Por favor, pon la mesa mientras yo preparo la cena.
f. Mientras nos quede dinero, podremos seguir en el hotel.

1. Estimados señores:

a. LEE estas dos cartas y analízalas según los siguientes aspectos:

• **Nivel de formalidad, tacto y respeto.** En cuanto a presentación la carta de Moncho es totalmente informal: se trata de una hoja arrancada de un cuaderno. Además no puede figurar como nombre un diminutivo. Es también informal en cuanto a contenido: "hola, ¡qué lata!, ¡ah! por cierto, un abrazo, etc. .La carta de Carles es formal y muestra el debido tacto y respeto.

• **Concisión y claridad (repeticiones, ambigüedades, etc.).** La carta de Moncho no es concisa, repite algunos puntos innecesariamente (el hecho de que tiene poco dinero, etc.). Además, incluye información innecesaria o irrelevante (que se puso enfermo en África, que va a viajar por Europa, etc.).
La carta de Carles es concisa y clara.

• **División en párrafos y presencia de conectores.** La carta de Moncho no organiza bien la información: hay ideas distintas en el mismo párrafo e ideas parecidas en distintos párrafos. Por ejemplo, dice que quiere un curso de turismo muy avanzada ya la carta, cuando es un punto que debería aclarar desde el principio.
Utiliza algunos conectores informales ("lo que pasa es que...") o imprecisos ("bueno, ...") y a veces falta un conector para indicar un cambio de tema (antes de "Necesito un alojamiento barato" debería decirse, por ejemplo "Por otra parte").
La carta de Carles está bien estructurada, y utiliza los conectores de manera apropiada.

b. ¿Cuál te parece más adecuada a la situación? JUSTIFICA tu respuesta.

Por todos los motivos expuestos anteriormente, la carta de Carles es más adecuada.

Moncho Planas
C/ Los Olivares, 11
08025 Barcelona

9 de abril de 2005

Hola, señores.
Yo soy un estudiante que quiere estudiar en su Centro. Me han dicho que está fenomenal.
Ah, lo que pasa es que no tengo ni un duro, así que tendré que trabajar un poco. (¡Qué lata!, ¿verdad?) Bueno, esto es para el verano, que es cuando me quedaré en España.
¿Cuánto vale estudiar ahí? Espero que no sea caro porque no tengo mucho dinero.
Necesito un alojamiento barato. Me gustaría vivir con una familia. ¿La comida es buena en esa ciudad? Tengo el estómago delicado. Una vez estuve en África, me puse muy enfermo por la comida. Ahora quiero tener cuidado.
Bueno, quiero que me envíen información sobre los cursos. Ya sabe, todo eso de los horarios, el precio de la matrícula, etcétera.
¡Ah!, por cierto, ¿tienen cursos de Turismo? Es mi especialidad, así que me vendría bien. Quiero ser guía turístico cuando acabe mis estudios. Siempre me han gustado el Arte y la cultura, por eso quiero viajar por Europa este verano, para conocer el arte europeo, y de paso me gustaría perfeccionar un poco mi inglés.
Bueno, creo que eso es todo. Espero que me contesten pronto, porque si no, tendré que escribir a otro centro.
Un abrazo muy cordial.

Moncho Planas

Carles Albert Casanova
C/ Roselló, 55
08029 Barcelona

Formación a la carta
C/ Barquillo, 3
28010 Madrid

1 de marzo de 2005

Estimados Sres. :

Les escribo porque estoy interesado en los cursos de verano que ofrecen en su centro. He leído un anuncio suyo en la revista "Formación y Promoción" y me parece que su institución puede ser el centro adecuado para mí.
Soy un universitario de Barcelona. Tengo veinte años. Estoy estudiando tercer curso de Ciencias Económicas y este verano quisiera aprovechar mis vacaciones para hacer un curso intensivo de Banca Privada en julio o en agosto. Creo que tengo un nivel bastante alto, pero necesito mejorar mis destrezas en este campo. Además, me gustaría profundizar mis conocimientos de informática, porque esto me va a hacer falta en mi futura profesión. Es más, creo que necesitaría tener unas cinco horas de clase al día en total.
Por lo tanto, les agradecería que me enviaran toda la información posible sobre sus cursos, incluyendo el coste de la matrícula y de libros y materiales de curso. También necesito información sobre alojamiento. No tengo mucho dinero, así que preferiría una residencia de estudiantes, especialmente si puedo conseguir un descuento con la tarjeta de estudiante.
Por otra parte, estaría interesado en realizar algún trabajo durante mi estancia, siempre que me deje suficiente tiempo para estudiar. De este modo podría conseguir el dinero suficiente para prolongar mi estancia.
Asimismo, les agradecería que me informaran acerca de las posibilidades de realizar prácticas en empresas de la zona.
Por último, si conocen alguna beca para estudiantes como yo, me gustaría solicitarla. Les agradezco de antemano su interés y espero sus prontas noticias. Les saluda atentamente,

Carles Albert Casanova

2. Prepara tu carta

a. LEE los siguientes nexos y EMPLEA algunos para completar las frases:

Para ayudarte

• Añadidura:	
Además,...	lo que sigue refuerza lo anterior.
Es más,...	lo que sigue es más importante que lo anterior.
Por cierto,...	se pasa a otro tema relacionado.
Incluso...	introduce algo añadido, más extremo que lo anterior.
Bueno,...	indica que se quiere cambiar de tema.
• Consecuencia:	
Por lo tanto,...	introduce la consecuencia de lo anterior. Va seguido de coma.
Así que...	introduce la consecuencia de lo anterior. No va seguido de coma.
• Contradicción:	
Aunque...	lo que sigue contradice lo anterior. No va seguida de coma.
Mejor dicho, ...	lo que sigue aclara o explica lo anterior.
En vez de...	lo que sigue sustituye a lo anterior.
Al menos...	limita o restringe lo dicho antes.
En cambio, ...	lo que sigue es distinto a lo anterior.

a. Clara dice que no le apetece venir. Además, creo que no se encuentra bien.

b. Gorka viste muy bien. Su hermano, en cambio, va como un andrajoso.

c. Eva es guía turística. Es más, tiene una agencia de viajes.

d. En vez de quejarte tanto podrías ayudar un poco.

e. Hemos quedado para cenar. Así que no podrás ver el partido por la tele.

f. No aguanto a Jaime aunque sea amigo tuyo.

g. Juan tiene tres hermanos. Mejor dicho, tiene dos hermanos y una hermana.

h. Esta ciudad ha cambiado mucho, al menos en cuanto a las tiendas. Lo demás está casi igual.

b. Di qué frases serían aceptables en una carta formal.

a. Dígame cuánto cuesta una habitación a la semana.

b. Recientemente he tenido ocasión de leer un anuncio de Vds. que me sorprendió gratamente.

c. Le agradecería que me informase si es posible conseguir un trabajo por horas.

d. Si hay Internet en cada cuarto, fenomenal, y si hay una sala de ordenadores también me apaño.

e. Ah, sí. ¿Lo de las comidas?

f. ¿Está permitido llevar animales? Se trata de un perro pequeño.

3. Redacta una carta formal Ver pág. 165

Eres el Director de Recursos Humanos de una pequeña empresa y quieres solicitar información a un centro especializado en cursos de formación para empresas. ESCOGE las ideas que merezca la pena mencionar y REDACTA una carta:

• Horario y lugar del curso.

• Estudios realizados por los empleados.

• Tareas que suelen llevar a cabo.

• Tres de tus empleados tienen alergia al polen.

• Necesidad de realizar las sesiones sólo por la tarde.

• Situación familiar de los empleados: 55% casados, 42% con hijos.

• Has oído hablar muy bien del Centro de Enseñanza.

• Tienes dos empleados discapacitados físicos en silla de ruedas.

• Cuánto dinero podría costar la formación.

España en directo

España es... universidad

1. ¿Has estudiado en la universidad?

Antes de visionar

- ¿Va mucha gente a la universidad en tu país?
- ¿Qué requisitos hay que cumplir para poder estudiar en la universidad?
- ¿Es caro cursar estudios universitarios?
- ¿Cuáles son los estudios más demandados en tu país?
- ¿Qué te parece la universidad para la 3ª edad?

2. Ven a la universidad española

Primer visionado. Después de ver una vez la escena, CONTESTA a las preguntas.

⌐ ⌐ ⌐ ⌐ ⌐ ⌐ ⌐ ⌐ ⌐ ⌐ ⌐
Transcripción pág. 165
∟ ∟ ∟ ∟ ∟ ∟ ∟ ∟ ∟ ∟

◄ **Metro** ►

Ciudad Universitaria

a. ¿En qué ciudad están?

    1. Madrid ☒   2. Sevilla ☐   3. Barcelona ☐

b. ¿Dónde tiene lugar la entrevista?

    1. En un parque ☐   2. En el campo ☐   3. En el campus de una universidad ☒

c. ¿De qué hablan?

    1. Del trabajo ☐   2. De los estudios ☒   3. De problemas personales ☐

3. Asignatura pendiente

a. **Estas palabras aparecen en la entrevista. RELACIONA cada palabra con su significado.**

a. Carrera   1. Examen de ingreso en la universidad en España.
b. Periodismo   2. Sumar varias cifras y dividir el resultado por el número de cifras.
c. Selectividad   3. Estudios universitarios.
d. Media   4. Estudios necesarios para trabajar de periodista.
e. Diplomatura   5. Que debe hacerse por fuerza.
f. Obligatorio   6. Que puede hacerse si se quiere.
g. Optativo   7. Examinar y calificar.
h. Evaluar   8. Título universitario de grado medio.

b. LEE estos fragmentos de la entrevista y adivina por el contexto el significado de las expresiones que aparecen en cursiva.

a. ... [la sevillana] ha pasado *con creces* esta prueba.
  1. con esfuerzo ☐   2. de sobra ☒   3. con ayuda de alguien ☐

b. ... [en algunas asignaturas] *te lo juegas* todo en junio.
  1. te arriesgas ☒   2. te diviertes ☐   3. representas un papel ☐

c. Si la nota *no te llega*, o eliges otra carrera, o...
  1. no la recibes ☐   2. no es suficiente ☒   3. no está lista a tiempo ☐

C. Segundo visionado. ¿Lo has entendido?

a. ¿Cómo se llama? ¿Qué carrera estudia...? Rellena este carné con los datos de la entrevistada.

International *Student* Identity Card
Carte d'étudiant internationale / Carné internacional de estudiante

ESTUDIANTE

Nombre y apellidos:
María *Gómez Aguado*
Carrera: **Curso:**
Periodismo   3º
Nacionalidad:
Española
Ciudad de origen:
Sevilla

S 034 212 207 129

b. Con tu nota de Bachillerato y la nota del examen de Selectividad te hacen una media.
c. Si la nota no llega.
d. Tiene alrededor de seis o siete horas al día, de ocho de la mañana a tres. Y luego otra vez por la tarde.
e. Exámenes parciales, examen único, trabajos y asistencia a clase.
f. Un año de estudios en Medicina.
g. Que es de otra provincia.

b. ¿Cómo se calcula la nota de cada alumno para ver si puede optar a una carrera determinada?
c. ¿En qué caso hay que repetir la Selectividad en septiembre?
d. ¿Cuál es el horario de clases de la entrevistada?
e. ¿Qué tres sistemas de evaluación se mencionan?
f. ¿Qué es lo que cuesta 1.080 euros?
g. ¿Qué hace más costoso todavía el estudiar una carrera en el caso de la entrevistada?

4. Exámenes sí, exámenes no.

Debate:
Un examen en junio, varios exámenes parciales, trabajos, asistencia a clase.
• ¿Cuál es la mejor forma de evaluar?
• ¿Qué entendemos por una evaluación "buena" (la que es fácil, la que es justa, la más exacta...).
• Da tu propia explicación.

¿TU VIDA ES MÓVIL?

Campaña publicitaria de FACUA.

FACUA

© FEDERACIÓN DE CONSUMIDORES EN ACCIÓN DE ESPAÑA

Unidad 4
Adictos a las nuevas tecnologías

Objetivos

■ **Competencias pragmáticas:**

- Hablar de nuevas tecnologías y costumbres.
- Hablar de adicciones y sus consecuencias.
- Describir un perfil psicológico.

■ **Competencias lingüísticas:**

Competencia gramatical
- Formas tónicas de pronombres con preposición.
- Pronombres relativos.
- Pronombres relativos con preposición.

Competencia léxica
- Perfil psicológico.
- Las adicciones modernas.

■ **Conocimiento sociocultural:**

- Uso del teléfono móvil.
- Uso educativo de páginas de la red.
- Adicciones.

Recursos y tareas

■ Comprender un artículo periodístico.

■ Comprender una entrevista.
- Hablar de la adicción a las nuevas tecnologías.

■ Taller de escritura.
- Escribir correos electrónicos.

■ Tertulia.
- Expresar la opinión sobre las "adicciones modernas".

Alerta sobre la "movildependencia"

MADRID.- La Federación de Consumidores en Acción (FACUA) advierte que el uso abusivo y muchas veces compulsivo del teléfono móvil está derivando en un aumento del gasto mensual de millones de familias y en una auténtica "adicción" para numerosos consumidores, que llegan a sufrir trastornos físicos y psicológicos cuando olvidan el móvil en casa o se quedan sin batería.

"¿Tu vida es móvil?" es el lema de la campaña de FACUA, protagonizada por una joven unida a su móvil a través de unas cadenas que le cuelgan del cuello. La Federación advierte que aunque las numerosas ventajas de la telefonía móvil son innegables, muchos usuarios deben empezar a plantearse si están convirtiéndose en auténticos "movildependientes". En relación a las tarifas, FACUA advierte que llamar desde un móvil es once veces más caro que desde un teléfono fijo. De hecho, una llamada nacional con un móvil cuesta más que llamar desde un fijo a EEUU o a los países de la UE, pero cada vez son más los consumidores que dan de baja sus líneas fijas con la muchas veces errónea creencia de que el ahorro de una cuota mensual compensa las diferencias tarifarias. Un importante porcentaje de población prefiere llamar por el móvil que hacerlo desde las cabinas ubicadas en las calles y establecimientos, desde los que las llamadas resultan menos caras. Un estudio realizado en Gran Bretaña cuyas conclusiones fueron publicadas en 2000 por la revista médica "British Medical Journal" señala que los cigarrillos están siendo sustituidos por teléfonos móviles en las manos de la población adolescente y que la conducta de éstos respecto a los celulares es igual de obsesiva y adictiva que con el tabaco. FACUA señala que la publicidad de los móviles, especialmente dirigida a los adolescentes, es de hecho muy parecida a la del tabaco. En lugar de centrarse en sus tarifas, los anuncios muestran el móvil como un instrumento que da independencia, libertad, permite integrarse en un grupo, estrechar lazos con los amigos, igual que la publicidad de cigarrillos. Recientemente, un equipo de investigadores de la Universidad británica de Lancaster ha presentado un estudio, realizado sobre más de 150.000 abonados, que pone de manifiesto que uno de cada tres usuarios está enganchado a su teléfono móvil, unas cifras de adicción que doblan los de otro estudio similar realizado el año pasado.

Texto adaptado, elmundo.es, 17 de noviembre de 2004.

1. "Movildependiente"

a. COMPLETA este cuadro y **SELECCIONA** el sinónimo que más se aproxime entre los 8 verbos propuestos.

VERBO	SINÓNIMO
a. Advertir	Llamar la atención
b. Plantearse	Pensar
c. Dar de baja	Cancelar
d. Decrecer	Disminuir

1. Aumentar 5. Cancelar
2. Contratar 6. Disminuir
3. Dudar 7. Llamar la atención
4. Notar 8. Pensar

b. DEFINE las siguientes palabras a partir de sus componentes y **HAZ** una frase en la que se aprecie claramente su sentido.

Ejemplo: *Tecnoadicto: adicto a la técnica (o a la tecnología). Mi hermano es un tecnoadicto, se pasa todo el fin se semana navegando en Internet y jugando con videojuegos.*

a. Innegable Que no se puede negar. Posible respuesta: *Los peligros de la adicción al móvil son innegables.*

b. Movildependiente Que depende del teléfono móvil. Posible respuesta: *Su primo es un movildependiente, no sabe qué hacer sin el móvil.*

c. BUSCA en el texto las palabras que significan:

a. Que te obliga a actuar por un impulso incontrolable. Compulsivo.
b. Que se aprovecha de las circunstancias y es exagerado o desproporcionado. Abusivo.
c. Resultado obtenido de calcular un tanto por ciento de una cantidad. Porcentaje.
d. Frase que expresa la idea más importante y llama la atención en un mensaje publicitario. Lema.
e. Cantidad que debe abonarse periódicamente por un servicio. Cuota.

2. ¿Tu vida es móvil?

LEE el texto y **CONTESTA** a las preguntas.

a. ¿Cuáles son las consecuencias del uso abusivo del móvil? Económicas (un aumento exagerado del gasto).
b. ¿Qué les pasa a ciertas personas cuando no pueden disponer de su teléfono móvil? Sufren trastornos físicos y psicológicos.
c. ¿Cuál es la diferencia de precio entre llamar desde un móvil o hacerlo desde un fijo? Es once veces más caro.
d. ¿Qué es lo que creen los usuarios que dan de baja el teléfono fijo? Creen erróneamente que ahorran.
e. ¿Llama la gente más desde las cabinas? Ahora llama mucho menos.
f. ¿Qué aspectos atractivos del móvil resalta la publicidad? El móvil como un instrumento que da independencia, libertad, permite integrarse en un grupo, estrechar lazos con los amigos.
g. ¿En qué medida ha aumentado el número de adictos al móvil según la Universidad de Lancaster? El doble.

Punto⬤de vista

COMENTA con tu compañero:

a. Cuánto y cuándo utilizas el teléfono móvil.
b. En España el uso del móvil está generalizado. ¿Cuál es el uso que hace la gente del teléfono móvil en tu país?

Comprensión auditiva

1. Adicción y nuevas tecnologías

a. Antes de escuchar.

- ¿Qué es tener una adicción?
- ¿Qué problemas tiene una persona que sufre una adicción?

• Una adicción es un hábito que provoca una dependencia no controlable por quien la sufre.
• Los problemas pueden ser muy diversos, según el tipo de adicciones: ansiedad, aislamiento, abandono del trabajo, la familia, etc...

b. AVERIGUA el SIGNIFICADO de estas palabras y expresiones que van a aparecer en la audición:

a. Apreciarse
1. que se nota ☐   ☒ 2. que baja de precio   ☐ 3. que sube de precio ☐

b. Estar enganchado
1. estar molesto ☐   ☐ 2. ser dependiente   ☒ 3. ser independiente ☐

c. Autocontrol
1. Controlar a otro   ☐ 2. no controlar nada   ☐ 3. controlar su propia conducta ☒

d. Déficit
1. Algo complicado   ☐ 2. falta algo esencial   ☒ 3. no falta nada ☐

e. Autoestima
1. confianza en uno mismo ☒   2. autonomía   ☐ 3. autosuficiencia ☐

f. Introversión
1. desconfianza   ☐ 2. comunicar lo que se siente   ☐ 3. no comunicar lo que se siente ☒

g. Desintoxicación
1. falta de información   ☐ 2. curación   ☒ 3. despreocupación ☐

h. Abstinencia
1. presencia   ☐ 2. ausencia   ☐ 3. no hacer algo ☒

2. Habla una psicóloga   ┌ Transcripción pág. 166 ┐

ESCUCHA la audición y CONTESTA a las preguntas:

a. ¿En qué y dónde trabaja Kontxi Báez? Trabaja como psicóloga en el Centro de Salud Mental de Rentería.

b. ¿Cuál es el título de su conferencia? Adicciones psicológicas a las nuevas tecnologías.

c. ¿Cuánto tiempo "metido en Internet" se considera preocupante? Un uso superior a 30 horas semanales en tiempo de ocio.

d. ¿Cuánto pueden llegar a gastar las personas que están enganchadas al teléfono móvil? 3.600 euros.

e. ¿Cuáles son los servicios de Internet que crean más problemas? Los chat, seguidos del correo electrónico y los juegos de rol en cadena.

f. ¿Qué características psicológicas tiene el adicto a Internet? Carencias emocionales. La red suele cubrir una serie de déficits de personalidad, como dificultades a la hora de relacionarse en la vida real, falta de autoestima, una introversión muy alta y una baja tolerancia al aburrimiento

g. ¿Cómo se cura la adicción a Internet? Primero con abstinencia. Después se descubren qué carencias tienen las personas afectadas.

3. Ventajas e inconvenientes de Internet

a. **REFLEXIONA** sobre el uso educativo de páginas web y **COMPLETA** este cuadro.

USO EDUCATIVO DE PÁGINAS WEB	
VENTAJAS	INCONVENIENTES
Acceso a mucha información. Fomento de la iniciativa personal. Experiencia en la búsqueda, valoración y selección de información. Actividad y mayor implicación en el trabajo. Acceso a chats y foros con interés formativo.	Visión parcial de la realidad. Muchas informaciones falsas y anticuadas. Contenidos inadecuados para los jóvenes. Posibilidad de acceder a los espacios de chat. Muchas veces hace perder mucho tiempo a los estudiantes.

b. **COMENTA** con tu compañero cuáles son los aspectos de la red que te parecen positivos y los que te parecen negativos para la educación. **ARGUMENTA** tus puntos de vista.

Ejemplo: *A veces los estudiantes hacen trabajos que son simples copias de la información que han encontrado en Internet.*

4. ¿Enganchado?

En parejas: FORMULA las siguientes preguntas a tu compañero.

a. ¿Usas Internet? ¿Lo usan tus amigos y familiares?
b. ¿Con qué frecuencia te conectas a Internet?
c. ¿Qué páginas de Internet visitas más?
d. ¿Qué informaciones son más rápidas a través de la red?
e. ¿Qué cosas has dejado de hacer desde que usas Internet?
f. ¿Has conocido a algunas personas por Internet?
g. ¿Ha cambiado tu vida desde que utilizas la red?

a. Se trata de saber si el estudiante y su entorno están familiarizados con Internet.
b. Todos los días, de vez en cuando…
c. Se trata de detectar campos de interés entre los estudiantes.
d. Ejemplos: noticias de última hora, ofertas de viajes…
e. Ejemplo: mucha gente ha dejado de escribir cartas.
f. Ejemplos: hay mucha gente que ha hecho amigos, incluso ha encontrado novio. También se ha relacionado con gente peligrosa.
g. Ejemplos: está más informado, se relaciona con más gente a través del correo y dedica menos tiempo a ver la televisión o a leer.

Punto de vista

En grupos: HABLA sobre la adicción a las nuevas tecnologías.

a. ¿Qué diferencia hay entre adicción y afición? Las diferencias son claras; la primera es una dependencia peligrosa que te puede trastornar; la segunda, es una actividad placentera que no altera tu vida.
b. ¿Conoces casos de adicción? Explica algún detalle o cuenta una anécdota interesante.
   Se trata de que cada estudiante hable de alguna experiencia personal sobre este asunto, dando detalles de las consecuencias que puede provocar una adicción.
c. ¿Crees que es un problema grave? Respuesta libre.

Lengua

 FORMAS TÓNICAS DE PRONOMBRES CON PREPOSICIÓN

Preposición	Forma tónica del pronombre	
a	mí	*Me lo dijo a mí.*
de	ti	*No se fía de ti.*
para	él – ella – ello – sí	*Esto es para él.*
con	nosotros – nosotras	*Cuenta con nosotros para la cena.*
sin	vosotros – vosotras	*Lo haré sin vosotros.*
por	ellos – ellas – sí	*Lo hizo por ellas.*

• Después de la preposición con los pronombres mí, ti y sí se transforman en conmigo, contigo y consigo. *Se enfadó conmigo. Contamos contigo. Está muy contento consigo mismo.*

• Después de las preposiciones entre, excepto, incluso, menos, salvo, hasta y según se usan yo y tú, en lugar de mí y ti. *Entre tú y yo lo haremos.*

• El pronombre sí tiene valor reflexivo. *Es capaz de hacerlo por sí mismo.*

1 **COMPLETA las siguientes expresiones con el pronombre adecuado:**

a. Esa persona trabaja en mi oficina. Trabaja conmigo.

b. Te han traído esta carta certificada. Es para ti.

c. El acusado se culpó a sí mismo.

d. Me dio recuerdos para Josefa. Se acuerda mucho de ella.

e. Brindemos por todos nosotros / vosotros.

f. Javier, ¿podemos contar contigo para la fiesta?

g. El piso nos gusta mucho, nos quedamos con él.

h. Haz un esfuerzo, vienen todos menos tú.

 LOS PRONOMBRES RELATIVOS

Los pronombres relativos que, quien, el que, el cual introducen una oración adjetiva o de relativo y se refieren a un nombre, casi siempre mencionado antes.

• Que: es invariable y se refiere tanto a personas como a cosas.
Las personas que utilizan demasiado Internet pueden volverse tecnoadictas.
Introduce tanto oraciones especificativas como explicativas (ver apartado *Lengua*, pág. 32).
Tiene que tener siempre antecedente. *Los usuarios que se han dado de baja del móvil...*

• Quien: se refiere siempre a una persona y tiene plural: quienes. Equivale a *el/la + que.*
Puede funcionar con o sin antecedente. *Quien te vendió ese coche te engañó.*
Cuando lleva antecedente, sólo funciona con oraciones explicativas.
Bill Gates, quien lidera el mundo de los ordenadores personales, se ha enriquecido.

• El que: se refiere tanto a personas como a cosas, varía en género y número: la que, los que, las que, lo que. *Es Antonio el que ha llamado. Estas galletas son las que prepara mi madre.*
Cuando se emplea sin antecedente expreso funciona como un sustantivo.
Las que quieran participar, que lo hagan.

• El cual: se refiere tanto a personas como a cosas, varía en género y número: *la cual/los cuales/las cuales/lo cual*. Se utiliza siempre en oraciones explicativas.
Se usa artículo + *cual* para marcar el antecedente.
He recibido un paquete, el cual pesa mucho.

 PRONOMBRES RELATIVOS CON PREPOSICIÓN

Las oraciones de relativo llevan una preposición cuando su antecedente no es ni el sujeto ni el complemento directo de persona.
Nos sentamos en un banco. El banco estaba recién pintado. El banco en el que nos sentamos estaba recién pintado.
Él estaba enfermo. No vino por esta razón. La razón por la cual no vino es que estaba enfermo.

 COMPLETA los espacios en blanco con el pronombre relativo adecuado. En ocasiones habrá más de una respuesta correcta posible.

a. Los invitados que vienen a cenar son vegetarianos.
b. Quien / el que no tiene móvil ni usa el ordenador no vive en el mundo moderno.
c. Ese es de los que piensan que lo saben todo.
d. Ese es el motivo por el que / el cual nunca volvió a trabajar en esa empresa.
e. Vinieron los que / quienes fueron convocados a la reunión.
f. Le preguntó a su compañero, el cual / que era un experto en la materia.

 A partir de las dos frases FORMA una sola oración con el pronombre relativo adecuado haciendo los cambios que sean necesarios.

Ejemplo: *El vecino de Javier es muy famoso. El vecino de Javier vive en el quinto.*
              El vecino de Javier que vive en el quinto es muy famoso.

a. Él aprendió español en Colombia – Él trabaja de traductor de español en el Congreso.
Él, que trabaja de traductor en el Congreso, aprendió español en Colombia.
b. Visitamos a su tío – Él no veía a su tío desde hacía veinte años.
Visitamos a su tío, a quien no veía desde hacía veinte años.
c. Alguien sabe toda la verdad – Alguien debe decirla.
Quien sepa la verdad debe decirla.
d. Ese médico vivió muchos años en China – Ese médico practica la acupuntura.
Ese médico, que vivió muchos años en China, practica la acupuntura.

 HAZ una sola frase uniendo los dos pares que te damos.

Ejemplo: *Él está saliendo con una chica. La chica es una actriz muy conocida.*
              La chica con la que está saliendo es una actriz muy conocida.

a. Vamos a ir de viaje por una carretera / La carretera está cortada.
    La carretera por la que vamos a ir de viaje está cortada.
b. Hemos invitado al cine a un amigo / El amigo no ha ido nunca al cine en España.
    El amigo al que hemos invitado nunca ha ido al cine en España.
c. Sin esta herramienta no podemos arreglar la avería. / No tenemos la herramienta.
    No tenemos la herramienta sin la cual no podemos arreglar la avería.
d. La empresa atraviesa dificultades / Él trabaja para esa empresa.
    La empresa para la que él trabaja atraviesa dificultades.
e. Este café es el más antiguo del barrio / En ese café se han reunido escritores durante décadas.
    El café en el que se han reunido escritores durante décadas es el más antiguo del barrio.
f. Hay una montaña / Desde la montaña se ve una vista panorámica de toda la ciudad.
    Hay una montaña desde la que se ve una vista panorámica de toda la ciudad.

Taller *de escritura*

Escribir correos electrónicos

1. edelsa@edelsa.es

El correo electrónico cada vez se usa más para una comunicación rápida. Es un texto breve escrito normalmente de forma inmediata y con poco tiempo.

A través del correo podemos escribir cartas personales, pero también mensajes muy cortos, cartas comerciales, oficiales, etc.

a. **LEE estos tres correos electrónicos.**

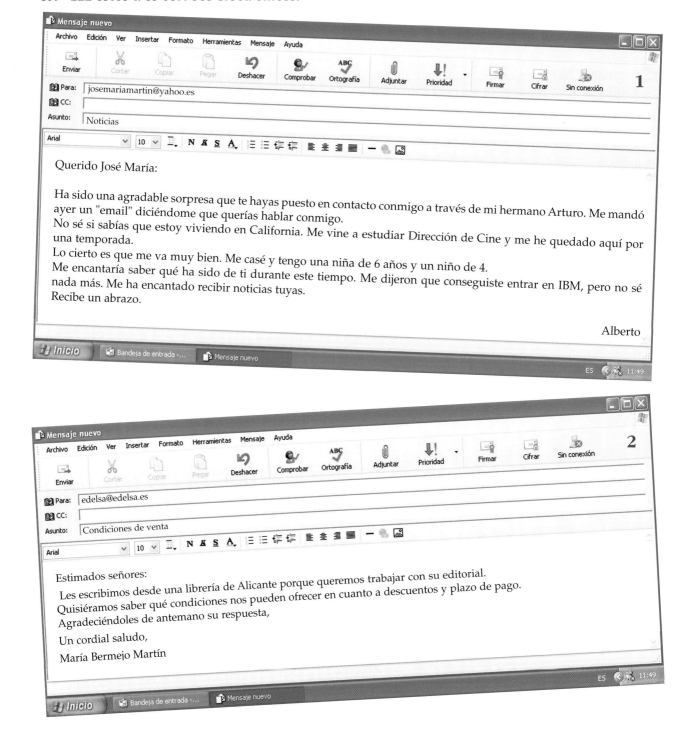

Mensaje nuevo

Archivo Edición Ver Insertar Formato Herramientas Mensaje Ayuda

Enviar   Cortar Copiar Pegar Deshacer Comprobar Ortografía Adjuntar Prioridad Firmar Cifrar Sin conexión   **1**

Para: josemariamartin@yahoo.es
CC:
Asunto: Noticias

Arial   10

Querido José María:

Ha sido una agradable sorpresa que te hayas puesto en contacto conmigo a través de mi hermano Arturo. Me mandó ayer un "email" diciéndome que querías hablar conmigo.
No sé si sabías que estoy viviendo en California. Me vine a estudiar Dirección de Cine y me he quedado aquí por una temporada.
Lo cierto es que me va muy bien. Me casé y tengo una niña de 6 años y un niño de 4.
Me encantaría saber qué ha sido de ti durante este tiempo. Me dijeron que conseguiste entrar en IBM, pero no sé nada más. Me ha encantado recibir noticias tuyas.
Recibe un abrazo.

Alberto

Inicio   Bandeja de entrada -...   Mensaje nuevo   ES 11:49

Mensaje nuevo   **2**

Archivo Edición Ver Insertar Formato Herramientas Mensaje Ayuda

Enviar   Cortar Copiar Pegar Deshacer Comprobar Ortografía Adjuntar Prioridad Firmar Cifrar Sin conexión

Para: edelsa@edelsa.es
CC:
Asunto: Condiciones de venta

Arial   10

Estimados señores:

Les escribimos desde una librería de Alicante porque queremos trabajar con su editorial.
Quisiéramos saber qué condiciones nos pueden ofrecer en cuanto a descuentos y plazo de pago.
Agradeciéndoles de antemano su respuesta,

Un cordial saludo,

María Bermejo Martín

Inicio   Bandeja de entrada -...   Mensaje nuevo   ES 11:49

Mensaje nuevo

Archivo Edición Ver Insertar Formato Herramientas Mensaje Ayuda

Enviar Cortar Copiar Pegar Deshacer Comprobar Ortografía Adjuntar Prioridad Firmar Cifrar Sin conexión **3**

Para: univ@complu.es

CC:

Asunto: Admisión de alumnos.

Arial 10 N K S A

Sr. Jefe de Personal Docente:

Adjunto le remito mi instancia de solicitud del puesto de becario en el Departamento de Lenguas Modernas de su Universidad.
Asimismo, le envío mi currículum vitae, en el que podrán comprobar que reúno las condiciones y los méritos para el desempeño del puesto.
A la espera de que esta solicitud pueda ser aceptada, se despide atentamente.

John Berger

Inicio Bandeja de entrada -... Mensaje nuevo ES 11:49

b. **¿De qué TIPO de correo se trata en cada caso?**
Ver pág. 166

c. **FÍJATE en las diferentes partes de los tres correos electrónicos y anota los elementos más importantes.**

	Correo 1	Correo 2	Correo 3
Saludo			
Cuerpo del texto			
Despedida			
Firma			

2. Escribir correos electrónicos

Ver pág. 167

ELIGE un tema concreto para cada tipo de correo y ESCRIBE tres correos electrónicos cortos.

a. Personal:
-anunciar una visita, comunicar la imposibilidad de asistir a un acto, comentar una noticia privada.

b. Comercial:
-hacer una oferta, responder a una oferta, comprar un producto, reclamar, pedir un catálogo.

c. Oficial:
-realizar una consulta sobre un problema administrativo, formular una solicitud (de una beca, una convalidación de estudios, etc.).

• Cuida la ortografía y la corrección.
• Ten en cuenta el estilo (formal, informal) que debes emplear.
• Ordena las ideas y organiza el texto.

Adicción al móvil

Adicción al trabajo

Adicción a Internet

Adicción a las compras

ADICCIÓN A LOS JUEGOS DE AZAR

1. Adicciones

a. LEE estos textos sobre diferentes adicciones.

Adicción a los SMS

Según un psicoterapeuta, cada vez hay más personas con adicción a los mensajes de texto (SMS) de los teléfonos móviles, una "enfermedad real y seria porque causa daños mentales y financieros". Asegura que "el problema lleva a depresiones y desórdenes de personalidad, por no mencionar las facturas telefónicas cada vez más elevadas". Basa su pronóstico en la creciente proporción de usuarios "enganchados" a los móviles entre los pacientes que llegan a su clínica para someterse a una terapia de adicción.

Texto adaptado, *El Mundo*, 12 de julio de 2004.

Adicciones sociales

Cada vez son más los adictos sociales al alimento, el juego, la compra, la televisión, Internet y el trabajo. Aunque todos estos elementos constituyen parte de la salsa de la vida, su poder adictivo es capaz de enganchar al consumidor o usuario que abusa de alguno de ellos o que se halla instalado en una situación vulnerable, definida por la baja autoestima, la soledad, el estrés, el vacío existencial o la depresión. La agrupación de las adicciones sociales o adicciones en las que no hay sustancia química presente se ha extendido mucho en los últimos años.

Texto adaptado, *El País*, 2 de mayo de 2000.

La adicción al juego y los más jóvenes

Si hace diez años la media de edad de los adictos al juego era de 43 años, ahora las asociaciones de jugadores rehabilitados tienen en tratamiento a jugadores con una edad media de 30 años. Además se dan también casos en menores de edad y aflora la dependencia a otras adicciones relacionadas con Internet, los videojuegos, la telefonía móvil y las compras compulsivas. Las últimas afectan de manera especial a niños y adolescentes.

Texto adaptado, *El País*, 27 de noviembre de 2004.

b. A partir de los textos, REFLEXIONA y RESPONDE a las preguntas acerca de diferentes aspectos del problema:

Ver pág. 167

• ¿Cómo se manifiesta una adicción? ¿Cuáles son los síntomas?
• ¿Cuál es el perfil psicológico de una persona adicta?
• ¿Qué tipo de personas tiene más riesgo de sufrir adicciones?
• ¿Qué tipo de adicción te parece más grave y por qué?
• Aparte de la terapia, ¿qué medidas se te ocurren para solucionar el problema?

Tertulia

Ver pág. 167

¿Cómo remediar las adicciones "modernas"?

Teniendo en cuenta todos los elementos de juicio que han aparecido, cada uno de los participantes en la Tertulia manifiesta su opinión. Es conveniente argumentar las opiniones propias.

Te podemos sugerir:

- Necesidad de disfrutar de más relax.
- Impulso incontrolable.
- Insatisfacción personal o frustración.
- Búsqueda de emociones.
- Soledad.
- Evasión.
- Peso de la publicidad.
- Sentimiento de culpa.
- Abandono de otras actividades.
- Unas adicciones pueden llevar a otras.

- **Se forman grupos.**

  - Cada grupo elige un tipo de adicción.
  - Se seleccionan los argumentos.
  - Se ordenan las ideas para hacer una exposición oral.

- Los portavoces de los grupos, por turnos, empiezan sus exposiciones.
- Se abre un segundo turno de réplica.
- Los estudiantes no portavoces pueden pedir la palabra e intervenir con preguntas y comentarios.

El juez Emilio Calatayud en una sala de audiencia.
Granada. España.

Unidad 5
¿Culpable o inocente?

O b j e t i v o s

■ **Competencias pragmáticas:**

- Presentar una denuncia.
- Expresar la opinión y argumentar.
- Intervenir en un foro de Internet.
- Formular un reproche.

■ **Competencias lingüísticas:**

Competencia gramatical
- Oraciones causales.
- Oraciones consecutivas.
- Usos del futuro.
- Lamentar un hecho pasado: *Tener que / deber*.

Competencia léxica
- La justicia.
- La seguridad vial.

■ **Conocimiento sociocultural:**

- La justicia en España.
- El carné de conducir por puntos.

Recursos y Tareas

■ Comprender un diálogo y una noticia.
- Contar un robo o una estafa.

■ Comprender un artículo periodístico sobre la justicia.

■ Taller de escritura.
- Intervenir en un foro de Internet.

■ Tertulia.
- Expresar la opinión sobre la responsabilidad compartida.

Comprensión auditiva

1. Me han robado el bolso

a. Antes de escuchar: discusión.

- ¿Qué objetos suelen robarse con mayor frecuencia? Motos, coches, bicicletas, bolsos, carteras, maletas, bolsas...
- ¿En qué clase de lugares se producen más robos? En el metro, en calles desiertas o muy concurridas, en los mercadillos...
- ¿Qué precauciones hay que tomar para evitar los robos? Agarrar bien bolsos o maletas, mirar a nuestro alrededor, evitar los lugares muy concurridos en horas punta, también evitar los lugares desiertos de noche (por los atracos).

b. Estas palabras aparecerán en un diálogo. COMPLETA las frases con ellas.

1. interrumpir   2. denuncia   3. cremallera   4. empujón   5. robo   6. recuperar

a. Si su perro vuelve a meterse en mi jardín a estropearme las flores le voy a poner una denuncia.
b. El defensa central le dio un tremendo empujón al delantero, haciéndole caer al suelo.
c. Hemos perdido mucho dinero en la bolsa, y va a ser difícil de recuperar.
d. Ha habido un robo en casa de los vecinos. Se han llevado todas las joyas y el dinero.
e. ¡Oiga! No se puede interrumpir una conferencia así. Apague el móvil ahora mismo.
f. Se me ha atascado la cremallera de la chaqueta y no la puedo abrir.

c. MIRA esta ilustración. ¿Cuántos objetos puedes identificar?

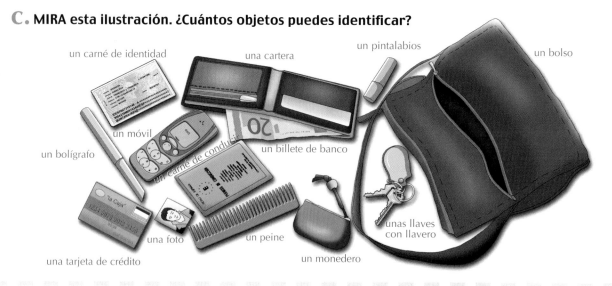

un carné de identidad · una cartera · un pintalabios · un bolso · un móvil · un bolígrafo · un carné de conducir · un billete de banco · una tarjeta de crédito · una foto · un peine · un monedero · unas llaves con llavero

2. En una comisaría

Transcripción pág. 168

a. Beatriz está haciendo una denuncia en una comisaría cerca de su lugar de trabajo. ESCUCHA y CONTESTA verdadero o falso.

	V	F
a. La mujer denuncia que le han golpeado con un bolso.		X
b. El bolso es negro, de gran tamaño y de piel.	X	
c. La cartera contenía 150 euros además de tarjetas de crédito.	X	
d. La señora llamó para que no anularan las tarjetas.		X
e. Dentro del bolso sólo había una cartera y un pañuelo de seda.		X
f. Todo ocurrió al salir del metro, en una calle solitaria.		X
g. Nadie vio lo que había sucedido.	X	
h. El policía reprocha: no tendría que haber llevado el bolso abierto.		X

b. Se divide la clase en parejas. La mitad de las parejas **REPRESENTA** una escena en la que se denuncia un robo:

Ver pág. 168

un coche o una moto   una cartera   un reloj   una maleta

- **A** presenta una denuncia por el robo de algún objeto arriba mencionado, y **B** es el funcionario que hace las preguntas y rellena el impreso de denuncia.
- La otra mitad de las parejas representa una escena en la que alguien acude a la comisaría para informar de que ha encontrado un objeto (también arriba mencionado) en la calle:
- **A** presenta la información y **B** es el funcionario que apunta los datos.
- Ahora se cotejan los partes de robo y los partes de objetos encontrados, para ver si hay coincidencias. Se intercambia la información hablando. En ningún caso se enseñan los partes.

3. Detección de vehículos robados

a. Las palabras (a, b, c, d, e) aparecen en la audición; **RELACIÓNALAS** con su sinónimo.

a-3; b-1; c-4; d-2; e-5.

a. Operar	b. Detección	c. Localización	d. Dispositivo	e. Inversión

1. Descubrimiento	2. Mecanismo	3. Actuar	4. Ubicación	5. Compra

b. **COLOCA** los siguientes verbos y nombres en la columna adecuada: *operar, descubrimiento, localización, detección, actuar, ubicación, inversión,* y **COMPLETA** el cuadro.

VERBO	operar	descubrir	localizar	detectar	actuar	ubicar	invertir
NOMBRE	operación	descubrimiento	localización	detección	actuación	ubicación	inversión

c. Ahora **LEE** estas preguntas, **ESCUCHA** esta noticia de la radio y **CONTESTA**.

a. ¿Para qué sirve el sistema utilizado por la Guardia Civil? Para detectar vehículos robados.

b. ¿Es muy eficaz? ¿Por qué? Sí, su eficacia es del cien por cien, porque permite localizar un coche en muchos países.

c. ¿Cómo escondieron un coche para realizar la prueba? Lo escondieron en un contenedor metálico, que estaba dentro de un camión, y el camión dentro de un edificio.

d. ¿Cuál es el tiempo máximo de búsqueda? Seis horas.

e. ¿A qué corresponde la cifra "ciento setenta y tres mil"? Al número de vehículos robados en España el año pasado.

f. ¿Cuánto cuesta el contrato a tres años?: 180 € ☐   450 € ☒   600 € ☐

g. ¿En qué tipo de coche se suele instalar este dispositivo? En coches de gama media-alta.

Transcripción pág. 168

Punto de vista

¿Has sido alguna vez víctima de un robo o de una estafa?

a. Cuenta lo que pasó, describe los objetos robados o las cantidades estafadas. Explica dónde, cómo y cuándo sucedió.

b. Los compañeros hacen comentarios sobre cómo se podría haber evitado el robo.

Ejemplo: *...iba por una calle oscura y solitaria por la noche...*
- *No tendrías que haber ido por una calle oscura.*

El alumno cuenta algo que le ocurrió, al tratarse de una historia real suele motivarle más a la hora de contarlo. Se trata de que se exprese utilizando el léxico, las expresiones y las estructuras trabajadas en esta sección de manera más libre.

1. La Justicia ejemplar

a. MIRA estas fotos. ¿Cómo te hacen sentir? DA TU OPINIÓN sobre las penas de prisión y las de servicios comunitarios empleando palabras o expresiones del recuadro.

la cárcel	el servicio comunitario	el castigo	la venganza
la prevención del delito	aprovechar el tiempo	el gasto	deprimente
la reinserción social	la depresión	la educación	perder el tiempo

Emilio Calatayud es juez de menores de Granada. Sus sentencias son tan inusuales que le han hecho conocido. El motivo es muy sencillo: el juez Calatayud no quiere castigar al delincuente, sino rehabilitarlo. Lo que intenta es reinsertar al delincuente, y para eso emplea la fórmula siguiente: los delitos se pagan sirviendo a la sociedad. Por lo tanto, en vez de penas de prisión (internamiento para menores) o multas, muchas veces las sentencias consisten en servicios en beneficio de la comunidad. He aquí algunas muestras de las sentencias del juez Calatayud:

"Por conducir de forma temeraria, patrullarás con la Policía Local".
"Por robar varias veces, aprenderás a leer".
"Por conducir borracho, atenderás a víctimas de accidentes en el hospital".
"Por robar a un inmigrante sin papeles, ayudarás a los inmigrantes que llegan en pateras".
"Por maltratar a un sin techo, repartirás comida entre indigentes".

Hay tantos ejemplos que resulta imposible reunirlos todos. A menudo la condena está relacionada no sólo con el delito, sino también con el delincuente. Por ejemplo, un pirata cibernético (un "hacker") entró en varias empresas y provocó daños por un valor de 2.000 euros. La sentencia fue dar cien horas de clase de informática a estudiantes. Asimismo, a un inmigrante senegalés, por vender cd's piratas, le "condenó" a aprender español. La intención es siempre favorecer la reinserción, mostrar al delincuente que puede hacer cosas a favor de los demás.
Estas medidas siempre dependen de una actitud positiva del condenado. Es necesario que el joven reconozca su culpa, su responsabilidad. Esto no siempre se puede conseguir, pero las estadísticas están a favor del juez Calatayud. Un 80% de sus condenados no reincide. Además, no se le puede criticar por falta de eficacia. Este juez resuelve unos ochocientos casos al año. En algunos días ha llegado a resolver más de cuarenta casos en menos de dos horas. Lo que también puede constatarse es que los jóvenes tienen con él muy buena relación. Quizá el secreto de este juez es que de joven él también fue un chico difícil y cometió pequeños delitos. Su padre lo metió en un internado con fama de duro.
Incluso cuando impone penas de internamiento en un centro de menores, busca por todos los medios la reinserción. Un interno de 19 años se rehabilitó tan satisfactoriamente que le ofrecieron un empleo dentro del mismo centro, ayudando a otros internos.

Texto adaptado, Ildefonso Olmedo, Magazine n°245, *El Mundo*. 6 de junio de 2004.

b. ESCOGE la opción correcta para completar las frases.

a. La finalidad de las sentencias es …….. al delincuente en la sociedad otra vez.
   1. reclamar ☐   2. reconsiderar ☐   3. reinsertar ☒

b. El hecho de que el juez haya venido a ver el lugar del accidente es una …….. de su interés.
   1. toma ☐   2. muestra ☒   3. cantidad ☐

c. Conducir a gran velocidad y en sentido contrario es, evidentemente, conducción…
   1. temeraria ☒   2. temerosa ☐   3. temible ☐

d. Para conducir un coche es …….. tener un permiso de conducir.
   1. conveniente ☐   2. obligatorio ☒   3. recomendable ☐

e. Tras beber toda la noche acabó totalmente …
   1. enfermo ☐   2. indispuesto ☐   3. borracho ☒

f. Cientos de inmigrantes …….. se manifestaron ayer reclamando permisos de trabajo.
   1. sin papeles ☒   2. sin permisos ☐   3. sin cartas ☐

g. En invierno se agrava el problema de los …….. que viven en la calle.
   1. nómadas ☐   2. deambulantes ☐   3. sin techo ☒

h. Clara no tiene absolutamente nada. Es una …
   1. infractora ☐   2. indigente ☒   3. invidente ☐

2. Los delitos se pagan sirviendo a la sociedad

LEE el texto y CONTESTA a las preguntas.

a. ¿Cuál es la opción que no interesa al juez Calatayud?
   1. Redimir.
   2. Castigar.
   3. Reinsertar.

b. ¿Cuándo aplica el juez "servicios comunitarios"?
   1. Siempre.
   2. Si el delito es poco importante.
   3. Si el delincuente tiene una actitud positiva.

c. ¿Qué afirmación es verdadera?
   1. Los jóvenes tienen miedo al juez.
   2. El juez obtiene buenos resultados.
   3. Con las penas de internamiento, la reinserción es imposible.

d. ¿Por qué lleva comillas la palabra "condenó" en el tercer párrafo? Porque aprender un idioma no puede considerarse una condena como las tradicionales.

3. "Por robar varias veces, aprenderás a leer"

a. DISCUTE las sentencias del juez Calatayud. ¿Qué crees que pudo conseguir con cada una? ¿Cuál te parece menos apropiada? ¿Por qué?

b. En parejas, IMAGINA servicios comunitarios apropiados para los siguientes delitos:

- Hacer "pintadas".
- Robar en un supermercado.
- Vandalismo: romper mobiliario urbano.
- Quemar un bosque.
- Conducir sin carné.
- Maltratar a la novia.

Ejemplo: *Yo creo que por robar en un supermercado el delincuente debería repartir comida a gente necesitada. Así comprendería que hay gente que necesita comida y no puede pagarla.*

c. EXPLICA las propuestas de tu pareja a la clase. Se votarán las más apropiadas.

 Lengua

 ORACIONES CAUSALES

Para expresar la causa de una acción o situación se utilizan las siguientes conjunciones o locuciones con Indicativo:
• Como, que, pues, ya que, dado (que), puesto que, gracias a (que), es que.
Como llueve, cogeré el paraguas.
• Porque se construye con Indicativo y "no porque" con Subjuntivo.
Me voy porque estoy muy cansada, no porque no me guste el sitio.

 ORACIONES CONSECUTIVAS

Para expresar la consecuencia de una acción o situación se utilizan las siguientes conjunciones o locuciones con Indicativo:
• Tan / tanto /a/os/as... que, de manera / modo que, / así (es) que, luego, conque, por consiguiente, por (lo) tanto, por eso y así pues.

• Tan... que va seguido de un adjetivo o un adverbio:
Sus sentencias son tan inusuales que le han hecho conocido.
...se rehabilitó tan satisfactoriamente que le ofrecieron un empleo dentro del mismo centro.
• Tanto... que va seguido de un sustantivo y concuerda en género y número con este sustantivo:
Hay tantos ejemplos que resulta imposible reunirlos todos.
• Tanto que es invariable:
Gritó tanto que le oyeron todos los vecinos.

• De manera / modo que, así (es) que. *Nadie te va a oír, de manera que no vale la pena chillar.*
Por consiguiente, por (lo) tanto, por eso, y así pues, pueden emplearse como conectores a principio de la frase y van seguidos de coma:
No nos queda dinero. Por consiguiente, no podemos ir a un restaurante.

1 COMPLETA las frases con *tan* o *tanto/–a/–os/–as* (a, b, c, d) y con *porque* o *así que* (e, f, g, h).

a. Escapó tan deprisa que la policía no pudo atraparlo.
b. Ha sido detenido tantas veces que ya lo conocen en la comisaría.
c. Hay tanta violencia por la noche que ya apenas salimos.
d. Le hicieron tanto daño que fue al hospital a ver si le habían roto algún hueso.
e. Necesito mi moto esta tarde, así que devuélveme las llaves.
f. Hemos instalado una alarma en casa porque nos han robado dos veces.
g. Me han robado la cartera, así que no tengo mi carné de identidad.
h. La policía le dejó en libertad porque no tenía pruebas contra él.

 **USOS DEL FUTURO**

> En la frase "por robar varias veces, aprenderás a leer", ¿por qué está el verbo en futuro?
> 1. Porque el delincuente no ha realizado todavía lo que ordena el juez.
> 2. Porque no es seguro, sino sólo probable, que vaya a cumplir la sentencia.
> 3. Porque aquí el futuro equivale a un imperativo: se trata de una orden.

 LEE estas frases y DECIDE cuál de los tres usos del futuro se hace en cada una.

a. Los ladrones habrán entrado por alguna ventana, porque la puerta está cerrada con llave. 2
b. Cuando llegue la policía, les contaré todo lo que he visto. 1
c. Fernando, tú recogerás la mesa, y tú, Víctor, fregarás los platos, ¿vale? 3
d. Los alumnos de tercer curso podrán realizar el examen con diccionario. 3
e. - ¿Por qué no contestará Ramón al teléfono?
   - No sé. Estará ocupado. 2

 LAMENTAR UN HECHO PASADO: *TENER QUE / DEBER*

> • Tener que y Deber pueden emplearse en Pretérito Imperfecto de Indicativo o Condicional, seguidos del Infinitivo Perfecto para referirnos a hechos pasados que lamentamos y expresar las alternativas que hubiéramos deseado.
> *Tenía que haber denunciado* **el robo antes.** *Debía haber llevado* **menos dinero encima.**
> *Tendría que haber denunciado* **el robo antes.** *Debería haber llevado* **menos dinero encima.**
>
> • Deber también se puede utilizar en Pretérito Indefinido. *Debí llevar menos dinero.*
>
> • Tener que, sin embargo, en Pretérito Indefinido tiene otro significado: presenta el hecho como ocurrido, con matiz de obligación o necesidad.
> *Como no tenía mucho dinero* tuve que *contentarme con comer un bocadillo.*

 ESCRIBE frases indicando lo que tendría que haberse hecho en cada caso y utiliza *tendría que haber...* **en la persona adecuada.**

Ejemplo: *Los padres del muchacho no se ocupaban de él.*
    Los padres del muchacho tendrían que haberse ocupado (más) de él.

a. Le pagaron muy poco por su trabajo. Le tendrían que haber pagado más.
b. El examen fue demasiado difícil. El examen tendría que haber sido más fácil / menos difícil.
c. El joven delincuente no recibió suficiente ayuda en la rehabilitación. El joven delincuente tendría que haber recibido más ayuda.
d. No hemos echado suficiente gasolina. Tendríamos que haber echado más gasolina.
e. Hablamos mucho, pero hicimos muy poco. Tendríamos que haber hecho más (y haber hablado menos).
f. Llamaste a la policía demasiado tarde. Tendrías que haber llamado a la policía antes.

 COMPLETA las frases con *deber* **o** *tener que* **en Pretérito Indefinido.**

a. No había nadie para jugar al tenis, así que tuve que irme a casa.
b. Malgastó todo el dinero que le di. No debí dárselo.
c. Menos mal que no tuviste que (tú) esperarme demasiado.
d. ¡Qué pena que te perdieras! Debí acompañarte yo.
e. Juan hizo mal al no decirte nada. Debió advertirte antes.
f. Ahora están todas las mesas ocupadas. Debimos llamar por teléfono para reservar, pero nos confiamos.

Taller *de escritura*

Intervenir en un foro de Internet

1. ¿Cómo funciona el carné por puntos?

a. LEE los fragmentos de estos artículos y RELACIONA cada párrafo con el título apropiado.

El ministro de Interior acaba de anunciar la implantación del carné por puntos. Se adoptará el nuevo permiso, ya instaurado en Francia, Gran Bretaña, Alemania e Italia, desde hace varios años, con buenos resultados.

a

a-3, b-2, c-1, d-4, e-5

El gobierno cree que el carné por puntos es la mejor manera de estimular el buen ejercicio de la responsabilidad de los conductores hacia la sociedad. El fin es reducir la cifra de 5.400 muertos anuales en las carreteras españolas.

d

La confianza que se deposita en un conductor cuando obtiene el permiso de conducir se va retirando mediante la resta de puntos si éste comete infracciones, hasta el extremo de poder retirarse el documento en los casos más graves.

b

El Comisariado Europeo del Automóvil (CEA) no está en absoluto de acuerdo con la implantación del permiso de conducir por puntos. Para esta asociación, el carné por puntos vulnera los derechos constitucionales.

c

Una vez que el permiso de conducir es retirado, el conductor sancionado tendrá que examinarse otra vez. Si sólo ha perdido parte de los puntos, puede recuperar 4 puntos realizando un curso de sensibilización y reeducación de entre 10 y 12 horas, aunque sólo se podrá realizar uno cada dos años. También se recuperarán los 12 puntos íntegros en caso de no cometer ninguna infracción en tres años.

e

No hay unanimidad en cuanto a la medida 1

Las consecuencias de las infracciones de tráfico 2

El ejemplo europeo 3

La finalidad de la medida 4

Cómo conseguir puntos otra vez 5

b. ¿Cuántos puntos se pierden por estas infracciones? En parejas DECIDE cuántos puntos (de 1 a 8) quitarías por cada infracción. Luego PREGUNTA a tu profesor la solución.

- Uso del teléfono móvil. (2)
- No respetar la señal de Stop o semáforo rojo. (4)
- No utilizar el cinturón de seguridad. (3)
- Darse a la fuga en caso de accidente con heridos. (8)
- Alcoholemia igual o superior a 0,8 g/l de sangre. (6)

2. En la carretera

Estas palabras aparecen en las intervenciones del foro. ASOCIA cada palabra con su definición.

a. Infractor   1. No detenerse en un semáforo en rojo.
b. Saltarse   2. Persona que no respeta las normas de tráfico.
c. Abuchear   3. Superficie de la carretera por donde circulan los vehículos.
d. Drenaje   4. Resbaladizo.
e. Firme   5. Insultar a voces.
f. Deslizante   6. Sistema para retirar el agua de un sitio.
g. Guardarraíl   7. Buscar un camino más corto que el normal.
h. Socavón   8. Protección en el borde de la carretera.
i. Atajar   9. Bache, agujero en una carretera.
j. Recaudar   10. Recoger dinero por medio de impuesto o multa.

3. ¿Qué le parece este sistema?

a. LEE estas intervenciones en un foro sobre el tema del carné por puntos.

Autor	Mensaje
	Ver tema anterior :: Ver tema siguiente
Alba Moreno Madrid	Publicado: Jue Feb 24, 2005 12:40 am Asunto: citar En principio me parece una idea fenomenal, claro está que luego habrá que ver cómo se aplica. Vivimos en un país demasiado permisivo con los infractores. España es un país donde se dan palmas a los que se saltan las normas, en vez de abuchearles. Volver arriba perfil mp
Sergio Ramos Barcelona	Publicado: Jue Feb 24, 2005 11:17 am Asunto: citar Los muertos por accidentes de tráfico superan los 5.000 al año, convirtiéndose en la segunda causa de muerte entre la gente joven, pero eso sí, los coches siguen fabricándolos para que cada día corran más. La velocidad máxima permitida es de 120 km/h, y los coches superan los 250. ¿Para qué? Pues para consumir más, así más dinerito en impuestos, y más para los fabricantes. Así da gusto, ¿verdad? Volver arriba perfil mp
Marina Álvarez Sevilla	Publicado: Jue Feb 24, 2005 11:17 am Asunto: citar Carreteras mal trazadas, falta de señalización, líneas mal pintadas, drenajes inexistentes, firmes degradados, pinturas deslizantes en pasos de cebra, guardarraíles asesinos, semáforos ocultos por ramas de árboles, pasos a nivel sin barrera, obras mal señalizadas, socavones, trabajos de mantenimiento en horas punta... Estoy segura de que el gobierno también atajará de forma prioritaria todos estos problemas. Así demostrará que lo importante no es recaudar. ¿Vds. se lo creen? Ya veremos luego en que se lo gastan... Volver arriba perfil mp
Pablo Tortosa Santander	Publicado: Jue Feb 24, 2005 11:17 am Asunto: citar Las leyes deberían estar hechas para servir a los ciudadanos, no los ciudadanos para servir a las leyes. Si de forma habitual y masiva se infringen determinadas normas de circulación -como los límites de velocidad, especialmente en autovías y autopistas-, ¿no será porque nadie desea hacer lo contrario?; ¿no será porque estas normas resultan obsoletas e inadecuadas?; ¿no será porque se puede -y casi se debe- circular a velocidades superiores, con unos márgenes de seguridad más que razonables?... De nuevo parece que quieren hacernos creer que todos esos conductores -prácticamente todos- son unos irresponsables, unos kamikazes o unos asesinos en potencia. De nuevo más mentiras. Volver arriba perfil mp

b. BUSCA ejemplos de las características siguientes:

Ver pág. 168–169

a. Preguntas retóricas.
b. Expresar sospechas.
c. Expresar impaciencia.
d. Comparación de un problema con otros problemas.
e. Opiniones extremas, a favor o en contra.
f. Ironía.

4. Intervenir en un foro

Ver pág. 169

ESCRIBE una intervención en el foro. Utiliza el vocabulario o las expresiones de los ejemplos y DESARROLLA una de estas ideas:

- Que otras personas, aparte de los conductores, pierdan su título si actúan mal.
- Se debería hacer más para detener a los que roban coches (75.000 coches al año), en vez de multar a los conductores, que son personas honradas.
- El excesivo temor a las multas y la pérdida de puntos puede poner nerviosos a los conductores, lo que resulta peligroso.
- Examinarse de nuevo cuesta dinero. Esto afectará más a los pobres que a los ricos, lo que es injusto.
- Describe cuál es la situación en tu país. Da ejemplos.

1. Responsabilidad compartida

a. LEE la noticia breve y el titular. CONTESTA a las preguntas:

JUZGAN A UNA PAREJA COMO RESPONSABLE DE UN ACCIDENTE POR NO EVITAR QUE SU AMIGO CONDUJERA EBRIO

El amigo se empeñó en coger el coche a pesar de haber consumido alcohol, y provocó un accidente en el que murieron él y cuatro miembros de una misma familia. La Justicia considera que la pareja podría ser responsable del delito por no haber evitado que su amigo condujera. El matrimonio asegura que intentaron que su amigo no cogiera el coche, e incluso le invitaron a quedarse a dormir en su casa, le escondieron las llaves del coche y le bloquearon la salida, hasta que entró en cólera y le dejaron marchar. ¿Deberían haber telefoneado a la Policía?

Un fiscal pide pena de prisión para el padre de un menor que asesinó a otro niño.

a. ¿Qué tienen en común la pareja y el padre del niño asesino? Son considerados responsables aunque no han hecho nada malo ellos mismos.

b. ¿Qué deberían haber hecho los amigos del conductor borracho para evitar el accidente? Negarse a darle las llaves del coche aunque se pusiera violento, y llamar a la policía.

c. ¿Qué debería haber hecho el padre del niño para evitar el asesinato? Educarlo mejor, vigilarlo más.

d. ¿Qué hubieras hecho tú? Respuesta libre.

b. En grupos, PIENSA en los argumentos a favor y en contra en cada caso.

	A FAVOR	EN CONTRA
La pareja	Intentaron disuadir al amigo borracho.	Al final cedieron y le permitieron conducir / Le dieron de beber.
El padre	Quizá no sabía nada de lo que hacía su hijo / Quizá intentaba educarlo bien.	Es la persona de máxima autoridad para ese niño / Es responsable de su educación.

2. ¿Conoces algún caso?

Una persona es acusada de no impedir que otra cometiera un delito grave. CUENTA un suceso real o inventado y el resto de la clase OPINA sobre la responsabilidad de cada uno.

Ejemplo:

Un menor roba un coche, provoca con él un accidente y muere una persona. ¿Quién paga los daños materiales? El menor no tiene dinero, evidentemente. ¿Hasta dónde llega la responsabilidad de los padres del muchacho? ¿Deben ser considerados responsables de la muerte de esa persona? ¿Es culpa de ellos si el muchacho comete delitos, por no cuidar su educación o no vigilarlo?

3. ¿Denunciar o no denunciar?

| Transcripción pág. 169 |

a. ESCUCHA esta llamada de un oyente de un programa radiofónico y CONTESTA a las preguntas.

a. ¿Qué está prohibido hacer en el cine? Grabar la película.
b. ¿Qué te puede ocurrir si no denuncias a los que cometan esta falta? Se te puede considerar cómplice.
c. ¿En qué consiste la segunda "falta" que comenta el oyente? Ir sentado al lado de un conductor bebido estando también bebido.
d. ¿Qué ocurre en el asiento de atrás del coche? Si se va en el asiento de atrás no se le considera a uno responsable aunque vaya bebido.
e. En opinión del oyente, ¿alguno de estos dos casos es justo? No, ninguno de los dos.
f. Explica el refrán: "Que cada palo aguante su vela". Cada cual debe ser responsable de sus propios actos, no de los de los demás.
g. Explica la expresión: "¿Por qué han de pagar justos por pecadores?" "Pagar justos por pecadores" se refiere al caso en el que personas inocentes sufren el castigo o las consecuencias, en lugar de las culpables.

b. ¿Qué opinas tú de estos dos casos? En parejas: COMÉNTALO con tu compañero.

Tertulia
La responsabilidad compartida:

En grupos, prepara una exposición sobre este tema.

• *Piensa en un caso (real o inventado) de delito o falta en el que se puede identificar a otra persona que no lo evita, aunque no colabore.*

Te podemos sugerir:

• ¿Qué valen más: los derechos de las personas cercanas al delincuente o los derechos de las víctimas?
• ¿Qué se consigue castigando a las personas cercanas al delincuente?
• ¿Qué pueden hacer estas personas para evitar el castigo?
• ¿Cuál es el límite de la responsabilidad compartida?
• ¿Cuál es la situación en otros países?

• Analiza el caso, buscando argumentos a favor y en contra de castigar a la persona que no evitó el delito.
• Da una conclusión, en la que te decantas por una posición concreta.
• Se organiza un debate con varios participantes y un moderador sobre la responsabilidad compartida.
• Cada persona que interviene tiene que defender una postura concreta y dar ejemplos.

INTERVENIR  **EN LA TERTULIA.**

Expresar la opinión y argumentar:

Creo que	Es cierto que,	No pienso que,	No estoy de acuerdo con que,
Pienso que,	Es evidente que	No me parece que	Es bueno que,
En mi opinión	Está claro que	Me parece bien / mal / fatal que,	Es interesante que,
A mí me parece que,	Está demostrado que...	Es mejor que,	Es horrible que...
Por un lado		Estoy en contra de que,	
...por otro,			

+ Indicativo   + Subjuntivo

Desertización.

Unidad 6
El planeta herido

Objetivos

■ **Competencias pragmáticas:**

- Hablar del medio ambiente.
- Expresar el desacuerdo.
- Expresar la concesión.
- Expresar la ironía.

■ **Competencias lingüísticas:**

Competencia gramatical
- Construcciones con *Lo*.
- Formación de palabras.
- Oraciones concesivas.

Competencia léxica
- Medio ambiente.
- Desastres naturales.

■ **Conocimiento sociocultural:**

- Vulnerabilidad medioambiental de algunos países.
- La ayuda humanitaria.

Recursos y Tareas

■ Comprender un texto literario sobre un desastre natural.
- Expresarse sobre los problemas medioambientales.

■ Comprender una entrevista.

■ Taller de escritura.
- Redactar una carta de protesta.

■ Tertulia.
- Expresar opiniones sobre los desastres naturales y la ayuda humanitaria.

Estoy condenada por las catástrofes de mi tierra.

"Corral. La culpa la tuvieron el muro de Berlín y el maremoto de Corral", -dice Violeta en su diario, que por fin he tenido la valentía de abrir.

Aquel día de mayo de 1960.

Entonces yo era una niña, pero no Eduardo. Él cumplió en esa fecha los veinte años. Y me contó muchas veces el cuento: el mar se retiró para adentro, para adentro, muchos kilómetros. La gente, sorprendida, maravillada, corrió hacia este nuevo suelo de arena húmeda que nunca había visto. Hundían sus tacones y sacaban mariscos, contemplando embelesados esos tesoros secretos al descubierto. De súbito se oyó un estrépito que se acercaba desde el horizonte. Era un rumor gigantesco, como si, furioso, el mar rugiera. Un sonido extraño nunca antes escuchado y que, probablemente, nadie volvería a oír. Eduardo miró hacia arriba y pensó: algo muy malo va a pasar. El cielo cambiaba sus colores, todo se ennegreció. A lo lejos, muy a lo lejos, avanzaba hacia la costa una enorme ola, treinta metros de altura, negra, y el cielo dale con cambiar de color*: con el rugido venía el rojo, luego el azul, incluso verde se puso el cielo. Eduardo echó a correr como un loco cerro arriba. Lo enceguecía la luminosidad del cielo, esos colores que se trucaban. Tomó su bufanda, se la puso sobre los ojos y por una pequeña abertura miraba el cerro por el cual corría y corría, desaforadamente, subiéndolo. Apenas llegó a la cima, habiendo puesto la tierra pedregosa de por medio, volvió la cabeza y tuvo tiempo de ver la ola gigante abatiéndose sobre la costa de Corral. El agua lo cubrió todo. Todo. Se tragó, voraz, absolutamente todo lo que encontró en su camino.

Eduardo miró. Con sus ojos había visto cómo el mar se completaba con lo que él había tenido. Se quedó completamente solo. Su casa y la casa de sus padres habían desaparecido. Su familia, esposa, hija, padre y madre, cada uno de los miembros de su familia enredado entre las aguas, sumergido entre las aguas, muerto entre las aguas.

Eduardo había creído hasta entonces que los huérfanos sólo existían en los cuentos.

Fragmento de *Antigua vida mía*, Marcela Serrano, Alfaguara, 1995.

Dale con cambiar de color*
¡dale! Es una interjección que se emplea de forma familiar para reprobar con enfado la obstinación.
Ejemplo: ¡Dale que dale! = ¡Dale que te pego!= No insistas, no te empeñes.

1. El mar se retiró

a. LEE el texto y fíjate en su estructura.

a. ¿Qué tipo de texto es?   1. Un texto periodístico. ☐   2. Una carta. ☐   3. Un diario. ☒

b. ¿Qué se escribe normalmente en este tipo de texto? ¿Qué se narra aquí?

c. Subraya en el texto los elementos de la naturaleza afectados en un maremoto.

d. Ordena los acontecimientos cronológicamente:

1. *Una enorme ola avanzaba hacia la costa.*   4
2. *Todo se ennegreció.*   3
3. *Su casa y la casa de sus padres habían desaparecido.*   6
4. *Se oyó un estrépito que se acercaba desde el horizonte.*   2
5. *El agua lo cubrió todo.*   5
6. *El mar se retiró para adentro.*   1

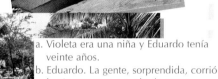

b. Lee de nuevo el texto y CONTESTA a las preguntas.

a. ¿Qué edad tenían los protagonistas cuando ocurrió el maremoto?

b. ¿Quién de los dos lo vivió? ¿Qué hizo la gente cuando el mar se retiró hacia adentro?

c. ¿A qué tesoros secretos se hace referencia? ¿Qué se oyó de repente?

d. ¿Qué premonición tuvo Eduardo? ¿Qué hizo él cuando vio que la ola avanzaba hacia la costa?

e. ¿Cómo estaba el cielo en ese momento? ¿Qué hizo Eduardo para aislarse del miedo?

f. ¿Qué consecuencias tuvo para Eduardo el maremoto de Corral?

b. Los acontecimientos y los sentimientos de nuestro día a día.
Aquí Violeta, la protagonista de la novela, narra en su diario el maremoto de Corral, según se lo había contado a ella Eduardo.

c. El mar, la arena húmeda, los mariscos, el cielo, las olas enormes.

a. Violeta era una niña y Eduardo tenía veinte años.

b. Eduardo. La gente, sorprendida, corrió hacia este nuevo suelo de arena húmeda.

c. A los mariscos. Se oyó un estrépito que se acercaba desde el horizonte.

d. Eduardo pensó que algo muy malo iba a pasar. Echó a correr como un loco cerro arriba.

e. La luminosidad del cielo lo enceguecía, los colores se trucaban. Se puso la bufanda sobre los ojos.

f. Se quedó completamente solo. Su casa y la de sus padres habían desaparecido. Toda su familia había muerto ahogada entre las aguas.

2. Voraz

a. ESCRIBE las diez siguientes palabras en dos columnas: adjetivos y nombres.

> a. embelesados, b. enredado, c. cerro, d. pedregosa, e. voraz,
> f. huérfano, g. sumergido, h. valentía, i. maravillada, j. estrépito

adjetivos / participios	nombres
embelesados (a)	cerro (c)
enredado (b)	huérfano (f)
pedregosa (d)	valentía (h)
voraz (e)	estrépito (j)
sumergido (g)	
maravillada (i)	

b. Ahora, RELACIONA ocho de estas diez palabras con su definición.

1. Monte bajo. c
2. Hecho heroico. h
3. Terreno cubierto de piedras. d
4. Enmarañado, enlazado. b

5. Hundido debajo del agua. g
6. Que destruye o consume rápidamente. e
7. Ruido fuerte, estruendo. j
8. Persona menor de edad que no tiene padres. f

c. Dos de los adjetivos significan "que siente admiración". ¿CUÁLES SON?

   a. embelesados   i. maravillada

d. ¿Qué SIGNIFICAN los siguientes adverbios?

a. De súbito...
   1. De nuevo
   ☐2.☐ De repente

b. Desaforadamente...
   ☐1.☐ Desordenadamente
   2. Desaprovechadamente

Facilitamos al alumno una lista de catástrofes naturales para que pueda expresar su punto de vista: inundaciones, incendios, terremotos, maremotos, huracanes etc. El profesor encontrará una lista exhaustiva en pág. 79.

Punto de vista

¿Qué catástrofe natural te asusta más? Explícalo.

1. El precio de la vulnerabilidad

a. Antes de escuchar. ¿qué SIGNIFICAN estas palabras que aparecen en la audición?

a. Irrumpir:
1. Cortar la comunicación de una cosa ☐
2. Entrar violentamente en un lugar ☒

b. Vulnerabilidad:
1. Capacidad de ser dañado física o moralmente ☒
2. Capacidad de adaptación de los seres vivos ☐

c. Ética:
1. Parte de la filosofía que trata de la moral y de las obligaciones del hombre ☒
2. Género literario donde se relatan acontecimientos vividos por sus personajes ☐

d. Contraer
1. Pasar a tener ☒
2. Contaminar ☐

e. Damnificados
1. Personas que causan daño ☐
2. Personas que sufren daños ☒

f. Empeñarse:
1. Insistir mucho en una cosa ☒
2. Aficionarse a alguna cosa ☐

g. Certeza:
1. Conocimiento impreciso de algo ☐
2. Conocimiento seguro y claro de algo ☒

b. RELACIONA el principio de la frase con el final.

a. Se espera que el próximo año irrumpa

b. La idea de vulnerabilidad permite asociar

c. A la catástrofe natural hay que sumarle

d. Ha aumentado enormemente

1. el número de damnificados por la vulnerabilidad de determinadas regiones.
2. la vulnerabilidad de estas zonas, por lo que el problema se agrava todavía más.
3. aspectos sociales con aspectos naturales.
4. otra vez el fenómeno de "El Niño".

c. El título de la audición es "El precio de la vulnerabilidad". Después de hacer el ejercicio b, ¿puedes aventurar de qué va a tratar? Cuando ocurre alguna catástrofe natural como las lluvias torrenciales, etc. las zonas más afectadas son las más pobres porque son también las más vulnerables.

2. Infórmate

Transcripción pág. 170

a. ESCUCHA y CONTESTA. Corrige las frases que no sean verdaderas.

	V	F
a. Los desastres naturales sólo aumentarán en su gravedad, pero no en su frecuencia.	☐	☒
b. Los principales afectados por el fenómeno de "El Niño" serán La Polinesia y Perú.	☐	☒
c. El principal problema sigue siendo la vulnerabilidad.	☒	☐
d. Hay comunidades que viven en cimas de montañas porque el terreno es más barato.	☐	☒
e. Hay cultivos que provocan desertización y no sirven a la alimentación del país.	☒	☐
f. Han aumentado muchísimo las muertes por catástrofes naturales.	☐	☒

b. Escucha otra vez y **CONTESTA** a las preguntas.

a. ¿Quién es Omar Darío Cardona? ¿Dónde trabaja? Es un profesor colombiano, director del Centro de Estudios sobre Desastres de la Universidad de los Andes, en Bogotá.

b. ¿Se espera que haya catástrofes naturales próximamente? Se espera que el próximo año irrumpa otra vez el fenómeno de "El Niño", aunque de manera moderada.

c. ¿Qué países han tomado ya medidas preventivas? Perú, Ecuador y el noreste de Brasil.

d. ¿Qué papel tienen los países desarrollados en este problema? Los países desarrollados son responsables del problema, ya que hay cultivos, no destinados a la alimentación del país, que provocan desertización.

e. ¿Qué consecuencias tienen estas catástrofes? Millones de personas pierden sus casas, contraen enfermedades o deben emigrar.

f. ¿Qué pueden hacer los científicos y los políticos para solucionar el problema? Los científicos no influyen demasiado en las esferas de poder porque manejan probabilidades y, lamentablemente, el mundo político toma decisiones sólo cuando hay certezas.

3. Desastres ecológicos y catástrofes naturales

a. En parejas. **LEE** las expresiones del recuadro y **COLÓCALAS** en tres columnas:

El efecto invernadero - los terremotos - las sequías - las inundaciones - los incendios forestales - los vertidos tóxicos - los tornados - la contaminación de las aguas - la desertización - los maremotos - los alimentos modificados genéticamente - los huracanes - la emisión de gases - la polución - los tifones - las riadas - el calentamiento de la tierra - las especies animales en peligro de extinción.

Catástrofes naturales causadas indirectamente por el hombre:

Las sequías, las inundaciones, la desertización, las riadas.

Desastres ecológicos causados directamente por la mano del hombre:

El efecto invernadero, los incendios forestales, los vertidos tóxicos, la contaminación de las aguas, los alimentos modificados genéticamente, la emisión de gases, la polución, el calentamiento de la tierra, las especies animales en peligro de extinción.

Catástrofes naturales no causadas por el hombre:

Los terremotos, los tornados, los maremotos, los huracanes, los tifones.

b. **DEFINE** alguna de las catástrofes ecológicas mencionadas.

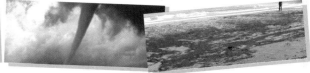

Punto de vista

Elige un problema medioambiental que afecte o haya afectado a tu país en algún momento. **CONTESTA** a las siguientes preguntas usando las expresiones del cuadro.

a. ¿Qué efectos ha tenido en tu país? Da ejemplos.

b. ¿Qué se está haciendo / ha hecho para mejorar la situación / paliar el problema? ¿Crees que se ha hecho lo suficiente o que se debería hacer algo más? ¿Qué?

c. Si no se hace nada al respecto, ¿qué piensas que podría pasar en un futuro? a, b, c: Respuestas libres.

Para ayudarte

- *Un problema medioambiental / desastre ecológico muy grave / que ha causado daños irreparables al ecosistema es / ha sido...*
- *Una de las principales causas de... / El mayor responsable de...*
- *Otras consecuencias muy preocupantes...*
- *Aunque se hayan puesto en marcha ciertas medidas tales como...*
- *A pesar de que todavía queda mucho por hacer... ya se han...*
- *Para solucionar el problema habría que...*

 Lengua

 CONSTRUCCIONES CON *LO*

Los pronombres relativos compuestos lo que y lo cual se emplean para referirse a algo que se acaba de decir. Ambos admiten preposición.
• Lo que puede emplearse sin antecedente expreso. Se utiliza con Indicativo o con Subjuntivo.
Se tragó, voraz, absolutamente todo lo que encontró en su camino.
• Lo cual necesita antecedente. Introduce una información adicional. Se utiliza con Indicativo.
Ha aumentado el número de damnificados, lo cual se debe a la vulnerabilidad de ciertas regiones.

El artículo neutro *Lo*.
• Lo + adjetivo: nominaliza el adjetivo, presenta una característica abstracta.
Lo peor de las catástrofes naturales es la cantidad de gente que pierde su hogar.
• Lo + adjetivo / adverbio + que: da mayor intensidad al adjetivo / adverbio.
Ya hemos mencionado lo peligroso que es construir casas en los lechos de los ríos.
• Lo de + artículo / posesivo + nombre: se usa para referirse a algo sin mencionarlo, porque el hablante no quiere o no lo puede nombrar. *Quería hablar contigo de lo de los damnificados.*

• De lo más + adjetivo / adverbio: se usa para expresar valoraciones; su sentido es parecido al del superlativo. *Ese río es de lo más peligroso.*

1 **COMPLETA las frases con las expresiones siguientes:** *lo que, lo cual, lo mejor, lo malo, lo agradable que, lo de, de lo más.*

a. ¿Te has enterado de lo de Marta?
b. No te quejes, dentro de lo malo has tenido suerte.
c. Este restaurante es de lo más elegante.
d. No podemos ir, lo cual me entristece.
e. Este disco reúne lo mejor de Alejandro Sanz.
f. No tiene nada que ver con lo que habíamos hablado.
g. No recordaba lo agradable que es pasear a la orilla del mar.

 FORMACIÓN DE PALABRAS

• Sufijos de formación de sustantivos: a partir de adjetivos y verbos se añaden las siguientes terminaciones: -cia: *frecuencia*, -ción: *prevención*, -dad: *gravedad*, -bilidad: *probabilidad*, -eza: *certeza*, -ismo: *consumismo*. Estos sufijos son muy usados especialmente en la formación de nombres abstractos.
• Sufijos de formación de adjetivos: -al / -les: *natural*, -ble / -es: *responsable*, -ico / -a / -os / -as: *político*, -ivo / -a / -os / -as: *negativo*, -nte /-es: *gigante*, -oso / -a / -os / -as: *furioso*.
• Antónimos: los prefijos más comunes para formar contrarios son: i-, im-, in-, ir-: *ilegal, impaciente, innecesario, irrespetuoso.*
Para formar contrarios de muchos adjetivos y verbos se usa el prefijo des-: *destapar, desorganizar.*

FORMA los sustantivos correspondientes a cada adjetivo.

adjetivos	responsable, furioso, vulnerable, destructivo, grave, frecuente, preventivo, probable.
sustantivos	responsabilidad, furia, vulnerabilidad, destrucción, gravedad, frecuencia, prevención, probabilidad.

 COMPLETA las frases con alguna de las palabras del ejercicio anterior.

a. El incremento en la frecuencia de los desastres naturales plantea la necesidad de que todos los países se beneficien de los avances hidrológicos.

b. Si se logran aplicar los métodos preventivos , se reduciría a la mitad el número de víctimas mortales de los desastres en los siguientes quince años.

c. Desde que comenzó el nuevo milenio, se han producido varios terremotos de graves consecuencias en El Salvador, en México y en Guatemala.

d. Según indicó el director de la Oficina de Atención y Prevención de Desastres, "este terremoto ha sido el más destructivo de todos los que se recuerdan en nuestro país".

e. El principal objetivo de los gobiernos es intentar bajar la vulnerabilidad de determinadas zonas para que en momentos de emergencia el impacto sea menor.

 LAS ORACIONES CONCESIVAS

Aunque Por más / muy...que Por mucho / poco que Aun cuando Si bien A pesar de que	• + Indicativo. Se utiliza cuando se presenta un obstáculo real. El hablante constata un hecho. *A pesar de que los países* están *un poco mejor preparados para afrontar una situación de desastre, el problema sigue siendo la vulnerabilidad.* • + Presente de Subjuntivo. Se utiliza cuando se presenta un obstáculo posible o probable. El hablante expresa una acción todavía no realizada. *Se espera que el próximo año irrumpa otra vez el fenómeno de "El Niño", aunque sea de manera moderada.* • + Imperfecto de Subjuntivo. Tiene un valor de improbabilidad e irrealidad. *Aunque fueras el presidente, tendrías que pagar.*

 COMPLETA las frases con el verbo en su forma correcta (modo y tiempo). Ten cuidado con la concordancia.

a. Aunque es (ser) el mayor de los hermanos, es el único que todavía no se ha casado.

b. Iré a la playa aunque llueva (llover) a cántaros.

c. Por mucho que te esfuerces (esforzarte), no lo conseguirás.

d. A pesar de que estoy (estar) enfadada con mi amiga, voy a ir a su fiesta de cumpleaños.

e. Aunque he escrito (escribir) varios correos electrónicos esta semana a mi antigua empresa, aún no me han contestado.

f. Por más que le preguntaron (preguntarle) dónde había pasado la Nochevieja, no consiguieron saberlo.

g. No lo compraría aunque tuviera (tener) mucho dinero.

h. Aun cuando es (ser) amable, me pone nerviosa.

Taller *de escritura*
Redactar cartas de protesta

1. Indignación y rechazo

a. LEE esta carta de queja e IDENTIFICA CUÁL es el contenido de cada párrafo.

Lanzarote, 2 de marzo de 2005

Sr. presidente del Cabildo:

(a) Como directora de la Fundación César Manrique de Lanzarote me dirijo a usted con el fin de mostrar nuestra indignación y rechazo al proyecto de ensanchamiento de la carretera que atraviesa la Geria.

(b) Nuestra isla ha resistido volcanes y riadas de lava, pero está a punto de sucumbir ante la riada de turistas. Hasta ahora la Geria ha logrado sobrevivir como un paraje agrícola volcánico, único en Europa y protegido por la Ley de Espacios Naturales de Canarias. Este territorio se ha convertido en una de las imágenes más emblemáticas de la isla, con sus viñedos sobre tierra negra rodeados de piedra.

(c) Sin embargo, el Cabildo Insular, dado que, al parecer, no existen problemas de otro tipo en la isla, ha decidido lanzarse a gastar millones en un proyecto de ensanchamiento de siete kilómetros de la carretera que atraviesa esta región. Pretende hacer por aquí una especie de parque temático del vino dedicado al turismo, y eso aumentará la presión de coches en esta zona tan sensible.

(d) Debo añadir que esta fundación ha mantenido contactos con bodegueros y habitantes en general de la comarca. Todos coinciden en señalar que no se les ha consultado sobre la necesidad de ensanchar la carretera. ¿A quién han consultado entonces? Me sorprende que el cabildo tenga dotes de adivinación para saber lo que piensan los ciudadanos.

(e) Comprendemos que la carretera actual no puede soportar el volumen de circulación que tiene y que esto puede constituir un peligro para los automovilistas, pero creemos que la solución está en la limitación del tráfico en la Geria, no en la construcción de grandes infraestructuras y el turismo masivo, que destruirían el encanto de la comarca para siempre.

(f) Por lo tanto, pedimos que se paralice el proyecto y se inicie un debate público sobre el futuro de la Geria con el fin de decidir qué es lo mejor para todos sus habitantes y para Lanzarote en su conjunto.

Le saluda atentamente,

María Gutiérrez Crespo

(a) Justifica los motivos por los que se escribe esta carta, es decir, mostrar su indignación por el proyecto de ensanche de la carretera.

(b) Los turistas son el primer peligro al que se enfrenta esta zona protegida, que ha sobrevivido a volcanes y ríos de lava.

(c) El Cabildo Insular pretende gastarse millones en el ensanchamiento de la carretera, como si este fuera el único problema que tiene la isla, y convertirla en una especie de parque temático del vino.

(d) A los bodegueros y habitantes de esta comarca no se les ha preguntado sobre la necesidad de ensanchar esta carretera.

(e) La solución de este problema de tráfico no está en ensanchar la carretera, sino en limitar el tráfico que circula por la zona.

(f) Conclusión: se resume la idea principal de la carta, que se paralice el proyecto y se inicie un debate público sobre el futuro de la Geria.

b. Busca en el texto las palabras o expresiones que responden a estas definiciones:

a. Oposición, actitud contraria. Rechazo
b. Desbordamiento o crecida de un río. Riada
c. Representativo o simbólico de algo. Imágen emblemática
d. Gobierno de la isla (en Canarias). Cabildo Insular

e. Tener la misma opinión o hacer lo mismo. Coincid
f. Enorme, de tamaño o cantidad. Volumen
g. Gracia, atractivo, belleza. Encanto

2. ¿A quién han consultado entonces?

a. En parejas, REFLEXIONA y RESPONDE a estas preguntas.

a. ¿Crees de verdad que no existen otros problemas en la isla?
b. ¿Te parece que el Cabildo tiene dotes de adivinación?
c. ¿Por qué dice estas cosas la autora de la carta?
d. ¿Realmente se espera una contestación a la pregunta?:
"¿A quién han consultado entonces?" ¿Por qué?

a. No, sí existen más problemas.

b. No, María Gutiérrez está utilizando la ironía para reforzar su queja.

c. Mediante la ironía y la pregunta retórica, la autora de la carta se reafirma en sus posturas de forma inteligente utilizando estos dos recursos estilísticos.

d. No: son preguntas retóricas en las que no se espera una contestación.

b. Para cada una de las situaciones siguientes, ESCRIBE un comentario irónico y una pregunta retórica.

Ver pág. 170

a. El diario "La Nación" ha mantenido una campaña a favor de la construcción de una autopista, pero desde que se ha conocido la ruta de la futura carretera, se muestra en contra. Casualmente, el director de este diario es propietario de una finca que quedaría cortada por ella.

b. El gobierno regional ha decidido prohibir la caza de pajaritos para proteger algunas especies amenazadas. Sin embargo, el mismo gobierno ha comenzado una campaña de exterminio de palomas en la ciudad para evitar que ensucien los edificios públicos.

c. Un portavoz de la empresa petroquímica Petrolux ha declarado que no hay motivo para preocuparse por los vertidos de productos químicos al río Guaraná de la semana pasada. Sin embargo, se han recogido millares de peces y aves muertos desde entonces.

P ara ayudarte

Expresar la ironía
Me sorprendió que el señor consejero...
No me esperaba que el señor alcalde...
Resulta curioso que...
No me había dado cuenta de que...
¡Claro!, como no existen otros problemas...

Preguntas retóricas
¿Acaso construir...?
¿Reclamar? ¿Cómo? ¿A quién...?
¿Quieren decir que los que protestamos somos...?

Anticiparse a una objeción para rebatirla
Comprendo que..., pero...
Es cierto que..., sin embargo...

3. Redacta una carta de protesta

Ver pág. 171

ESCOGE una de estas dos situaciones y ESCRIBE una carta de protesta sobre el suceso. Fíjate en el modelo de María Gutiérrez.

a. Habrá que viajar en autobús o en tren y vivir más cerca del lugar de trabajo para reducir las emisiones de CO_2 y cumplir el Protocolo de Kioto.

b. Están en peligro los osos pardos de los Picos de Europa: demasiado turismo, demasiadas vallas y cercados para agricultura y ganadería.

- Inventa declaraciones, cifras y acontecimientos si es preciso.
- Anticipa alguna posible objeción a tus ideas, para rebatirla a continuación.
- Utiliza la ironía y las preguntas retóricas.

1. El planeta herido

**Estos artículos y titulares presentan problemas medioambientales o desastres naturales.
En parejas: ¿Cuál os parece más grave? ¿Por qué? ¿Cómo creéis que se ha llegado a esta situación? ¿Qué se puede hacer para solucionar o mejorar la situación?**

Peligra el hielo del Ártico por la emisión de CO_2

Si no se frena el cambio climático, las altas temperaturas llevarán la escasez de agua a cerca de 3.000 millones de personas en India, África del Sur, Sudamérica, Europa, Oriente Medio y Australia. Crecerán las plantaciones de cereales -a las que favorece el clima seco- en detrimento de otros cultivos. Desaparecerán la fauna y flora de muchos ecosistemas. África sufrirá más, si cabe, la hambruna, pero también la propagación de la malaria y otras enfermedades tropicales.

Las últimas estadísticas demuestran que en la década pasada, alrededor de 210 millones de personas –entre muertos, heridos y damnificados– se vieron afectadas por fenómenos meteorológicos que se convirtieron en catástrofes naturales. Para los especialistas, el incremento en la frecuencia de este tipo de desastres plantea la necesidad de que todos los países –pobres y ricos– tengan posibilidades similares de beneficiarse de los avances que se han logrado en materia de información climática e hidrológica. Si se logran aplicar los métodos preventivos que, por ejemplo, se ponen en marcha en los Estados Unidos cuando aparecen los huracanes, se reduciría a la mitad el número de víctimas mortales de los desastres en los siguientes quince años.

Hemos perdido el sentido de la geografía sagrada. Hoy se vive y se construye en cualquier lugar y de cualquier manera. Desconocemos aquellos sitios donde las posibilidades de asentarse son más positivas porque allí confluyen energías benéficas de distinto tipo. Se construye según la moda, con unos estilos arquitectónicos que, a pesar de sus sistemas de seguridad, desafían la estabilidad y la estética. O se construyen tristes chabolas que no resisten ni el viento ni la lluvia, porque no hay otra forma de encontrar un techo, si se le puede llamar techo a esas planchas destartaladas.

1. Elementos de respuesta: El cambio climático que se está produciendo en todo el planeta puede ser uno de los problemas que más llamen la atención del alumno. En efecto, no sólo se está derritiendo el hielo del Ártico sino que las temperaturas son cada vez más elevadas y la nieve está desapareciendo de lugares tradicionalmente nevados. Otra consecuencia negativa es que cada vez llueve menos y el agua es un bien escaso que necesitamos para vivir.

Para solucionar este terrible problema hay que concienciarse a nivel mundial de que todos los países unidos deben respetar las leyes o normas que se impongan en los foros internacionales, como, por ejemplo, el protocolo de Kioto. Hay que ser respetuoso con el medio ambiente, no usar el transporte privado más de la cuenta, no gastar agua innecesariamente, reciclar papel, plástico, vidrio, no consumir en exceso, apagar las luces o el ordenador cuando no hagan falta y un largo etcétera.

2. El Huracán Mitch y la ayuda humanitaria

a. RESPONDE a estas preguntas. ┌─────────────────┐ Ver pág. 171 └─────────────────┘

a. ¿Sabes lo que son las ONG? Menciona algunas. Las ONG son organizaciones no gubernamentales, sin ánimo de lucro, que ayudan a los más necesitados, bien sea por un problema concreto o de asistencia en general. Acción Contra el Hambre, Médicos del Mundo, Médicos Sin Fronteras, Ayuda en Acción, etc.

b. ¿Perteneces a alguna ONG u otras organizaciones humanitarias sin ánimo de lucro?

c. ¿Cómo colaboras o cómo te gustaría colaborar: con donativos, aportaciones mensuales, participando activamente, dedicando parte de tu tiempo libre, etc.?

d. ¿Crees que es necesario ser socio o donante de alguna organización? ¿Por qué? b, c, d: Respuestas libres.

b. ESCUCHA estos datos sobre el huracán Mitch y la ONG Acción Contra el Hambre y RESPONDE a las preguntas.

a. ¿Dónde se desencadenó el huracán Mitch? ¿A qué países afectó principalmente? El huracán Mitch se desencadenó en el Caribe. Afectó a varios países de Centroamérica, sobre todo Honduras y Nicaragua.

b. ¿En cuántos países interviene directamente Acción Contra el Hambre? En más de cuarenta países.

c. ¿En qué son especialistas los cooperantes de Acción Contra el Hambre? En nutrición, agricultura, salud pública, agua y saneamiento.

d. ¿Cuál es el papel de los 5.000 empleados locales? Son la base para desarrollar proyectos educativos adaptados a las necesidades de los afectados.

e. ¿Y en tu país, la gente suele ser solidaria cuando ocurren catástrofes en otros lugares? Da ejemplos. Respuesta libre: puede preguntarse a los alumnos si en sus países se organizan espectáculos, conciertos o programas de televisión para reunir fondos de ayuda a alguna causa humanitaria (guerras, desastres naturales, atentados, etc.).

España, un país muy solidario.
Según datos sacados de la Representación Permanente de España en las Naciones Unidas, la ayuda humanitaria de España a Centroamérica con motivo de la situación catastrófica provocada por el huracán "Mitch" ascendió a 11.329.078 euros. Instituciones aparte, la población española se volcó en la ayuda donando importantes cantidades de dinero.

Tertulia

La ayuda a los países pobres, víctimas de catástrofes naturales. ┌─────────────────┐ Ver pág. 171 └─────────────────┘

a. ¿Cómo se deberían canalizar estas ayudas?

b. ¿Cuál es el papel de las ONG?

c. ¿Cuál es el papel y las responsabilidades de los países ricos?

• A partir de todos los datos de las actividades realizadas anteriormente, cada participante en la Tertulia expone su punto de vista. Es necesario que cada uno defienda su postura con argumentos.

• Se forman cinco grupos. Cada grupo elige un portavoz y cada participante asume un papel: un director de una ONG, un cooperante de una ONG, un político, dos ciudadanos con posturas diferentes y un moderador.

• Antes del debate, cada grupo prepara la intervención de su portavoz.

Enamorados.

Unidad 7
Pensando en ti

o b j e t i v o s

■ **Competencias pragmáticas:**

- Expresar sentimientos.
- Describir estados de ánimo.
- Describir el carácter de alguien II.
- Expresar cortesía.

■ **Competencias lingüísticas:**

Competencia gramatical
- Oraciones exclamativas.
- Comparativas condicionales.
- Orden de los pronombres.
- Funciones y usos de *Se*.

Competencia léxica
- Sentimientos.
- Personalidad.

■ **Conocimiento sociocultural:**

- Acercamiento a la poesía de Pablo Neruda.

Recursos y Tareas

■ Comprender un poema.

■ Comprender un texto literario.
- Opinar sobre las relaciones entre los protagonistas.

■ Taller de escritura.
- Redactar una carta personal y un poema.

■ Tertulia.
- Expresar la opinión sobre la vida en pareja con o sin hijos.

1. "Puedo escribir los versos más tristes esta noche..."

ESCUCHA Y COMPLETA el poema de Pablo Neruda, que forma parte del libro *Veinte poemas de amor y una canción desesperada.*

Puedo escribir los versos más tristes esta noche.

Escribir, por ejemplo: "La noche está estrellada,
y tiritan, azules, los astros, a lo lejos".

El viento de la noche gira en el cielo y canta.

Puedo escribir los versos más tristes esta noche.
Yo la quise, y a veces ella también me quiso.

En las noches como ésta la tuve entre mis brazos.
La besé tantas veces bajo el cielo infinito.

Ella me quiso, a veces yo también la quería.
Cómo no haber amado sus grandes ojos fijos.

Puedo escribir los versos más tristes esta noche.
Pensar que no la tengo. Sentir que la he perdido.

Oír la noche inmensa, más inmensa sin ella.
Y el verso cae al alma como al pasto el rocío.

Qué importa que mi amor no pudiera guardarla.
La noche está estrellada y ella no está conmigo.

Eso es todo. A lo lejos alguien canta. A lo lejos.
Mi alma no se contenta con haberla perdido.

Como para acercarla mi mirada la busca.
Mi corazón la busca, y ella no está conmigo.

La misma noche que hace blanquear los mismos árboles.
Nosotros, los de entonces, ya no somos los mismos.

Ya no la quiero, es cierto, pero cuánto la quise.
Mi voz buscaba el viento para tocar su oído.

De otro. Será de otro. Como antes de mis besos.
Su voz, su cuerpo claro. Sus ojos infinitos.

Ya no la quiero, es cierto, pero tal vez la quiero.
Es tan corto el amor, y es tan largo el olvido.

Porque en noches como ésta la tuve entre mis brazos,
mi alma no se contenta con haberla perdido.

Aunque éste sea el último dolor que ella me causa,
y éstos sean los últimos versos que yo le escribo.

"Puedo escribir los versos más tristes esta noche",
Veinte poemas de amor y una canción desesperada.

Pablo Neruda

Neftalí Ricardo Reyes Basoalto nace el 12 de julio de 1904 en Parral, Chile, hijo de doña Rosa Basoalto Opazo y de don José del Carmen Reyes Morales.
Su padre se negaba a que su hijo se convirtiera en poeta, de modo que Neftalí se buscó un seudónimo. Encontró en una revista ese nombre checo, Neruda, sin saber que se trataba de un gran escritor.
Poeta, diplomático e intelectual comprometido, tomó parte activa en la vida política de Chile.
Su obra evolucionó desde el neorromanticismo al vanguardismo.
En 1971 recibió el Premio Nobel de Literatura. Murió en Santiago de Chile en 1973.

2. "Es tan corto el amor, y es tan largo el olvido"

a. ESCUCHA y lee otra vez el poema, y CONTESTA a las preguntas:

a. Quise (quería, quiso, quiero), besé (besos), amado, amor, corazón.

a. Busca en el poema 5 palabras diferentes relacionadas con el amor.

b. Subraya en el poema referencias al desamor, a la pérdida del ser amado.

c. ¿Qué significa "tiritar"?

1. temblar por el frío [X]   2. brillar [ ]   3. llorar [ ]

d. ¿Qué son los astros?

1. personas importantes [ ]   2. cuerpos celestes [X]   3. signos del zodíaco [ ]

e. Si los ojos están "fijos" es que...

1. son grandes [ ]   2. están cerrados [ ]   3. no se mueven [X]

f. "el viento de la noche gira en el cielo ". ¿Qué hace el viento?

1. soplar [ ]   2. rugir, aullar [ ]   3. dar vueltas [X]

b. En el poema se dice que los árboles se "blanquean". Otros verbos expresan el cambio hacia un color determinado. COMPLETA las frases con los verbos del cuadro en su forma correcta.

a. Los mineros llegaron con las caras ennegrecidas por el carbón.

b. Todos lo miraron y enrojeció de vergüenza.

c. Era otoño y las hojas de los árboles amarilleaban.

d. Ya era tarde y empezaba a oscurecer.

e. La primavera llegó y reverdecieron las plantas.

f. En Andalucía es costumbre blanquear las paredes con cal.

> amarillo: amarillear
> verde: reverdecer
> blanco: blanquear
> rojo: enrojecer
> oscuro: oscurecer
> negro: ennegrecer

c. En parejas, ELIGE la contestación a estas preguntas.

a. ¿Cuál es el sentimiento predominante del poeta?

1. Echa de menos a su amada y quisiera volver con ella. [ ]

2. Sufre por la pérdida irreparable de su amada y su recuerdo, pero no está seguro de quererla. [X]

3. Sufre porque su amada no le quiere y él sí la quiere. [ ]

b. ¿Qué va a hacer el poeta?

1. Seguir amándola. [ ]   2. Intentar olvidarla. [X]   3. Escribirle poemas para recuperarla. [ ]

c. En el verso " Oír la noche inmensa, más inmensa sin ella", el sentimiento es:

1. soledad [X]   2. miedo [ ]   3. pasión amorosa [ ]

d. ¿Qué sensación te provoca el verso "Y el verso cae al alma como al pasto el rocío"? Respuesta libre.

1. El poema reconforta al amante. [ ]

2. El poema son las lágrimas del amante. [ ]

3. Otra sensación: explícala con tus palabras. [ ]

3. "Oír la noche inmensa, más inmensa sin ella"

BUSCA en el poema palabras relacionadas con la naturaleza. ¿Crees que evocan sentimientos determinados? ¿Cuáles? ¿Ves algún simbolismo?

Ejemplo: *Noche: es cuando nos sentimos más solos, también es el momento más propicio para recordar cosas. Todo lo oscuro evoca soledad y tristeza.*

Estrellas (belleza, frialdad, soledad), viento (pasión, fuerza, gritos), árboles (permanencia, fortaleza, protección), pasto (suavidad, verdor), rocío (frescor, humedad, suavidad).

El cartero de Neruda

El cartero de Neruda, de Antonio Skármeta, es una historia sobre Pablo Neruda y Mario, un joven cartero que tiene como única misión entregar el voluminoso correo del poeta cada día en Isla Negra, pero que poco a poco se interesa por la poesía. En esta escena el cartero le entrega un telegrama urgente, pero no le deja leerlo tranquilamente, porque tiene algo que pedirle al poeta.

- Don Pablo, estoy enamorado.
- Eso ya me lo dijiste. ¿Y yo en qué puedo servirte?
- Tiene que ayudarme.
- ¡A mis años!
- Tiene que ayudarme, porque no sé qué decirle. La veo delante de mí y es como si estuviera mudo. No me sale ni una sola palabra.
- ¡Cómo! ¿No has hablado con ella?
- Casi nada. Ayer me fui paseando por la playa como usted me dijo. Miré el mar mucho rato, y no se me ocurrió ninguna metáfora. Entonces entré en la hostería y me compré una botella de vino. Bueno, fue ella la que me vendió la botella.
- Beatriz.
- Beatriz. Me la quedé mirando y me enamoré de ella.
...Si no fuera mucha la molestia, me gustaría que en vez de darme dinero me escribiera un poema para ella...
- Pero ni siquiera la conozco. Un poeta necesita conocer a una persona para inspirarse. No puede llegar e inventar algo de la nada.
- Mire, poeta -lo persiguió el cartero- Si se hace tantos problemas para un simple poema, jamás le darán el Premio Nobel.

...

- Querido Mario, no resisto la curiosidad de leer el telegrama. ¿Me permites?
- Con mucho gusto.
- Gracias.
... Muchacho, ¿no será hoy por casualidad martes y trece*?
- ¿Malas noticias?
- ¡Pésimas! ¡Me ofrecen ser candidato a la Presidencia de la República!
- ¡Don Pablo, pero eso es formidable!
- Formidable que te nombren. Pero, ¿y si llego a ser elegido?
- Claro que va a ser elegido. A usted lo conoce todo el mundo. En la casa de mi padre hay un solo libro y es suyo.

...

Neruda dobló los restos mortales del telegrama y los sepultó en el bolsillo trasero de su pantalón. El cartero lo estaba mirando con una expresión húmeda en los ojos que al vate le recordó un cachorro bajo la llovizna de Parral*.
Sin una mueca dijo:
- Ahora vamos a la hostería a conocer a esa famosa Beatriz González.
- Don Pablo, está bromeando.
- Hablo en serio. Nos vamos hasta el bar, probamos un vinito, y le echamos una mirada a la novia.

...

- Después que nos tomemos el vino en la hostería, vamos a decidir sobre las dos cuestiones.
- ¿Cuáles dos?
- La Presidencia de la República y Beatriz González.

Fragmento de *El cartero de Neruda*, de Antonio Skármeta, Plaza y Janés, 1996.

* El día martes y trece es de mala suerte.
* Parral es el pueblo natal de Pablo Neruda.

1. Pablo y Mario

a. LOCALIZA y SUBRAYA en el texto las palabras o expresiones equivalentes a:

a. Soy demasiado viejo para eso. ¡A mis años!
b. Un recurso poético que consiste en una similitud. Metáfora.
c. Un cadáver. Restos mortales.
d. Enterrar. Sepultó.
e. Un poeta. Vate.
f. Una cría de perro. Cachorro.
g. Mirar brevemente. Echar una mirada.

b. Después de leer el texto, DEFINE a cada protagonista. Justifica tus respuestas.

	Profesión	**Características**
Pablo	Poeta, político	Mayor, personaje conocido, generoso, comprensivo, culto.
Mario	Cartero	Enamorado, inocente, inculto, joven, tímido.

c. La cortesía está muy presente en este fragmento. ¿Cómo se expresa? BUSCA en el texto todas las expresiones de carácter cortés utilizadas para:

a. Dirigirse a alguien Don Pablo.
b. Ofrecer ayuda ¿Y yo en qué puedo servirte?
c. Pedir a alguien que haga algo Tiene que ayudarme.
d. Pedir permiso para hacer algo ¿Me permites?
e. Dar permiso Con mucho gusto.

2. "·Don Pablo, estoy enamorado"

LEE el texto y CONTESTA a las preguntas.

a. ¿Por qué está preocupado Mario? ¿Qué es lo que le sale mal? Está enamorado de Beatriz, pero no sabe qué decirle.
b. ¿Qué pretende que haga por él don Pablo? Que le escriba un poema para ella.
c. ¿Don Pablo acepta inmediatamente? ¿Por qué? No acepta, porque no conoce a la chica.
d. ¿Cuál es el día de mala suerte, según la superstición? El martes y trece.
e. ¿Son realmente malas las noticias? ¿Qué opina Mario? No, son muy buenas. Eso es lo que opina Mario.
f. ¿Qué crees que sintió don Pablo cuando se quedó mirando a Mario, que parecía "un cachorro bajo la llovizna de Parral"? Probablemente sintió pena por Mario, y deseos de ayudarlo.
g. ¿Se alegró Mario de que don Pablo le acompañara a ver a Beatriz? ¿Por qué? Se alegró mucho, tanto que no podía creérselo. Llegar a la hostería acompañado del famoso poeta haría que Beatriz se fijara en él.
h. El final de este pasaje es entrañable y humorístico a la vez. ¿Por qué? Porque llama la atención que un personaje tan famoso como Neruda se interese por los amores de una persona en principio insignificante como Mario. Neruda llega a comparar lo de Mario y Beatriz con la presidencia de la República, como si fueran dos temas igualmente importantes. La desproporción de esta comparación nos hace sonreír.

3. Mario y Beatriz

IMAGINA:

¿Cuál crees que será el final del romance entre Mario y Beatriz? Imagínalo y cuéntalo oralmente o por escrito.

A partir de las características de los protagonistas, el alumno imaginará qué tipo de relación existirá entre Mario y Beatriz. Los que hayan leído el libro o visto la película podrán contar la historia real.

Punto de vista

Ver pág. 172

a. ¿Qué opinas de la relación entre Mario y don Pablo?
b. ¿Qué les hace distintos y qué les acerca? ¿Cómo podría ayudar don Pablo a Mario?

Lengua

 ORACIONES EXCLAMATIVAS

Expresan un sentimiento del hablante: *¡A mis años! ¡Don Pablo, pero eso es formidable!*
El carácter exclamativo de las oraciones depende sobre todo de la entonación.

Se introducen muchas veces con pronombres exclamativos:
• Qué + adjetivo / sustantivo / adverbio + verbo. Expresa un matiz cualitativo.
  ¡Qué bella es la vida!
  También puede expresar un matiz cuantificador o peyorativo. *¡Qué desastre!*
  Qué + sustantivo + tan / más + adjetivo. Pone de relieve el adjetivo.
  ¡Qué noche tan estrellada! ¡Qué bebé más guapo!
• Cuánto + verbo. Expresa cantidad o intensidad. *¡Cuánto he sufrido por ti!*
  Cuánto / -a / -os / -as + sustantivo. Expresa cantidad. *¡Cuánta gente hay aquí!*
• Cómo + verbo. Expresa intensidad. *¡Cómo se quieren!*
• Quién + verbo en Imperfecto de Subjuntivo. Expresa un deseo improbable o irreal.
  ¡Quién pudiera irse a las Bahamas!
  Quién + verbo en Pluscuamperfecto de Subjuntivo o Condicional Compuesto. Expresa un
  deseo o una acción no previsible. *¡Quién lo hubiera pensado!*

También se emplean adverbios:
• Tan + adjetivo / participios / adverbios: *¡Es tan pequeño!*
Verbo + tanto: *¡Te quiero tanto!*

1 TRANSFORMA en exclamativas estas frases con pronombres exclamativos o con *tan / tanto*.

Ejemplo: Me gusta mucho este libro. *¡Cómo me gusta este libro!* o *¡Me gusta tanto este libro!*

a. Te he echado mucho de menos.
b. Sus ojos son muy grandes.
c. Le he enviado muchas cartas.
d. Tu prima es monísima.

e. Tengo muchas ganas de verte.
f. Deseo mucho estar junto a ti.
g. Me llevé una sorpresa muy grande.
h. Es una pena que no tenga ya veinte años.

Ver pág. 172

 COMPARATIVAS CONDICIONALES

• Como si + Imperfecto de Subjuntivo.
Esta estructura permite evocar una semejanza, aun a sabiendas de que no es real:
La veo delante de mí y es como si estuviera mudo. (El hablante sabe que no está realmente mudo, sólo
es una forma de explicar su sensación).
• Como si + Pluscuamperfecto de Subjuntivo.
Cuando la acción evocada es pasada y acabada. *Estas blanco como si hubieras visto un fantasma.*
(La acción -hipotética- de ver un fantasma es anterior a la de estar blanco).

2 **TRANSFORMA** estas frases utilizando *como si* + Imperfecto o Pluscuamperfecto de Subjuntivo.

Ejemplo: *Cuando habla parece que sabe mucho de psicología. Habla como si supiera mucho de psicología.*

a. Gasta tanto dinero que parece rico. Gasta (dinero) como si fuera rico.
b. Habla tanto de Nueva York que parece que ha estado ahí. Habla de N.Y. como si hubiera estado ahí.
c. Quiere mucho a su perro, parece que es su hijo. Quiere a su perro como si fuera su hijo.
d. Se quedó tan tranquilo; parecía que no había pasado nada. Se quedó tranquilo como si no hubiera pasado nada.

 ORDEN DE LOS PRONOMBRES

Sujeto	Complemento Directo (CD)	Complemento Indirecto (CI)
yo	me	me
tú	te	te
él/ella/usted	lo-la-(le)	le (se)
nosotros/as	nos	nos
vosotros/as	os	os
ellos/ellas/ustedes	los-las-(les)	les (se)

- Los pronombres personales se colocan generalmente delante del verbo, primero el C.I y luego el C.D, excepto cuando el verbo está en Imperativo, Infinitivo o Gerundio.
Me compré <u>una botella de vino</u>...   *me la compré*   *Tiene que ayudarme*
- Cuando el C.I le o les va seguido de un C.D lo/la/los/las se transforma en se. El orden de los pronombres es siempre: se lo, se la, se los, se las. He dado <u>las</u> llaves <u>a mi</u> hermano = *Se las he dado.*
- Ocurre lo mismo en oraciones con verbos en construcción reflexiva. El orden de los pronombres es: se + Pronombre C.I + verbo: *¿Se te ha escapado el perro? No se me ocurrió ninguna metáfora.*

 ORDENA las palabras de cada frase.

Ver pág. 172

a. Se ha la camisa tu hijo caído un botón le de a.
b. ¿quiere guarde el abrigo le que?
c. Pedí la mejor nos del restaurante reservaran mesa que.
d. Se llamar olvidó para nos la reserva confirmar.
e. Espero una ocurra a ustedes que se idea mejor les.
f. No ver la porque pudimos nos película se el estropeó DVD.

 FUNCIONES Y USOS DE *SE*

Se es un pronombre:
- Complemento indirecto que sustituye a *le* y *les*: *Se las he dado.* (Ver cuadro anterior).
- Reflexivo: la acción del sujeto recae sobre sí mismo. *Se ducha todas las mañanas.*
- Recíproco: sólo se da en plural. *Se dan la mano para saludarse.*
- Impersonal: el agente es general o no se quiere nombrar. *Aquí no se fuma.*
- Pasiva refleja: se usa para expresar involuntariedad. *La tortilla se ha quemado.*
- También puede cambiar el significado o el matiz del verbo al que acompaña.
    No se <u>me ocurrió</u> ninguna metáfora = No <u>me vino a la mente</u> ninguna metáfora.
    Imagínate lo que me <u>ha ocurrido</u> hoy = Imagínate lo que <u>me ha sucedido</u> hoy.

4 **INCLUYE *se* en las frases siguientes sólo si hace falta.**

a. En Puerto Rico se habla español.
b. Los estudiantes se acercaron al tablón de anuncios para ver sus notas.
c. Los puertorriqueños hablan español.
d. Se necesita personal cualificado.

Taller *de escritura*

Redactar una carta y un poema

Notas a las cartas 1 y 2:
"Mocoso"* es un niño pequeño. Normalmente (
término despectivo. "Cotorra"*, literalmente un p
parecido al loro, se aplica en términos despectivo
mujer que habla mucho. Aquí ambos se utiliza
forma cariñosa.

1. Albertina Rosa

a. LEE estos fragmentos de cartas de amor de Pablo Neruda dirigidas a Albertina Azócar.

1

Mi mocosa*. Perdóname todas estas cartas tan nerviosas, que escribo sólo para que tú me contestes. Mi vida ha cambiado mucho, y no podría hacértelo comprender con cartas, por eso me viene la ansiedad de volver a tenerte, que estuvieras aquí a mi lado, cuidándome un poco la vida...

Te beso con todo mi corazón.

Pablo

2

Cotorra* querida, en el calendario que me mandas cuento los días. No faltan muchos. No faltan muchos días para que tenga en mis brazos a esa pequeña cocinera...

Qué harás a esta hora, mi dolorosa querida: te veo la cabecita mía alegre o enfurruñada, te recuerdo desde la frente así hasta las uñitas del pie, todo, todo me hace falta hasta la angustia, como tú nunca, nunca podrás comprenderlo, vida mía.

3

Con esta luz tan blanca del día no se me ocurre nada digno de Arabella. Por lo demás quisiera hablarte en besos. Así lograría decirte mi necesidad de ti, mi sed de ti. Este deseo de tenerte a mi lado, ahora mismo, o cuando ando -en las tardes- por el pueblo tan definitivamente triste. ¿Estudias? Yo nada. Estoy arreglando los originales de mi libro Veinte Poemas de Amor y una Canción Desesperada. Hay allí muchas cosas para mi pequeña lejana.

4

No sé qué cosas te habrán contado: ¡de mí cuentan tantas cosas! Es preciso que me las digas. A ver si son ciertas. Si te digo: es verdad, créeme. Si no, déjalo, y no lo pienses. Tengo hecha el alma de una manera tan difícil. No sé si amo o no amo, si olvido o si adoro. A ti, y haga lo que haga, y digan de mí lo que deseen, te quiero inalterablemente, y tú lo sabes. Y tú me querrás lo bastante, para perdonarme, cuando lo necesite. ¿Cierto?

5

Albertina Rosa. De vuelta del pequeño viaje en que te escribí, he encontrado tus dos últimas cartas, y la última, que te devuelvo para que la leas, me parece extraña a ti y me entristece que la hayas escrito...

Creía que todas esas cosas ya estaban arregladas entre nosotros, y que no te meterías con comadres, si esto no es así, es que tengo de ti una idea equivocada.

6

No quiero hablarte del daño que me has causado, no serías capaz de comprender –quiero sin embargo pedirte algunas cosas y espero que en recuerdo de otros tiempos harás lo que te digo...

Deseo además que destruyas las cartas originales y cosas mías que aún tienes y me envíes los retratos que te he dado...

Adiós Albertina, para siempre. Olvídame y créeme que sólo he querido tu felicidad.

P.

b. SEÑALA en qué carta aparecen las siguientes ideas, y con qué expresiones:

a. Celos
b. Reproches
c. Una despedida triste
d. Pasión amorosa
e. Aburrimiento o soledad

f. Impaciencia
g. Una petición
h. Adivinar qué estará haciendo la otra persona
i. Forma graciosa de llamar a la otra persona

Ver pág. 172

2. Carta íntima

**En este tipo de carta se pueden incluir temas como los que aparecen a continuación.
BUSCA para cada punto un ejemplo sacado de las cartas o ESCRÍBELO tú.**

- Expresar tus sentimientos:
  - positivos: alegría / satisfacción por haber logrado algo / amor por otra persona.
  - negativos: soledad / aburrimiento / añoranza por la ausencia de alguien / celos.

- Explicar tus circunstancias actuales:
  - qué estás haciendo ahora: cualquier detalle puede ser importante.
  - amigos u otras personas conocidas por ambos: lo que hacen, etc.
  - anécdota personal.

  Algunos ejemplos sacados de las cartas:
  - Expresar sentimientos negativos: ..., por eso me viene la ansiedad de volver a tenerte,...
  - Explicar lo que haces ahora: Estoy arreglando los originales de mi libro...
  - Expresar deseos: Este deseo de tenerte a mi lado,...
  - Preguntar al destinatario: ¿Estudias?

- Expresar deseos:
  - estar en otro lugar.
  - hacer algo.
  - estar con otra persona.

- Preguntar al destinatario por las mismas cosas que se cuentan de uno mismo.

3. Poema

**A veces se dicen con un poema cosas que son difíciles de expresar de otro modo. La poesía no
es siempre tan complicada como parece. ELIGE alguna de las dos tareas siguientes:**

a. **ESCRIBE un acróstico, de manera que
se pueda leer la primera letra de cada
verso y forme una palabra. No importa que
no rimen los versos:**

> Añoro cada palabra tuya,
> Más que nunca las necesito.
> Otros oídos las oyen,
> Razones busco para mi consuelo.

Puedes escribir un acróstico con el nombre
de una persona.

b. **ESCRIBE un haiku: tres versos, el primero y
el tercero de cinco sílabas, el segundo de siete
sílabas:**

> Pudimos amar.
> La vida nos enseñó
> pero olvidamos.

4. Redacta una carta personal

Escribe una carta a una persona especial para ti.

- Expresa tus sentimientos
- Cuenta lo que sientes
- Puedes incluir un poema corto

Ver pág. 173

1. ¿Cómo se conocieron?

a. **ESCUCHA** esta entrevista en la que una mujer nos cuenta cómo conoció a su marido y cómo se enamoraron.
ESCUCHA Y CONTESTA: verdadero o falso.

Transcripción pág. 173

	V	F
a. Jorge le gustó a Beatriz desde que lo conoció.	☐	☒
b. Jorge era bien parecido y Beatriz lo encontraba gracioso.	☒	☐
c. Al principio no pensaban en casarse.	☒	☐
d. En el noviazgo todo fue felicidad.	☐	☒
e. Jorge pidió perdón.	☒	☐
f. Finalmente se separaron.	☐	☒

b. **RELACIONA las expresiones con su significado:**

a. Hacerse el duro
b. Echar de menos
c. Encariñarse
d. Hacer las paces

1. Empezar a quererse
2. Volver a quererse después de pelearse
3. Sentirse mal por la ausencia de alguien querido
4. Aparentar que uno no cede a las peticiones de otro

2. Cuéntame

En parejas, cuenta a tu compañero cómo conociste a una persona especial para ti: amigo/–a, novio/–a, etc. Acuérdate de decir algo sobre los siguientes aspectos:

- Circunstancias: lugar (ciudad o país), tipo de lugar (calle, cine, colegio, etc.), fecha aproximada.
- Descripción física y de la personalidad.
- Primera reacción, primera impresión.
- Desarrollo de la relación: duración, problemas, momentos buenos y malos.
- Compatibilidad / incompatibilidad de caracteres.

Se le facilita al alumno una serie de herramientas para ayudarle a expresarse. Primero, la audición funciona como modelo, luego se le da un guión de los aspectos que tendrá que tratar así como expresiones que podrá utilizar en el cuadro *Para ayudarte*.

Para ayudarte

• Significado de los siguientes conectores y expresiones

Ya sabes	*Lo que voy a decir es conocido, te lo puedes imaginar.*
...¿verdad? / ¿no?	*Quiero que confirmes si mi suposición es correcta.*
La verdad es que...	*Admito que lo que voy a decir es verdad, aunque sea sorprendente.*
¡Ya lo creo!	*Estoy completamente de acuerdo con lo que dices.*
Total, / En definitiva,	*Voy a hablar del resultado final, resumiendo.*
Bueno, ...	*Tengo alguna duda, busco la palabra justa.*

ulia

Ver pág. 173

Tertulia

¿La convivencia acerca o separa a las parejas?

Uno de cada tres matrimonios se rompe tras el primer año.

Las personas casadas y con hijos son más longevas.
Un estudio reciente ha demostrado que viven más años y con mejor salud las personas que permanecen casadas y con hijos en el hogar hasta una edad muy tardía.

Cada vez las parejas se casan más tarde.
El principal motivo es el deseo de disfrutar la juventud, según una encuesta entre jóvenes de 20 a 28 años.

INTERVENIR  EN LA TERTULIA.

Tras quince de años de convivencia, se casan y a los tres meses se divorcian.
Es el caso de J. M. A. y E. L., de 30 y 32 años respectivamente, que llevaban 15 años...

1. ¿La convivencia acerca o separa a las parejas?
2. ¿Los hijos separan o unen?
3. ¿Es normal que los hijos vivan en casa de sus padres hasta una edad muy tardía?

a. Formamos grupos.
   - Cada grupo elige uno de los tres temas propuestos y prepara cinco argumentos distintos.
   - Para cada argumento hay que buscar un ejemplo.
   - Hay que organizar los argumentos y redactar una presentación.

b. Se inicia el debate con un grupo.
   Los ponentes son los que forman parte del grupo, así como el moderador. El público puede intervenir para formular preguntas o hacer alguna apreciación.

c. Por turnos, cada grupo hace la presentación del tema elegido.
   El moderador marca el tiempo y pide a otro grupo que presente su tema.

Dar comienzo al debate:
¿Alguien quiere empezar?
..., ¿por qué no empiezas tú?

Pedir la opinión:
¿Qué opinas sobre esto?
¿Cuál es tu opinión?
¿Y tú qué dices a esto?

MATIZAR UNA AFIRMACIÓN

Seguridad:
Estoy convencido/-a de que...
Para mí está muy claro que...
No cabe duda de que...

Duda:
Parece ser que...
Yo más bien diría que...
Quizá ...
Lo más probable es que...

Apoyarse en otras fuentes:
Según ...., ...
Como dice el artículo del periódico..., ...
Por lo que dicen las estadísticas,...
Y no es que lo diga yo, sino...

Mujer actual.

Unidad 8
Mujeres en la encrucijada

Comprensión lectora

1. La discriminación de la mujer

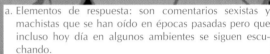

"¡No quiero doctores con faldas!"

"¡Mientras yo esté en este tribunal no habrá una mujer diplomática!"

a. ¿Qué opinión te merecen estos comentarios?
b. ¿Has oído alguna vez frases parecidas? Respuesta libre.
c. ¿Conoces alguna anécdota o historia relacionada con la discriminación de la mujer? Respuesta libre.
d. ¿Qué problemas tiene la mujer en la sociedad actual?

a. Elementos de respuesta: son comentarios sexistas y machistas que se han oído en épocas pasadas pero que incluso hoy día en algunos ambientes se siguen escuchando.
d. Posible respuesta: discriminación en el trabajo, explotación, sueldos más bajos, doble función en la sociedad: la de madre/ama de casa y la de trabajadora fuera del hogar, etc.

¿Qué habría pasado si el coronel don Mariano Tristán hubiera vivido muchos años más? No hubieras conocido la pobreza, Florita. Gracias a una buena dote, estarías casada con un burgués y acaso vivirías en una bella mansión rodeada de parques , en Vaugirard. Ignorarías lo que es irse a la cama con las tripas torcidas de hambre, no sabrías el significado de conceptos como discriminación y explotación. Injusticia sería para ti una palabra abstracta. Pero, tal vez, tus padres te habrían dado una instrucción: colegios, profesores, un tutor. Aunque no era seguro: una niña de buena familia era educada solamente para pescar marido y ser una buena madre y ama de casa. Desconocerías todas las cosas que debiste aprender por necesidad. Bueno, sí, no tendrías esas faltas de ortografía que te han avergonzado toda tu vida y, sin duda, hubieras leído más libros de los que has leído. Te habrías pasado los años oculpada en tu guardarropa, cuidando tus manos, tus ojos, tus cabellos, tu cintura, haciendo una vida mundana de saraos, bailes, teatros, meriendas, excursiones, coqueterías. Serías un bello parásito enquistado en tu buen matrimonio. Nunca hubieras sentido curiosidad por saber cómo era el mundo más allá de ese reducto en el que vivirías confinada, a la sombra de tu padre, de tu madre, de tu esposo, de tus hijos. Máquina de parir, esclava feliz, irías a misa los domingos, comulgarías los primeros viernes y serías, a tus cuarenta y un años, una matrona rolliza con una pasión irresistible por el chocolate y las novenas. No hubieras viajado al Perú, ni conocido Inglaterra, ni descubierto el placer en los brazos de Olimpia, ni escrito, pese a tus faltas de ortografía, los libros que has escrito. Y, por supuesto, nunca hubieras tomado conciencia de la esclavitud de las mujeres ni se te habría ocurrido que, para liberarse era indispensable que ellas se unieran a los otros explotados a fin de llevar a cabo una revolución pacífica, tan importante para el futuro de la humanidad como la aparición del cristianismo hacía 1844 años. —"Mejor que te murieras, mon cher papa", se rió, saltando de la cama.

Fragmento de *El Paraíso en la otra esquina,* Mario Vargas Llosa. Santillana, 2003.

2. "Pescar marido"

a. LEE el texto y RELACIONA las palabras con su significado.

a. Dote
b. Mansión
c. Guardarropa
d. Sarao
e. Novena
f. Matrona
g. Parásito
h. Coquetería

1. Oraciones que se rezan durante nueve días seguidos.
2. Armario.
3. Casa señorial.
4. Dinero que aporta la mujer cuando se casa.
5. Persona que vive a costa ajena.
6. Estudiada afectación en los modales y adornos.
7. Reunión nocturna en la que hay bailes y música.
8. Madre de familia corpulenta y de cierta edad.

b. Según el texto, ¿QUÉ QUIERE DECIR...?

a. Acaso vivirías en una bella mansión...
1. finalmente ☐   2. tal vez ☒

b. Tripas torcidas
1. tener hambre ☒   2. dolor de barriga ☐

c. Pescar marido
1. buscar y conseguir ☒   2. deshacerse de ☐

d. Algo enquistado
1. abierto ☐   2. encerrado ☒

e. Parir
1. dar a luz ☒   2. dar la luz ☐

f. Rolliza
1. bien formada ☐   2. gorda ☒

c. SUBRAYA todas las palabras vinculadas con:

- La injusticia social (la pobreza,...)
- La vida mundana, frívola y festiva (sarao,...)

- La pobreza, el hambre, la discriminación, la explotación, la esclavitud de las mujeres.
- Sarao, bailes, teatros, meriendas, excursiones, coqueterías.

3. Una revolución pacífica

LEE de nuevo el texto y CONTESTA a las preguntas.

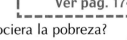

Ver pág. 174

a. ¿Qué tendría que haber pasado para que Florita no conociera la pobreza?
b. ¿Dónde, cómo y con quién viviría Florita?
c. ¿Qué cosas no debería haber conocido?
d. ¿Le habrían dado sus padres una buena formación?
e. ¿Cuál era el papel tradicional de la mujer de la época?
f. ¿Cómo habría pasado sus años?
g. Explica con tus propias palabras: "serías un bello parásito enquistado en tu buen matrimonio".
h. Subraya la parte del texto en la que Vargas Llosa describe la rutina diaria de una "matrona rolliza".
i. ¿Por qué vías habrían de liberarse las mujeres?
j. ¿Cómo explicarías la frase "mejor que te murieras, mon cher papa"?
k. El texto tiene un marcado tono...

1. sarcástico ☐   2. hipotético ☒   3. conciliador ☐

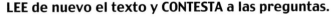

4. En pocas palabras

RESUME el texto en unas cuarenta palabras. Luego, compáralo con el de tu compañero y decide cuál es el mejor y por qué. Posible respuesta:

Se especula sobre el futuro de Florita y el tipo de vida que llevaría si su padre, el coronel don Mariano Tristán, hubiera vivido muchos años más. A ella no le habría gustado esta vida frívola y sin inquietudes y prefiere haber tenido que enfrentarse a su realidad.

Comprensión auditiva

1. Compaginar trabajo y vida personal

a. Antes de escuchar.
¿Qué SIGNIFICAN estas palabras que aparecen en las tres audiciones?

a. Treintañera
- 1. de treinta a cuarenta años ☒
- 2. de treinta semanas ☐

b. Claudicar
- 1. trabajar en casa ☐
- 2. ceder, transigir ☒

c. Ascender
- 1. bajar ☐
- 2. subir ☒

d. Gincana
- 1. un lío ☐
- 2. una carrera de obstáculos ☒

e. Alivio
- 1. quitar un peso de encima ☒
- 2. poner un peso encima ☐

f. Supervivencia
- 1. vivir por encima de tus posibilidades ☐
- 2. seguir viviendo ☒

g. Compaginar
- 1. pasar página ☐
- 2. hacer al mismo tiempo ☒

h. Desatendido
- 1. que no está cuidado ☒
- 2. que no se entiende ☐

i. Cumplir con
- 1. hacer algo en tiempo récord ☐
- 2. hacer lo debido ☒

j. Crucial
- 1. fundamental ☒
- 2. fatal ☐

b. RELACIONA las expresiones con su significado.

a. Pasar / entrar uno por el aro — 3
b. Estar traumatizada / algo te traumatiza — 1
c. Es una barbaridad — 2

1. Causar una impresión o emoción fuerte y negativa.
2. Es un hecho absurdo.
3. Acceder a ejecutar algo que no querías.

c. COMPLETA las frases con las expresiones.

1. Sólo la mera idea de no estar el suficiente tiempo con mi familia me traumatizaba.
2. Dejar a los niños todo el día al cuidado de los abuelos es una barbaridad.
3. Aunque el trabajo no me convencía mucho, el horario era bueno, así que tuve que pasar por el aro.

2. Treintañeras de regreso a casa: Hijos sí, despachos no

Este es el título de la audición. ¿De qué crees que va a tratar?

3. Hablan tres mujeres

De la vuelta al hogar de mujeres con carrera que deciden en un momento determinado de sus vidas dar prioridad a la familia y a los hijos en vez de a su trabajo.

a. ESCUCHA los testimonios y COMPLETA las fichas con la información que falta.

Nombre	Ana	Laura	Teresa
Apellido y edad	Hernández, 33 años.	Ortiz, 34 años.	Ruiz, 30 años.
Estudios	Licenciada en Empresariales.	Licenciada en Periodismo y Ciencias Políticas.	Licenciada en Márketing.
Hijos (nº y edad)	Tres hijos de seis, cuatro y un año.	Tres hijos de siete años, dos años y tres meses.	Una hija de 22 meses y otro recién nacido.
Motivos por los que dejó el trabajo	Lo dejó por pura supervivencia. Tenía que viajar y los niños estaban desatendidos.	Imposibilidad de compaginar el trabajo y la familia.	El sentimiento de culpabilidad le traumatizaba porque no cumplía ni con sus hijos ni con el trabajo.

Transcripción pág. 174

b. **ESCUCHA de nuevo y MARCA quién dice estas frases: Ana, Laura o Teresa.**

	Ana	Laura	Teresa
Probablemente lo más difícil sea la falta de independencia económica.			X
Mi vida era una gincana.	X		
Ahora me apetece ser ama de casa.			X
El sentimiento de culpabilidad me traumatizaba porque no cumplía ni con mis hijos ni con el trabajo.			X
Puede que me dedique a la formación o al teletrabajo.	X		
Creo que es imposible compaginar el trabajo y la familia.		X	
Soy consciente de que cuando dices que has dejado el trabajo la gente te mira mal.		X	

a. ¿Y tú qué hubieras hecho en su lugar?

b. ¿Crees que merece la pena dedicar tantos años a los estudios y a la formación académica para luego quedarte en casa?

c. ¿Cómo justificarías lo que han hecho estas mujeres? ¿Te parece lógico o es una irresponsabilidad por su parte?

d. ¿Crees que son incompatibles el éxito profesional y la maternidad?

a, b, c, d: Respuestas libres.

4. Ventajas e inconvenientes de dejar el trabajo

REFLEXIONA y COMPLETA el cuadro.

Ventajas	Inconvenientes
Puedes dedicar más tiempo a los demás La función de madre es muy importante. Tienes más tiempo libre para formarte, ayudar (voluntariado), etc. Tienes menos estrés.	No te relacionas a nivel profesional. No tienes independencia económica Sentimiento de soledad o aislamiento. Tienes dificultades para llegar a fin de mes.

Punto de vista

LEE este texto y RESPONDE a la pregunta.

Quizá si a estas alturas del discurso *Simone de Beauvoir* levantara la cabeza, su disgusto sería mayúsculo porque sencillamente esto no estaba previsto. En los años 60, el feminismo tomaba las calles y se vislumbraba un siglo XXI donde la mujer fuera reina y señora de una rigurosa mitad del mundo. Se la imaginaba presidiendo países y consejos de administración en la misma proporción que la población masculina. Pero los pronósticos no se han cumplido. Hoy las mujeres aún ganan un tercio menos que los hombres. (...)

Fragmento de *Agrupémonos todas*, Isaías Lafuente, Aguilar, 2003.

• ¿Qué te parece esta apreciación? COMÉNTALA con tu compañero/a. Posible respuesta: es paradójico que hoy en día un determinado grupo de mujeres decida dejar su carrera profesional y trabajo para el que se ha preparado durante toda su vida y volver al hogar a hacer un trabajo no menos importante, pero que no les da independencia personal ni prestigio. Esto va en contra de la doctrina feminista.

 **Lengua**

 ADVERBIOS Y LOCUCIONES ADVERBIALES DE DUDA

Quizá(s) Tal vez Posiblemente Probablemente	+ Indicativo o Subjuntivo Con Indicativo expresa lo que se considera posible. Con Subjuntivo expresa una posibilidad remota. *Tal vez me dedicaré/ dedique a los negocios cuando sea mayor.* *Probablemente lo más difícil sea / es la falta de independencia económica.*
Seguramente	+ Indicativo *Seguramente iré a México este verano.*

Lo más probable es que Es probable / posible que Puede (ser) que	+ Subjuntivo • Presente de Subjuntivo: hace referencia al presente o al futuro. *Es posible que me reincorpore al trabajo en unos años.* • Pretérito Imperfecto / Perfecto de Subjuntivo: hace referencia al pasado. *Puede que a Ignacio le molestara / haya molestado el chiste que contaste.*

1 **SUBRAYA la forma adecuada.**

a. Lo más probable es que tu sustituto *llegue* / *haya llegado* ya y esté perdido por el edificio.
b. Puede que a tu jefa le *sentaría* / *haya sentado* mal que no la invitaras a la fiesta.
c. Seguramente mi familia *abrirá* / *abriese* una empresa de informática.
d. Quizás en este nuevo empleo *gano* / *gane* más que mi marido.
e. Es probable que el director de Recursos Humanos *cuenta* / *cuente* conmigo para formar su equipo.
f. Es posible que *busco* / *busque* un trabajo a tiempo parcial dentro de unos meses.

2 **En parejas, PIENSA y ESCRIBE predicciones sobre cómo será la sociedad del futuro: el papel de la mujer, el trabajo, la familia, los matrimonios, etc.**

Ejemplo: *Lo más probable es que la sociedad sea más igualitaria.*

Posibles respuestas:
Tal vez haya / habrá menos desigualdad entre mujeres y hombres.
Seguramente los tipos de familias serán parecidos a los de ahora.
Probablemente la gente trabajará desde casa.
Posiblemente los matrimonios trabajarán en el hogar por igual. Etc.

 ORACIONES CONDICIONALES I

La oración condicional tiene dos partes: la que expresa la condición (suele ir introducida por *si*), es la oración subordinada, y la que expresa la consecuencia, es la oración principal.

Cumplimiento de la condición poco probable o imposible en el presente y en el futuro.
• Si + Imperfecto de Subjuntivo + Condicional Simple
Si quisieras, me iría contigo.

> Cumplimiento de la condición imposible. Acción no realizada en el pasado.
> • Si + Pluscuamperfecto de Subjuntivo + Condicional Compuesto
> *¿Qué habría pasado si **el coronel don Mariano Tristán** hubiera vivido muchos años más?*
> • Si + Pluscuamperfecto de Subjuntivo + Pluscuamperfecto de Subjuntivo (acabado en –ra)
> *(...) si el coronel Mariano Tristán **hubiera vivido** muchos años más (...) Florita no **hubiera viajado** al Perú.*
>
> Expresar una condición no realizada en el pasado con consecuencias en el presente:
> • Si + Pluscuamperfecto de Subjuntivo + Condicional Simple:
> *Si don Mariano Tristán **hubiera vivido** más* [condición pasada e imposible, porque ya ha muerto] *Flora **estaría casada*** [consecuencia actual] *con un burgués.*

 RELACIONA las dos columnas.

a. Si no hubiera llovido
b. Si nos hubiéramos dado más prisa
c. Si mi hermana hubiera estudiado más
d. Si tu perro no hubiera cruzado la calle
e. Si mi madre no hubiera comido tanto
f. Si Pedro hubiera sido más sensato

1. su novia no lo habría dejado.
2. no le habría dolido el estómago.
3. habríamos ido todos a la playa.
4. no habríamos llegado tarde al cine.
5. no lo habría pillado un coche.
6. no habría tenido que repetir curso.

 TERMINA la frase. Posibles respuestas:

a. Si hubiera nacido hombre / mujer,...
Si hubiera nacido hombre, tendría un trabajo mejor pagado. Si hubiera nacido mujer, tendría menos posibilidades de promoción en la empresa.
b. Si mi vecino no hubiera encontrado trabajo cerca de su casa, se habría ido a vivir a otra parte.
c. Si no hubiera tenido tantos hijos, habría trabajado fuera de casa.

d. Si me hubiera tomado el español más en serio, ahora no estaría repitiendo curso.
e. Si mis niños hubieran pasado más tiempo en Francia, hablarían francés a la perfección.
f. Si Miguel y Lucía hubieran ahorrado algún dinero antes de casarse, no habrían tenido que pedir un préstamo para comprarse el coche.

 CONTESTA a estas preguntas y ESCRIBE un texto.

a. ¿Qué habría pasado si hubieras nacido hombre / mujer ? Respuesta libre.
b. ¿Tu vida hubiera sido diferente? ¿En qué sentido? ¿Con qué problemas te habrías tenido que enfrentar? Puedes tratar los siguientes puntos: carácter, personalidad, aspecto físico, formación, trabajo, familia, tiempo libre, etc. Respuesta libre.

 ORACIONES CONDICIONALES II

Siempre que		
Con tal de que		*Siempre que **vuelvas** pronto, puedes ir a la fiesta.*
A condición de que		*Me da igual lo que **tomes** con tal de que **comas** algo.*
Como	+ Subjuntivo	*Te la dejo a condición de que me la **devuelvas** pronto.*
Salvo que		*Como se **escape** el gato, vamos a tener un disgusto.*
En caso de que		*Iré a verte salvo que **llueva**.*
		*En caso de que **tenga** vacaciones me iré a Cádiz.*

 SUBRAYA la forma correcta.

a. Iremos a visitaros, a condición de que vosotros *vendréis / vengáis* también a vernos a nosotros.
b. Llámame por teléfono siempre que *quieres / quieras*.
c. Te *compraré / compraría* estos pantalones con tal de que te calles un rato.
d. No habría estropeado la tarta si *habría / hubiera* sido más cuidadoso.
e. Como *vuelves / vuelvas* tarde de la fiesta, tus padres se van a enfadar.
f. Comemos juntos salvo que *tengo / tenga* mucho trabajo.

Taller *de escritura*

Redactar cartas al director

1. El síndrome de la invisibilidad

Una revista pide a sus lectores que le envíen ejemplos tomados de la vida real en los cuales se detecte la invisibilidad de la mujer en la sociedad actual. Estos son algunos de los artículos.

a. LEE estas cartas.

CARTAS AL DIRECTOR

Cuando el tenista Juan Carlos Ferrero ganó la final de Roland Garros, algunos periódicos dijeron que era el sexto jugador español que conquistaba este título, "olvidándose" de incluir en esa lista a Arancha Sánchez Vicario, la única que lo ha conseguido en tres ocasiones. Pero, naturalmente, ella no es español, es española. No cuenta. Es sólo un ejemplo, pero podrían ponerse cientos. Y no son anécdotas.

Pilar García Ruiz.

Cuando se difundió la noticia de que Elena Arnedo sería candidata del PSOE a las elecciones municipales de 2003 en el Ayuntamiento de Madrid, algún titular de prensa se refirió a ella como "la ex de Boyer", omitiendo incluso su nombre en el encabezamiento de la noticia. Pero la cosa no es para tomarla a broma. Definir a una mujer de gran prestigio profesional como Elena Arnedo como "la ex de quien sea" no deja de ser un ejercicio de profundo sexismo.

Alfredo López Muñoz.

Textos adaptados, *Agrupémonos todas*,
Isaías Lafuente, ed. Aguilar, 2003.

b. En parejas, ESCRIBE en un papelito unas tres o cuatro líneas sobre casos de injusticias cometidas con mujeres. Después intercambiad los papeles.

Ejemplo: La siguiente noticia apareció en el periódico *El País* (26-6-05): "Las empleadas de una empresa catalana logran acabar con su discriminación salarial. Spontex, la multinacional francesa de productos de limpieza, acepta después de tres años de litigios, pagar a las mujeres lo mismo que a los hombres".

2. Esperanza o melancolía

a. LEE esta carta y ORDENA los párrafos.

CARTAS AL DIRECTOR

(3) (a) En segundo lugar, deberíamos exigir más guarderías públicas para que las madres trabajadoras pudieran dejar a sus bebés allí y no tengan que recurrir a abuelas o familiares para poder salir adelante.

(5) (b) Solamente me gustaría añadir que espero que las nuevas generaciones de mujeres no se encuentren con los mismos problemas y discriminaciones del pasado machista que todos hemos soportado.

(2) (c) En primer lugar, deberíamos preguntarnos por qué es siempre la mujer la que tiene que dejar el trabajo para quedarse en el hogar y cuidar de los hijos. ¿Es acaso siempre la mujer menos inteligente y está menos preparada que el marido?

(6) (d) Por último, espero que mis reivindicaciones y reflexiones no caigan en saco roto y todos pongamos algo de nuestra parte para conseguir un mundo más justo.

(1) (e) Me gustaría empezar diciendo que sería una irresponsabilidad por mi parte si negara todo lo que se ha avanzado en el campo de la igualdad. Sin embargo, hay todavía un largo camino que recorrer.

(4) (f) En tercer lugar, tendríamos que preguntarnos por qué hay tan pocas mujeres que ocupan puestos directivos de responsabilidad si hoy en día todos sabemos que las universidades están llenas de mujeres. ¿Es que nadie confía en ellas? ¿No se merecen tener el mismo tratamiento, puesto y sueldo que los hombres en igualdad de condiciones?

Laura Gómez Bueno.

b. Utilizando expresiones del recuadro siguiente, ESCRIBE cuatro argumentos donde se muestre claramente tu postura, optimista o pesimista:

Adverbios:
Indudablemente
Afortunadamente

Por supuesto (que)
Desgraciadamente

Sin duda alguna
Evidentemente

Expresiones:
Está claro que
Me parece
Ya es hora de que

Es / Resulta evidente que
Sería injusto
Es una vergüenza que

No cabe duda de que
Cabría preguntarse si
Habría que felicitarse por

Posibles argumentos:

1. Es una vergüenza que las mujeres tengamos que luchar para trabajar.
2. Ya es hora de que hombres y mujeres con un mismo puesto cobremos igual.
3. Afortunadamente las cosas están cambiando.
4. Sería injusto no reconocer que los hombres de hoy ayudan en casa.

c. INTERCAMBIA tus argumentos con otro compañero y lee los suyos. ESCRIBE contestaciones para sus argumentos. INTERCAMBIA otra vez los papeles y LEE las contestaciones a tus argumentos.

3. Redacta una carta al director

Ver pág. 175

ESCRIBE al director de la revista exponiendo tu punto de vista y dando ejemplos.

- Puedes utilizar los argumentos anteriores.
- Estructura la carta dividiéndola en párrafos según el modelo.
- Articula tu discurso utilizando los adverbios y las expresiones propuestas.
- La carta tendrá unas 150/180 palabras.

Familia monoparental

Pareja de hecho

Pareja homosexual

FAMILIA MODERNA

SOLTERO/A

Familia tradicional

1. Estilos de vida

Ver pág. 175

a. LEE estos recortes de revista.

EL PAIS   *Semanal*

Son profesionales, autosuficientes, libres y han tomado el timón de sus vidas. No necesitan ser esposas y madres para realizarse. Viajan solas, dedican tiempo y esfuerzo a su trabajo, tienen una ajetreada vida social, consumen con inteligencia y se cuidan mucho. Están de moda: son solteras. Las mujeres han conseguido elegir si quieren vivir o no en pareja, y si quieren o no tener hijos. Hoy parece algo completamente natural, pero hasta hace bien poco quedarse soltera era sinónimo de fracaso.(...)

Texto adaptado, *El País semanal*.
Carmen Aguilera.

EL PAIS   *Semanal*

(...) Tiene que ver con el cambio de mentalidad que ha experimentado la sociedad española, y que trae consigo nuevos modelos de cohabitación: de las parejas de hecho a las familias monoparentales, pasando por todo tipo de uniones o singularidades que, en definitiva, se van desmarcando de la familia tradicional.

Texto adaptado, *El País semanal*.
Carmen Aguilera.

El vínculo que une la "familia moderna" es de naturaleza puramente humana, basado en el amor y el respeto. El concepto de matrimonio ahora se fundamenta en una decisión personal y no en una obligación moral. Sus miembros son más individualistas y tratan de buscar su realización personal y la satisfacción de sus necesidades afectivas, económicas, etc. Los roles de los miembros son más flexibles que en la "familia tradicional".

Texto adaptado, *La familia, bases teóricas para una reflexión pedagógica*.
Enrique Sánchez Rivas.

b. A partir de los textos, REFLEXIONA.

a. ¿Cuál es la diferencia entre soltera y solterona? Soltera: que no está casada; solterona: que tiene edad para estar casada y no lo está. Es un término peyorativo.

b. ¿Por qué crees que hasta hace poco quedarse soltera era sinónimo de fracaso en España? ¿Pasaba algo parecido en tu país? Porque el ideal al que toda mujer debía aspirar era casarse y tener una familia. Si no, eras una mujer sin suerte en la vida.

c. ¿En qué ha cambiado la mentalidad española? En su forma de pensar, ya que ahora existen nuevos modelos de vida.

d. ¿Conoces otros modelos de cohabitación? ¿Cuáles? Sí. Desde las parejas de hecho a las familias monoparentales, pasando por todo tipo de uniones o singularidades (parejas de homosexuales, etc.)

e. ¿Qué es una "familia tradicional"? ¿Crees que está en crisis? En la familia tradicional los roles de sus miembros son poco flexibles. Está compuesta por: padre, madre e hijos, y a veces los abuelos. Parece que la familia tradicional está en crisis debido al alto índice de divorcios, separaciones, etc. Hoy en día, hay muchas familias monoparentales y otras muchas familias donde conviven hijos de los cónyuges de diferentes matrimonios o uniones.

f. ¿Cuál es la situación de tu país respecto a este tema? Respuesta libre.

Tertulia

¿Soltero/a, casado/a u otros modelos de cohabitación?

a. Cada persona decide defender una de las tres posturas.
b. Formamos grupos y elegimos un portavoz en cada uno.
c. Cada grupo elabora su propia lista con las ventajas y los inconvenientes para poder defender su punto de vista.
d. Llevamos a cabo el debate utilizando el mayor número de expresiones del cuadro.

INTERVENIR  **EN LA TERTULIA.**

Añadir más información, quedarse en blanco, desviarse del tema:
¿Qué estaba diciendo? He perdido el hilo. Ah, sí, ya me acuerdo.
Creo que nos estamos yendo del tema. En realidad,...
Corregir lo que uno ha dicho:
No sé si me he expresado bien. Lo que quiero decir es que ...
Creo que no has entendido bien lo que quería decir. Lo voy a expresar de otra forma.
No me interpretes mal. No he querido decir eso.
Estar de acuerdo o no con algo o con alguien:
Estoy de acuerdo contigo, pero creo que sería más exacto decir que ...
Respeto tu opinión, pero yo creo que ...
Tenemos puntos de vista diferentes.
(No) estoy (en absoluto) de acuerdo contigo / con tus ideas.
(No) comparto tu opinión en este asunto / tema.
Interrumpir una discusión o debate:
Perdona que te interrumpa, pero pienso que ...
¿Puedo hacer un inciso / una aclaración?
Lo siento, pero es mi turno de palabra.

Prensa.

Unidad 9
Periodismo de investigación

Objetivos

■ **Competencias pragmáticas:**

- Hablar de la prensa.
- Hablar de experiencias arriesgadas.
- Expresar los gustos y la opinión.

■ **Competencias lingüísticas:**

Competencia gramatical
- Pretérito Pluscuamperfecto de Subjuntivo.
- Perífrasis verbales durativas.
- Perífrasis verbales terminativas.

Competencia léxica
- Periodismo y riesgo.
- La prensa.

■ **Conocimiento sociocultural:**

- Periodismo de guerra y de investigación en España.
- La prensa en España.

Recursos y tareas

■ Comprender una entrevista.
- Hablar sobre el periodismo de investigación.

■ Comprender un texto literario.

■ Taller de escritura.
- Redactar un artículo de opinión.

■ Vídeo.
- Descubrir una realidad sociocultural: el quiosco.

1. Periodismo arriesgado

Antes de escuchar, CONTESTA a estas preguntas.

- ¿Qué opinas sobre el periodismo de investigación? Posible respuesta: el periodismo de investigación busca la cara oculta de la noticia, va más allá de lo que nos ofrece la información.
- ¿Qué peligros tiene para el periodista la infiltración en bandas de delincuentes? Pueden descubrirlo y tomar represalias graves contra él.
- ¿Conoces algún reportaje que pertenezca al género "periodismo de investigación"? Posible respuesta: hay un ejemplo histórico muy famoso: el caso Watergate (las escuchas que hizo el presidente Nixon en 1972 al Partido Demócrata).

Vas a oír una entrevista con Antonio Salas, que es el seudónimo bajo el que se esconde el periodista que ha escrito *Diario de un skin*, un escalofriante relato que narra las conexiones del movimiento neonazi con el fútbol y con la Policía.

2. Habla un infiltrado

a. **¿Qué SIGNIFICAN estas palabras que vas a escuchar en la audición?**

a. Precauciones
1. medidas de seguridad ☒
2. obsesiones ☐
3. prejuicios ☐

b. Estresante
1. interesante ☐
2. extraño ☐
3. provoca tensión o ansiedad ☒

c. Infiltrado
1. estar en un grupo sin pertenecer a él para obtener información. ☒
2. estar en un grupo como miembro pleno del mismo. ☐
3. no pertenecer a ningún grupo. ☐

d. Cabezas huecas
1. personas manipulables ☒
2. personas sencillas ☐
3. personas sin prejuicios ☐

e. Alucinar
1. marearse ☐
2. irritarse ☐
3. sorprenderse mucho ☒

f. La manada
1. grupo de delincuentes ☐
2. grupo de animales ☒
3. grupo de locos ☐

g. Utilizar como prueba
1. argumento ☐
2. evidencia ☒
3. muestra ☐

h. Recapacitar
1. pensar ☒
2. resolver ☐
3. cambiar ☐

i. Tontear
1. hacer el tonto ☐
2. equivocarse ☐
3. simpatizar ☒

j. "Palabra de honor"
1. juramento o promesa ☒
2. afirmación muy seria ☐
3. título honorífico ☐

b. ESCUCHA y CONTESTA a las preguntas:

Transcripción pág. 176

a. ¿Cómo se siente el autor desde la aparición del libro *Diario de un skin*? Estresado.

b. ¿Qué es lo que más esfuerzo le costó para que no lo descubrieran? Pensar y sentir como los skin-heads.

c. ¿A qué clase social pertenecen la mayoría de los skin-heads? Clase alta y media-alta.

d. ¿Por quién o quiénes se dejan manipular los skin? Por los que les venden esos sueños de un mundo más recto y ordenado.

e. ¿En qué se diferencian de otras tribus urbanas? En que son más violentos.

f. ¿Quiénes tienen que aportar pruebas contra los skin-heads? Los jueces y los policías.

g. ¿Cuál era la labor del periodista infiltrado dentro del grupo? Informar, dar a conocer el movimiento skin por dentro.

h. ¿Por qué piensa el autor que los skin recapacitarán? Porque a través del libro, podrán darse cuenta de que los manipulan.

3. Cámara oculta

a. En grupos. ¿Qué PENSÁIS de la utilización de las siguientes estrategias para obtener una información que permita redactar reportajes de periodismo de investigación?

Ver pág. 176

Estas son las opiniones de dos periodistas:

- Emplear una cámara oculta.
- Llevar grabadoras no conocidas por el entrevistado.
- Utilizar una falsa identidad.
- Usar a confidentes.
- Hacer un seguimiento de la información a través de la red.
- Hacer una labor de detective privado en la calle.
- Infiltrarse en una banda.

Consuelo Sánchez: "A mí no me parece trabajo de periodistas (...) ¿Es periodismo no identificarse como periodista? Señala que cuando se informa, se crea un "contrato" entre la fuente y el periodista, por lo que: "Hay que jugar limpio con las fuentes".
Según ella, el verdadero objetivo de la utilización de cámaras ocultas es "buscar audiencia".

Fragmento de IBLNEWS - PúblicasOnline®

José Antonio Pareja defendió el derecho a la intimidad y aseguró no estar "a ultranza en contra del uso de las cámaras ocultas, pero sí de que se conviertan en un género periodístico".

Fragmento de IBLNEWS - PúblicasOnline®

b. Cada grupo EXPRESA SU OPINIÓN acerca de las siguientes afirmaciones:

a. Es legítimo investigar un asunto de interés general con cualquier medio a nuestro alcance.

b. Los periodistas tienen que identificarse siempre ante sus entrevistados. a, b, c: Respuestas libres.

c. Las cámaras ocultas son necesarias para obtener ciertas informaciones.

Para ayudarte

Se pueden emplear los siguientes argumentos:
- *Es muy arriesgado.*
- *No es aceptable mentir.*
- *Es la única forma de que te den información.*
- *La sociedad necesita esa información por cualquier medio.*
- *Consigues la confianza del entrevistado.*

Comprensión lectora

1. La voladura del puente

Antes de leer

- ¿Has visto por televisión algún reportaje realizado en una zona de guerra?
- ¿Tienen para ti el mismo interés que el resto de las noticias?

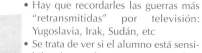

- Hay que recordarles las guerras más "retransmitidas" por televisión: Yugoslavia, Irak, Sudán, etc
- Se trata de ver si el alumno está sensibilizado ante las guerras, que no han dejado de sufrirse en los últimos años.

La obsesión de Márquez por los puentes venía de tres años atrás, otoño de 1994, cuando el de Petrinja se le escapó por muy poco y Christiane Amanpout, de la CNN, llegó tarde a la guerra. Márquez tenía docenas de puentes intactos y destruidos, pero nunca en el momento de volar por los aires. Ningún cámara profesional lo había logrado aún en la ex Yugoslavia. Grabar un puente en el momento en el que dice adiós muy buenas parece fácil, pero no lo es. Para empezar, hay que estar allí. Eso no siempre es posible, y además la gente no va pregonando que se dispone a volar tal o cual cosa. Simplemente pone unas cargas, lo vuela y ya está. Por otro lado, aunque uno esté al corriente de que se prepara la voladura, o lo sospeche, hay que tener una cámara en la mano y grabar mientras se produce el evento. O sea, que además de estar allí es necesario estar allí filmando. Y hay cantidad de pegas que pueden impedirle a uno filmar. Que te disparen, por ejemplo. O que caigan tantas bombas que nadie sea capaz de levantar la cabeza. O que los soldados que se ocupan del asunto no te dejen grabar. También, según la conocida ley de Murphy –la tostada siempre cae al suelo por el lado de la mantequilla–, la voladura del puente, como la mayor parte de las cosas que ocurren en una guerra, se produce justo cuando tienes la cámara apagada, o estás cambiando la cinta, o has ido un momento al coche porque se agotaron las baterías.

–¿Cómo vas de baterías?– preguntó Barlés.
Márquez miró el indicador e hizo un gesto afirmativo. Había suficiente si las cosas no se prolongaban demasiado. No iba a correr el riesgo de apagar la Betacam, pues en tal caso la voladura podía llegar antes de que transcurrieran los ocho segundos necesarios para que la cámara estuviese de nuevo en servicio.

Fragmento de *Territorio comanche*. Arturo Pérez Reverte.
Ollero & Ramos editores, 1994.

2. Grabar

a. LEE el texto y di qué significan estas palabras y expresiones.

a. "El puente de Petrinja se le escapó por muy poco": el protagonista...

1. huyó ☐   2. no llegó a tiempo ☒   3. se perdió ☐

b. "Volar por los aires"

1. explotar ☒   2. estropearse ☐   3. perder el equilibrio ☐

c. El momento en el que dice adiós muy buenas

1. se despide ☐   2. se va ☐   3. desaparece ☒

d. Disparar

1. salir ☐   2. tirotear ☒   3. descender ☐

b. REFLEXIONA y ESCRIBE los sinónimos y los contrarios de las siguientes palabras.

a. Sinónimos:

intactos	pegas	grabar	agotar	pregonar	prolongar
enteros	objeciones	filmar	acabar	anunciar	alargar
íntegros	dificultades		terminar		extender

b. Contrarios:

logrado	difícil	levantar	empezar	apagada	impedir	afirmativo
fracasado	fácil	derribar	finalizar	encendida	permitir	negativo
frustrado	sencillo	tirar	concluir	conectada	dejar	

c. ASOCIA cada expresión de la columna de la izquierda (a, b, c, d) con su significado (1, 2, 3, 4).

a. Se dispone a volar   1. Introduce una expresión que significa lo mismo.
b. Está al corriente   2. Se refiere a algo terminado.
c. O sea   3. Sabe algo.
d. Y ya está   4. Va a hacer algo dentro de muy poco tiempo.

3. Reporteros de guerra

A partir del texto, RESPONDE a las preguntas.

a. ¿Qué quería hacer el periodista con los puentes? ¿Por qué es difícil grabar la voladura de un puente?

Quería filmarlos cuando los volaban. Es difícil porque los soldados no te dejan, es muy arriesgado y, además, no sabes cuándo lo van a volar.

b. ¿Qué quiere decir Pérez Reverte con la expresión "Llegó tarde a la guerra"? ¿Cuál es su intención comunicativa? Es una ironía sobre un asunto tan serio y arriesgado como ir a una guerra.

Punto de vista

a. ¿Qué papel desempeñan los periodistas en zonas en guerra? ¿Son testigos necesarios? ¿Crees que son incómodos para las partes en conflicto?

b. ¿Qué son para ti estos periodistas: héroes, aventureros, gente intrépida? ¿Merece la pena el riesgo que corren?

c. ¿Cuáles son para ti los motivos que mueven a los reporteros de guerra?:

- lograr que todos sepamos la verdad.
- huir de sus problemas personales.
- conseguir el éxito profesional y la fama.
- experimentar emociones fuertes.

a, b, c: Respuestas libres.

 Lengua

 PRETÉRITO PLUSCUAMPERFECTO DE SUBJUNTIVO

Se forma con el Pretérito Imperfecto **del verbo** haber **+ el** Participio Pasado **del verbo.**

	HABER			HABLAR
(Yo)	hubiera	o	hubiese	
(Tú)	hubieras	o	hubieses	
(Él/ella/Vd.)	hubiera	o	hubiese	hablado
(Nosotros/as)	hubiéramos	o	hubiésemos	
(Vosotros/as)	hubierais	o	hubieseis	
(Ellos/ellas/Vds.)	hubieran	o	hubiesen	

• Expresa una acción hipotética que no se realizó en el pasado.
Yo sí las hubiera aceptado como prueba.

• Puede expresar una condición irreal –no cumplida– en pasado:
Si me hubieras avisado, te habría invitado.

• Puede expresar una fuerte oposición de ideas en pasado, tanto referida a acciones irreales como poco probables.
Aunque hubiera estudiado Derecho, no habría llegado a juez.

• Tiene los mismos valores de tiempo que el Pretérito Pluscuamperfecto de Indicativo (acción pasada y acabada anterior a otra pasada), pero con los valores modales del Subjuntivo (deseo, duda, juicio de valor u opinión negativa).
Nunca había montado en un helicóptero (es la primera vez que lo hago).
Nunca hubiera montado en un helicóptero (la misma idea, pero con valor irreal).

• En estilo indirecto en pasado, usamos el Pretérito Pluscuamperfecto de Subjuntivo con verbos de deseo, duda o juicio de valor para referirse a una acción anterior.
Él me comunicó (ayer) que Juan lo había hecho (la semana anterior).
Él se alegró de que Juan lo hubiera hecho (la semana anterior).

1 **En las frases siguientes ELIGE el verbo en Pretérito Imperfecto o Pretérito Pluscuamperfecto de Subjuntivo.**

a. Si lo *supiera* / *hubiera sabido*, te lo diría.
b. Si lo *supiera* / *hubiera sabido*, te lo habría dicho.
c. Aunque me lo *prometieras* / *hubieras prometido*, no te creería.
d. Aunque me lo *prometieras* / *hubieras prometido*, no te habría creído.
e. Yo lo *hiciera* / *hubiera hecho* / de otra manera.
f. Me dijo que no *tomara* / *hubiera tomado* ese medicamento.
g. Me recomendó que lo *hiciera* / *hubiera hecho* lo más pronto posible.
h. En sus tiempos, nunca se *atreviera* / *hubiera atrevido* a decir tales cosas.

2 En las frases siguientes ELIGE el verbo en Pretérito Pluscuamperfecto de Subjuntivo o de Indicativo.

a. Cuando viniste, él ya se *había ido* / *hubiera ido*.
b. Ojalá lo *había sabido* / *hubiera sabido* antes de actuar.
c. Su padre quería que él *había estudiado* / *hubiera estudiado* Medicina.
d. Se alegró de que *había ganado* / *hubiera ganado* su equipo favorito.
e. Él sabía que su amigo *había sido* / *hubiera sido* piloto de guerra.
f. Él no sabía que su amigo *había sido* / *hubiera sido* piloto de guerra.
g. Creía que ya lo *habías pagado* / *hubieras pagado*.
h. Nunca creí que *había cometido* / *hubiera cometido* aquel crimen tan horrible.

 PERÍFRASIS VERBALES DURATIVAS

• Estar + Gerundio: expresa una acción durativa que tiene lugar en un momento determinado.
Se produce justo cuando tienes la cámara apagada, o estás cambiando la cinta.

• Ir + Gerundio: expresa una acción que se realiza de manera progresiva, poco a poco.
Su salud va mejorando.
Expresa una acción durativa que se va repitiendo a lo largo del tiempo.
La gente no va pregonando que se dispone a volar tal o cual cosa.

• Andar + Gerundio: expresa una acción durativa que se desarrolla de manera reiterada, y normalmente tiene sentido negativo.
Anda diciendo que tú lo cuentas todo.

 PERÍFRASIS VERBALES TERMINATIVAS

• Dejar de + Infinitivo: expresa el final de una acción frecuente.
Ha dejado de fumar.
Ha dejado de salir con Laura.

• Acabar de + Infinitivo: expresa una acción realizada inmediatamente antes del momento en que se habla.
¿Llegaste hace mucho? No, acabo de llegar.

3 EXPRESA la misma idea (o muy parecida) que la de las siguientes frases, utilizando la perífrasis verbal más adecuada:

a. Álvaro ya no canta en un conjunto de rock. Álvaro ha dejado de cantar en un conjunto de rock.
b. Carlos cuenta todos los cotilleos de los vecinos. Carlos anda contando todos los cotilleos.
c. Él se queja sin motivo todo el mes. Él anda quejándose todo el mes.
d. El pan está reciente. El pan acaba de salir del horno.
e. Desde que está en España aprende español poco a poco. Él va aprendiendo español.
f. Antonio montaba antes en moto. Ahora no lo hace. Antonio ha dejado de montar en moto.
g. Javier sale por la puerta en este momento. Javier está saliendo por la puerta.
h. ¿Se adapta Elisabeth a España? Al principio, no, pero se va adaptando poco a poco.
i. Está muy emocionado: ha sabido que es padre. Acaba de saber que es padre de tres niños.
j. Ahora mismo él lee su correo electrónico. Está leyendo su correo electrónico.

Taller *de escritura*

Redactar una columna de opinión

1. Expresa tu opinión

En una columna de opinión el periodista expresa su punto de vista sobre un asunto de actualidad.

REDACTA Frases en las que manifiestes tu opinión personal sobre cuestiones de actualidad, empleando expresiones del cuadro.

Ej: *No soporto que llenen mi buzón con propaganda comercial.*

a. Me entristece que haya niños soldado en las guerras.

b. Me pone de mal humor que los dueños de los perros no los controlen.

Para ayudarte

> **Hablar de estados de ánimo o sentimientos:**
>
> *Expresar:*
>
> | *Gusto y alegría* | *Miedo, extrañeza y preocupación* | |
> |---|---|---|
> | *Me gusta (que)* | *Tengo miedo de (que)* | |
> | *Me encanta (que)* | *Temo (que)* | |
> | *Me alegra (que)* | *Me preocupa (que)* | *+ Infinitivo, sustantivo o Subjuntivo* |
> | *¡Qué bien (que)...!* | *¡Qué raro (que)...!* | |
>
> | *Tristeza y desagrado* | *Decepción y enfado* | |
> |---|---|---|
> | *Me entristece (que)* | *Me decepciona (que)* | |
> | *Lamento (que)* | *Me enfada (que)* | |
> | *Me molesta (que)* | *Me indigna (que)* | *+ Infinitivo, sustantivo o Subjuntivo* |
> | *No soporto (que)* | *Me pone de mal humor (que)* | |

2. La ola mortal

a. LEE y analiza la siguiente columna de opinión:

EL PAIS

Paraísos, por Maruja Torres

Un italiano, sano y salvo, expresó a la RAI su gratitud a los tailandeses, "porque, siendo tan pobres, se quitaban la ropa para abrigarnos a los extranjeros". La actual tragedia del sureste asiático ilumina con crudeza la paradoja de nuestro mundo actual. Turistas occidentales, a miles, arrastrados por el mismo mar que acaba con las vidas, muchísimas más, de los nativos, de por sí privados, no ya de hacer turismo, sino muchas veces de lo indispensable. Hijos de los diferentes imperios europeos del ayer, los países afectados no han dejado de depender de

Occidente, como lo demuestra el hecho de que las sensibles bolsas de Europa y Estados Unidos se desmoronaran de inmediato, con tanta facilidad como los hoteles y las chozas, como consecuencia del maremoto. Pero Occidente no debe agobiarse por pérdidas en el negocio, ni tampoco los capitostes locales, entregados al comercio injusto y a la exportación de los bienes nacionales; a los beneficios que proporciona la manufactura realizada con mano de obra barata. La catástrofe sólo supone un gran golpe turístico para Maldivas, y para Sri Lanka, cuyo turismo sostenía casi

una cuarta parte de su PIB, tras el decaimiento causado por la guerra en la década de los 80, y beneficiada ahora por el miedo al terrorismo que ha puesto a Bali en la lista negra.

En cuanto al resto: regímenes corruptos, dictatoriales o autoritarios, sangrantes índices de pobreza, de nivel educativo, de esperanza de vida. ¿Qué son 60.000 vidas, o el doble, cuando hay tanta hambre, tanto esclavo dispuesto a atarse a un telar por una taza de arroz? La superpoblación garantiza que el producto llegue en regla. De hecho, durante lo peor del maremoto,

ni de Indonesia ni de Malasia dejaron de salir contenedores cargados con los bienes que ahora mismo podemos adquirir para celebrar los Reyes. Desde luego que hay paraísos, y no precisamente para quienes estaban tumbados al sol, gozando de unas inocentes vacaciones, ni para quienes les atendían, felices de ganarse un dinero cultivando la hospitalidad. Hay paraísos económicos, en los que habitan tremendos depredadores sin rostro y sin conciencia. La ola mortal colgó la realidad de nuestro árbol navideño.

Maruja Torres. *Paraísos.* El País - 30 de diciembre de 2004.

b. **¿Cuál es el tema del texto?** A propósito del tsunami, es una crítica de la explotación de la pobreza de los países del Tercer Mundo.

c. **¿Qué recursos y procedimientos emplea la autora para expresar su opinión? INDICA otros ejemplos del uso de estos recursos.**

- Afirmaciones o aseveraciones: las primeras líneas. En cuanto al resto: regímenes corruptos, dictatoriales o autoritarios...
- Ironías: *Pero Occidente no debe agobiarse por pérdidas en el negocio.* Desde luego que hay paraísos...
- Metáforas: *Depredadores sin rostro.* La ola mortal colgó la realidad de nuestro árbol navideño.
- Interrogaciones retóricas: no esperan respuesta, sólo dan énfasis: *¿Qué son 60.000 vidas?* Esta misma frase entera.

d. **OBSERVA los marcadores discursivos empleados por la autora del texto:**

Marcador discursivo	Función
Pero Occidente	Contraste
En cuanto al resto	Referencia temática
De hecho	Confirmación
Desde luego	Conclusión y cierre

e. **SEÑALA cuáles son las opiniones personales de la autora sobre el tema del texto.**

El sureste asiático depende de Occidente / Quienes más van a sufrir los efectos del tsunami son los pobres / La vida tiene poco valor con tanta hambre, pobreza y calamidad / Occidente explota al sureste asiático / Occidente consume en Navidades los productos de una mano de obra barata.

3. Redacta un artículo de opinión

Ver pág. 176–177

El texto tiene que ser breve (unas 200 a 250 palabras) y redactado de forma ágil (puede ser en un párrafo único o en varios párrafos).

a. **BUSCA el tema: asunto de actualidad.**

Lee periódicos españoles y extranjeros y selecciona cuestiones de actualidad. Elige un tema muy concreto y particular. Puede ser una anécdota, un suceso grave, una noticia escandalosa o graciosa...

b. **REFLEXIONA sobre tu propia opinión.**

Busca argumentos. Discute con tu compañero diferentes puntos de vista sobre la cuestión para que se te ocurran ideas. Lee comentarios que hayan hecho en la prensa escrita o digital otras personas para contrastarlos con tus propias ideas. Establece una relación entre el tema y otras cuestiones.

c. **PIENSA cómo expresar tus propios argumentos e ideas (ironía, afirmaciones, etc.)**

Elige qué tono vas a utilizar para redactar el artículo.
Fíjate en el de Maruja Torres y en otros artículos de opinión para ver cómo los autores tratan de llamar la atención del lector y marcar su punto de vista personal.

d. **ESTRUCTURA tu texto utilizando conectores del discurso.**

Si redactas un párrafo único, utiliza marcadores discursivos que ordenen el texto.
Si divides el texto en varios párrafos, inicia cada uno de ellos o las oraciones con algún marcador discursivo.

España es... prensa

1. ¿Te gusta leer el periódico?

Antes de visionar

- ¿Lees habitualmente la prensa de tu país? ¿Y la prensa española?
- ¿Qué diferencia hay entre un periódico y una revista?
- ¿Qué papel piensas que desempeña la prensa en la creación de opinión?

- El alumno tiene que hablar diferenciadamente de la frecuencia con la que lee la prensa de su país y la española.
- El periódico es diario y su temática es general; la revista tiene una periodicidad menor (comúnmente semanal) y su temática es más especializada.
- Posible respuesta: El alumno tendrá que explicar el porqué la prensa es muy poderosa e influyente en la creación de opinión.

2. En el quiosco

¿Qué SIGNIFICAN las siguientes palabras y expresiones que van a aparecer en el vídeo?

a. De cara al público
   1. atienden directamente a la gente ☒ 2. trabajan para su público ☐

b. A la venta
   1. vendido ☐   2. se vende ☒

c. Fascículos
   1. cuadernos coleccionables ☒ 2. periódicos antiguos ☐

d. Limitarse a
   1. marcarse un límite ☐   2. no hacer otra cosa ☒

e. Tirada
   1. los ejemplares que se tiran ☐ 2. los ejemplares que se imprimen ☒

f. Diario
   1. diariamente ☒   2. periódicos que salen todos los días ☐

> **Transcripción pág. 177**

3. Usos y costumbres

a. **¿Qué periódicos COMPRA más la gente de esta zona?**

El País ☒
El Mundo ☒
La Vanguardia ☐
ABC ☒
La Razón ☐

b. El quiosquero dice que las revistas que más se venden son las revistas del corazón.

¿Conoces alguna revista de este tipo ? ¿De qué y de quién habla? ¿Cuáles son sus características? *R. libre.*
Según el quiosquero, ¿cuáles son los títulos más vendidos? *Hola, Lecturas, Semana, Diez Minutos.*

c. ¿Qué responde el vendedor de periódicos sobre los gustos de los jóvenes?

No responde nada ☐
Responde otra cosa ☒

d. ¿La prensa deportiva se vende mucho? ¿Quién suele comprarla? *Sí. Sobre todo los hombres.*

e. Según el quiosquero, ¿cuáles son las revistas que gustan a las mujeres? Da algún título.

Clara, Elle, Woman, Cosmopolitan, Muy interesante, también Año Cero, Quo.

f. En el quiosco se vende

a. Todo ☐

b. De todo ☒

Da ejemplos. "Tenemos caramelos para los críos, chicles, los DVD con todos los fascículos que vienen en unos cartones enormes que luego es un cisco para apilarlos y para meterlos dentro. Y para los padres pues tabaco, mecheros..."

g. ¿Para qué necesita más sitio el vendedor de periódicos? *Para guardar la mercancía, que ya no le cabe en el quiosko.*

h. ¿Cuál es su horario de trabajo?

De 6:30 de la mañana a 8 de la tarde. Los fines de semana cierran a las 3.

i. ¿Qué último consejo da la periodista?

Hay que leer a diario.

4. ¿Periódico o revista?

- ¿Te gusta leer el periódico? ¿Por qué? ¿Qué tipo de información te interesa más? Desde tu punto de vista, ¿existen periódicos más serios que otros? Da ejemplos y justifica tu respuesta.
- En España las revistas del corazón (prensa rosa) tienen mucha importancia. Algunas personas que aparecen en estas revistas se quejan de no tener vida privada y de ser perseguidas por los periodistas. ¿Te parecen justificadas estas quejas? ¿Por qué? ¿Existen este tipo de revistas en tu país? ¿Tienen un papel importante? Da ejemplos.
- El fenómeno de los periódicos gratuitos es relativamente reciente. Se distribuyen en España y en otros muchos países.
  ¿Conoces alguno? ¿Te parecen interesantes? ¿Cómo crees que pueden mantenerse económicamente? ¿Existen en tu país?

- Se trata de que aparezcan diferencias sobre los campos de interés de cada alumno. No todos los periódicos son igual de serios, porque algunos son sensacionalistas.
- Respuesta libre.
- Posible respuesta: la prensa gratuita se financia a través de la publicidad y pretende crear opinión. Hay muchos ejemplos : *20 minutos, METRO, Qué,* etc.

Entrega del Oscar a Alejandro Amenábar. 2005

Unidad 10
De película

Objetivos

■ **Competencias pragmáticas:**

• **Comentar películas.**
• **Expresar gustos cinematográficos.**
• **Contar una película.**
• **Sugerir y aconsejar.**

■ **Competencias lingüísticas:**

Competencia gramatical
• **Preposiciones: *A / Para / Por*.**
• **Las oraciones modales.**

Competencia léxica
• **Géneros cinematográficos.**
• **Las emociones.**

■ **Conocimiento sociocultural:**

• **El cine español e hispanoamericano.**

Recursos y tareas

■ Comprender una crítica de cine.

■ Comprender una entrevista.
• Hablar de comedias.

■ Taller de escritura:
• Redactar una reseña cinematográfica.

■ Tertulia:
• Expresar la opinión sobre diferentes tipos de cine.

Mar adentro

En la película *Mar adentro*, Javier Bardem encarna a un personaje auténtico, Ramón Sampedro, que quedó tetrapléjico por un accidente a los veintiséis años y se pasó la mayor parte de su vida reclamando para sí mismo el derecho a la eutanasia.

Un torrente de emociones de la mano de Amenábar y un portentoso Bardem. Una cinta hermosa, admirable en su puesta en escena y, en última instancia, inolvidable.

El director de *Tesis* y de *Los otros* se aleja en las apariencias de su filmografía anterior, pero conserva su interés por los temas relacionados con los límites entre la vida y la muerte, entre la ensoñación y la vigilia, y mantiene también su concepción cinematográfica basada en la elaboración de una dramaturgia compleja y en la transparencia expresiva de su puesta en escena y logra con evidente esfuerzo, pero mayor facilidad y dominio de los recursos cinematográficos, una hermosa película, otra obra maestra que sorprende por múltiples razones.

Si Amenábar es un realizador prodigioso, su habilidad de guionista -tarea que comparte una vez más con Mateo Gil- no es menor. Sería injusto decir que *Mar adentro* es tan buena porque se apoya en un guión solidísimo, puesto que la planificación y la dirección de actores, el *timing* de su relato visual, el ritmo del montaje, son tan brillantes que la película destaca en una primera impresión por su realización. Pero lo cierto es que el guión reúne tal cantidad de aciertos que en una reflexión más profunda se da uno cuenta de hasta qué punto está bien armado el mecano narrativo. Amenábar ha sembrado de piedras amenazantes su camino y las ha salvado todas. En primer lugar ha huido del ternurismo y del panfleto propagandístico, ha rodeado con astucia las líneas del melodrama recurriendo al humor realista que le sugerían personajes y situaciones y ha creado un microcosmos -el mundo que rodea a ese hombre inmovilizado en su cama- concediendo a cada una de las personas que lo componen un peso dramático similar al del protagonista, sin restar a éste la batuta de esa orquesta de dolores diversos, de puntos de vista propios tanto sobre el drama de Sampedro como de sus respectivos conflictos.

La película está medida al segundo, sus giros aparecen en el momento en que el espectador los reclama inconscientemente, las sensaciones se producen con extraordinaria puntualidad. Reímos, lloramos, nos enternecemos al ritmo que marca el autor, él mismo en las tareas de la música y el montaje, y con sus actores. Y esto merece capítulo aparte, porque en *Mar adentro* hay un trabajo de casting verdaderamente original y de soberbios resultados. Javier Bardem realiza una de esas composiciones magistrales a las que ya nos tiene acostumbrados y consigue la difícil sensación de que personaje y actor no son más que uno. Belén Rueda, una buena comediante de la televisión, encuentra su mejor registro y triunfa en toda la línea. Lo mismo ocurre con Lola Dueñas, que se inventa un personaje nuevo y lo hilvana con humor, ironía y ternura. Pero lo realmente chocante es lo que hacen Mabel Rivera, Celso Bugallo, Tamar Novas y Clara Segura, rostros menos conocidos y actores fantásticos. Como Garrido, Pou o Dalmau.

Texto adaptado, Fernando Méndez-Leite, *Planeta Ocio S.L.*, 2004.

Nota: el subrayado corresponde al ejercicio 2. a. c.

1. Una película medida al segundo

a. LEE el texto y RELACIONA estas palabras con su significado.

a. Ensoñación
b. Vigilia
c. Panfleto
d. Propagandístico
e. Prodigioso
f. Batuta
g. Hilvanar
h. Acierto

1. Bastón corto con el que el director de una orquesta dirige.
2. (Fig.) Enlazar o coordinar ideas, frases o palabras.
3. Acción de estar despierto o en vela.
4. Acción de abstraerse en sueños.
5. Buena elección.
6. (Adj.) Que da a conocer algo para atraer adeptos.
7. Escrito breve en el que se ataca con violencia a alguien o algo.
8. Maravilloso, extraordinario.

b. SUBRAYA en el texto los sinónimos de estas palabras.

a. Asombroso   b. Película   c. Quitar   d. Cambio   e. Emocionarse   f. Sublime
Portentoso   Cinta   Restar   Giros   Enternecerse   soberbio

c. ELIGE cuál es el sentido de las siguientes expresiones.

a. *En última instancia.*
1. A la última. ☐
2. Como último recurso. ☒

b. *Y esto merece capítulo aparte.*
1. Se dedicará otro capítulo a hablar de los actores. ☐
2. Los actores son tan buenos que merecen una mención especial. ☒

d. ENCUENTRA una metáfora relacionada con:

a. Los obstáculos que cada cual encuentra en su camino. Amenábar ha sembrado de piedras amenazantes su camino y las ha salvado todas.

b. El mundo de la música. ..., sin restar a éste la batuta de esa orquesta de dolores diversos,...

JAVIER BARDEM
MAR ADENTRO
una película de
ALEJANDRO AMENÁBAR

2. Un torrente de emociones

Ver pág. 178

a. LEE de nuevo el texto y RESPONDE a las preguntas.

a. Después de leer esta reseña cinematográfica, ¿qué valoración darías a esta película?
1. Obra maestra. ☒   3. Se puede ver. ☐
2. Buena. ☐   4. Mala. ☐

b. Busca todas las palabras relacionadas con la elaboración de una película.
Ejemplo: realización. ¿Cuántos de estos trabajos hace el mismo director Alejandro Amenábar?

c. Subraya todos los adjetivos que se utilizan para definir esta película.

d. ¿Crees que existe la palabra *ternurismo*? ¿Qué puede significar?

e. ¿Qué dice el crítico Méndez-Leite del guión de la película?

b. BUSCA todas las palabras del texto relacionadas con las emociones.
¿Qué dos adjetivos utilizarías para resumir esta película? Justifica tu respuesta.

Punto de vista

a. ¿Has visto esta película u otra española o hispanoamericana que tenga fama internacional? ¿Conoces algún director/a de cine español? ¿A cuántos actores y actrices españoles o hispanoamericanos puedes nombrar?

b. Piensa en una película que haya sido muy conocida y coméntala. Puedes hablar de su director, de sus actores, de la época en la que transcurre, de dónde se rodó, del presupuesto que tuvo, si tiene banda sonora, efectos especiales, buen guión, final feliz y si se la recomendarías a tus amigos. a, b: respuesta libres.

1. El salto a Hollywood

LEE el texto y RESPONDE a las preguntas.

Después de convertirse en una de las actrices más populares del cine español gracias a éxitos como *Carmen*, *Hable con ella*, etc., la sevillana Paz Vega se ha decidido a dar el salto a Hollywood. La actriz ha rodado en Los Ángeles la película *Spanglish*, una comedia romántica en la que comparte protagonismo con Adam Sandler y Tea Leoni.

Spanglish cuenta la historia de Flor, una joven mexicana que decide emigrar a Estados Unidos junto a su hija de doce años. En Los Ángeles, Flor consigue trabajo en el servicio doméstico de una familia adinerada, formada por John y Deborah Clasky, sus dos hijos y la madre de ella. Pronto comienzan los malentendidos y los problemas de comunicación, dado que Flor apenas chapurrea algunas palabras de inglés y la mayor parte del tiempo tiene que usar a su hija como intérprete.

La película supone el regreso a la dirección del veterano James L. Brooks tras el éxito en 1997 de la comedia romántica *Mejor imposible*. *Spanglish* pretende atraer a las salas de cine a los más de 35 millones de hispanos que viven en Estados Unidos, y que se están convirtiendo en un público cada vez más importante para Hollywood.

¿Sabes lo que es el "spanglish"? ¿Dónde y quién lo habla principalmente? ¿Puedes dar algún ejemplo?

El *spanglish* o *espanglish*, que es la forma castellanizada, es la modalidad lingüística que mezcla español e inglés y que hablan algunos hispanos de Estados Unidos. Normalmente, la mezcla se produce al traducir al español literalmente la palabra inglesa y ponerle sufijos o terminaciones propias del castellano. Por ejemplo: "Vacunamos sus carpetas" spanglish del inglés "We vacuum your carpets", que quiere decir "limpiamos alfombras". La traducción no deja de ser cómica, ya que *vacunar* en español significa "inyectar un medicamento en el organismo para preservarlo de una enfermedad o infección" y que la palabra *carpeta* significa clasificador de documentos. Otro ejemplo de espanglish que se ve a menudo en Nueva York es "Deliveramos pizzas", del inglés "We deliver pizzas", es decir, que "se llevan pizzas a domicilio". En español, suena igual que "deliberar", que significa "reflexionar, meditar".

Hay infinidad de ejemplos que resultan chocantes y divertidos, pero que no dejan de ser malas traducciones o usos incorrectos de la lengua.

2. Ni papa de inglés

a. DIVIDE las palabras en dos columnas según sean adjetivos o nombres.

| 1. debut | 2. reto | 3. gratificante | 4. impensable | 5. meta |
| 6. camaleónico | 7. registro | 8. laureado | 9. exigente | |

Adjetivos	Nombres
3. gratificante	1. debut
4. impensable	2. reto
6. camaleónico	5. meta
8. laureado	7. registro
9. exigente	

a. Una de las palabras de arriba significa "objetivo": ¿cuál? Esta palabra aparece siempre cuando se finaliza una carrera, maratón, etc. Meta.

b. ¿Qué adjetivos tienen connotaciones positivas? Escribe una frase usando alguno de estos adjetivos, de forma que se aprecie claramente su significado. Gratificante. Camaleónico (puede ser positivo: adaptarse bien o negativo: cambiar de actitud o parecer) Laureado.

c. Relaciona algunas de estas palabras con su significado.

a. Debut — 2. Presentación o primera actuación en público.
b. Reto — 3. Acto de afrontar un desafío o cosa difícil con valentía.
c. Registro — 4. Capacidad para expresar sentimientos diferentes.
d. Laureado — 1. Que ha recibido premios.

b. **BUSCA el sentido de estas palabras o expresiones:**

a. *"Poner todo el empeño en"*:
1. dejar todas tus cosas en la tienda de empeños ☐
2. desear con fuerza hacer o conseguir una cosa ☒

b. *¿Tenías planeado aterrizar en Hollywood de esta manera?*:
1. llegar en avión a Hollywood ☐
2. irrumpir en Hollywood así ☒

c. *"No hablar ni papa de inglés"*:
1. desconocimiento total del idioma ☒
2. desconocimiento del vocablo *papá* en ese idioma ☐

d. *Captar el espíritu de "esas personas"*:
1. entenderlas de verdad ☒
2. imitar sus acciones ☐

3. Habla Paz Vega

ESCUCHA la entrevista y CONTESTA. | Transcripción pág. 178 |

a. **MARCA las preguntas que le hace el entrevistador a la actriz Paz Vega.**

a. ¿Cómo fueron sus comienzos en el cine europeo?
b. ¿Qué película la lanzó a la fama en España?
c. ¿Tenía planeado llegar a Hollywood de esta manera?
d. ¿Tuvo que estudiar mucho para interpretar el papel de Carmen en dicha película?
e. En *Spanglish* no hace de chica guapa y atractiva como en sus otras películas, ¿le resultó más difícil?
f. ¿Es más fácil trabajar con directores norteamericanos o españoles?
g. ¿Qué le ha enseñado este director?

b. **CORRIGE las frases en función de las respuestas de Paz Vega.**

a. A Paz Vega todo le resultó muy fácil desde el principio. No, todo fue un reto para ella desde el principio.
b. El inglés no supuso ningún problema y ya lo domina a la perfección. Sí, supuso un problema ya que ella no lo hablaba, pero ahora está aprendiéndolo.
c. Su sueño siempre había sido trabajar en Hollywood, por eso se fue a vivir allí. No tenía previsto aterrizar así en Hollywood, ni siquiera vivía allí.
d. Supo desde niña que algún día trabajaría con directores de cine famosos. Era impensable trabajar con directores de cine tan famosos, máxime sin hablar inglés.
e. No se parece en nada al personaje que interpreta ni se tuvo que abrir camino en una tierra extraña. Sí se parece un poco, ya que ella también tuvo que abrirse camino.

4. ¿Te gustan las comedias? — | Ver pág. 179 |

En parejas

¿Te acuerdas de alguna comedia que te hiciera mucha gracia? Explica por qué.
¿Recuerdas alguna película en la que la gracia resida en la falta de entendimiento verbal, malentendido o incomunicación? Piensa en una y tu compañero formula preguntas.

Ejemplo:
-¿Cuál es tu película cómica preferida?
- Pues, "Días de futbol" / "Con faldas y a lo loco", etc.
- ¿De qué trata?, ¿qué actores salen?, ¿quién la dirigió?, ¿cuáles son los momentos cómicos mas graciosos?, ¿qué escenas recuerdas mejor?, etc.
Después intercambiáis los papeles.

Lengua

 PREPOSICIONES *A, PARA* y *POR.*

A
- Se usa delante del complemento indirecto: *Envía estas flores a la jefa de realización.*
- Se usa delante del complemento directo de persona: *¿Has visto al director de la película?*
- Se utiliza con un verbo de movimiento, expresa el destino: *...personas que se van a otro país...*
- Expresa un matiz de finalidad con ciertos verbos cuando el complemento es un Infinitivo: *...personas que se van a otro país a triunfar o a conseguir un futuro mejor.*
- Indica lugar o situación: *El cine está a la izquierda del centro comercial.*
- Indica precio: *Está a cinco euros el kilo.*
- Indica distancia: *Mi pueblo está a 4 km de Sevilla.*
- Indica tiempo: *Se despierta a las siete de la mañana.*
- Indica el instrumento con el que se hace algo: *Este jersey está hecho a mano.*
- Indica costumbre o usanza: *Saludarse a la española.*
- Indica el modo de hacer algo comparándolo: *a lo loco, a oscuras, a regañadientes, a tientas. De hecho, hice la prueba un tanto a lo loco.*

---

1 **Completa las frases con la preposición *A* si hace falta.**

a. Henry se fue a Uruguay a aprender español.
b. Mi madre escucha .... la radio todas las mañanas.
c. Mis hijos se van a la cama a las diez de la noche.
d. ¿Conoces .... algún país de Centroamérica?
e. La farmacia queda a mano derecha.
f. En verano, me gusta .... dormir la siesta a oscuras. No soporto la luz.
g. ¿Conoces a mi compañera de piso?
h. Santurce está a unos kilómetros de Bilbao.

PARA
- Indica movimiento. Equivale a *con dirección a*: *Salgo para Salamanca ahora mismo.*
- Indica tiempo o plazo determinado: *La película se estrenará para Navidad.*
- Indica finalidad, uso y destino de una acción: *Trabajo para mantener a mi familia.*
- Especifica el destinatario: *Este regalo es para ti.*
- Expresa un punto de vista, una opinión: *Para mí, era impensable poder trabajar con este director tan famoso.*
- Expresa contraposición. Equivale a *a pesar de*: *Es muy maduro para su edad.*

POR
- Indica movimiento, tránsito por un lugar: *A Pablo le gusta pasear por el campo.*
- Indica tiempo impreciso: *Llegará por la tarde.*
- Indica causa, motivo o razón: *Otra obra maestra que sorprende por múltiples razones.*
- Expresa sentimientos, (*en defensa de, en honor de*): *Lo hizo por ti.*
- Expresa una implicación personal: *Por mí, no hay problema.*
- Indica medio o instrumento: *Suele llamar por teléfono.*
- Indica precio: *Este coche se vendió por seis mil euros.*
- Se usa para identificar al agente en las oraciones pasivas: *Ha sido la película más alabada por el público.*

COMPLETA las frases con *PARA* o *POR*.

a. El jefe quiere el informe para mañana.
b. Mándame el contrato por fax o correo electrónico.
c. Les gusta mucho callejear por la ciudad y ver escaparates.
d. Isabel está estudiando muchísimo para aprobar todas las asignaturas en junio.
e. Para mí, fue un honor que me eligieran para ese papel.
f. Todo el elenco sale para Valladolid en este mismo momento.
g. Íñigo ha vendido su casa por tres cientos mil euros.
h. Su actuación fue muy aclamada por los espectadores.

 COMPLETA las frases con la preposición más adecuada (*A, PARA, POR*).

a. Si me llamas por teléfono, hazlo a partir de las ocho, que es cuando estoy en casa.
b. Este tejido es muy delicado. Hay que lavarlo a mano.
c. Estamos todos muy cansados. Es mejor que dejemos este tema para mañana.
d. ¿Has visto a tus compañeros de la facultad últimamente?
e. El secretario del centro reunió a los profesores para hablarles de la situación tan precaria del colegio.
f. Cambio novelas en alemán que ya he leído por libros en español.
g. Para lo barato que es, este coche está muy bien.
h. Monique lleva veinte años aquí, pero aún sigue cocinando a la francesa.
i. ¿Tienes alguna película de vídeo dirigida por la directora Isabel Coixet?
j. ¿Habéis mandado ya a alguien las invitaciones de vuestra boda?

🄝 LAS ORACIONES MODALES

> • Como, conforme, según + Indicativo se utiliza cuando se refiere al presente o al pasado.
>   *Voy a cocinar las setas como te gustan* (sé cómo te gustan).
>   + Subjuntivo se utiliza cuando tiene valor de futuro.
>   *Cocinaré las setas como te gusten* (no sé cómo te gustan).
> • Cual, igual que + Indicativo permite constatar un hecho.
>   *Yo llegué a este país sin hablar el idioma, igual que lo que le ocurre a Flor.*
> • De modo / manera que + Subjuntivo expresa el modo con una consecuencia intencionada.
>   *Hay que hacerlo de modo que salga bien.*
> • Sin + Infinitivo. El sujeto de las dos proposiciones es el mismo.
>   *He tenido suerte de poder participar en esta película sin hablar bien el inglés.*
> • Sin que + Subjuntivo. El sujeto de las dos proposiciones es diferente.
>   *Corrígele sin que se note.*

 ELIGE el verbo en la forma correcta: Infinitivo, Indicativo o Subjuntivo.

a. A mí me da igual, que lo haga como *querer / quiere / quiera*.
b. Sigue todo según *estar / estaba / estuviera*.
c. ¡Fíjate qué mal educada, entró sin *llamar / llama / llame* a la puerta!
d. Date prisa y vete sin que *verte / te ven / te vean*.
e. Añade estos ingredientes de manera que la mezcla *quedar / queda / quede* homogénea.
f. Hazlo como te lo *haber enseñado / han enseñado / hayan enseñado*.

Taller *de escritura*

Redactar críticas de cine

1. ¿Lees las reseñas?

- ¿Lees normalmente las reseñas de las películas antes de decidir cuál ver?
- ¿Suele coincidir tu gusto con las críticas?
- ¿Cuál es la finalidad principal de una reseña?:
    - a. entretener o divertir al lector.
    - b. describir la trama de la película y dar información sobre los actores y el director.
    - c. dar la opinión del crítico de cine sobre la película.

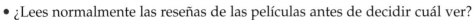

2. Luna de Avellaneda

a-6, b-3, c-4, d-5, e-2, f-1

RELACIONA los diferentes párrafos que forman la crítica de la película argentina *Luna de Avellaneda* (a–f) con los títulos correspondientes (1–6).

a
Nombre original: LUNA DE AVELLANEDA
Año: 2004
Duración: 146 MINUTOS
Director: JUAN JOSÉ CAMPANELLA
Guionista: JUAN JOSÉ CAMPANELLA / FERNANDO CASTETS
Actores: RICARDO DARÍN, EDUARDO BLANCO, MERCEDES MORÁN, VALERIA BERTUCCELLI, JOSÉ LUIS LÓPEZ VÁZQUEZ

1 Valoración crítica

2 Breve resumen del argumento (sinopsis).

3 Información sobre el director y sus películas anteriores.

4 Descripción de los personajes y del reparto.

5 Parte de una trilogía.

6 Ficha técnica.

b
Llega a nuestras pantallas el nuevo alumbramiento de Juan José Campanella tras arrasar internacionalmente con *El hijo de la novia*. Sin ese fulgurante éxito, los distribuidores no nos habrían dado al oportunidad de disfrutar de otro gran trabajo del tándem Darín-Campanella en *El mismo amor, la misma lluvia*, rodado años antes y al que se le dio una proyección más silenciosa, pero que obtuvo un mayor calado en la crítica.

c
El cine del director argentino muestra cómo se desenvuelven los personajes, unos héroes comunes y corrientes que forman parte de un conflicto en el que el espectador se siente plenamente identificado.
Los actores: el flamante Ricardo Darín a la cabeza (premio al mejor actor en el pasado Festival de Valladolid) acompañado de Eduardo Blanco, de la brillante Valeria Bertuccelli y de un felizmente recuperado José Luis López Vázquez. La cinta acaba siendo de lo más complaciente con el espectador: todo funciona a la perfección a la hora de buscar la sensibilidad del respetable.

d
Concebida como una trilogía no buscada, en palabras del cineasta, *El mismo amor, la misma lluvia* trataba sobre el individuo, *El hijo de la novia* se centraba más en la familia y con *Luna de Avellaneda* se sumerge en la comunidad sumida en una crisis de identidad en la que muchos ven un fiel reflejo de la sociedad argentina.

e
Su título da nombre a un pequeño club que entra en crisis por falta de pago y al que quieren convertir en un casino. Algunos miembros del barrio no están de acuerdo y desafiarán al gran capital en un intento de salvar su dignidad y sus recuerdos.

f
Más allá de paralelismos consigue lo que se propone y complace al espectador en todo lo que pide, esto es, buena labor de todo el elenco, funcional amalgama de risas y llanto y demás constantes en el cine de Campanella.
LO MEJOR: -La naturalidad de la interpretación argentina.
          -Su falta de pretensiones.
LO PEOR: -El exceso de edulcorante en algunas escenas.

3. Fulgurante éxito

a. Una característica de la crítica es el uso de adjetivos muy enfáticos o exagerados.
LEE otra vez la reseña y BUSCA ejemplos de adjetivos de este tipo o expresiones que indican gran admiración. Tras arrasar internacionalmente, fulgurante éxito, gran trabajo del tándem..., mayor calado en la crítica, complace al espectador, exceso de edulcorante en algunas escenas, el flamante Darín, la brillante Valeria Bertucelli, un felizmente recuperado José Luis López Vázquez

b. CAMBIA los adjetivos del siguiente texto para que sean más enfáticos. Usa los del recuadro que te parezcan más adecuados.

> 1. enorme   2. minúscula   3. inmejorable   4. brillante   5. magnífico   6. trepidante

> *El largometraje* Crimen Ferpecto *ha tenido una buena* (inmejorable) *acogida por parte del público. La adecuada* (magnífica) *dirección de Álex de la Iglesia se ve acompañada por el apropiado* (brillante) *trabajo de Guillermo Toledo en una animada* (trepidante) *comedia negra de Álex de la Iglesia a la que auguramos un gran* (enorme) *éxito.*

4. Resumen

En grupos. ESCRIBE una breve descripción de la trama de una película muy conocida y, más o menos, reciente.

Antes de hacer este ejercicio se deben sentar ciertas bases ya que si no se hace así sería imposible adivinar de qué película se trata. Por ejemplo, dependiendo de la edad y de la nacionalidad de los alumnos se escogería entre un tipo de cine en particular, digamos nacional o internacional, películas que hayan sido muy famosas o que hayan tenido mucho éxito en una determinada década, es decir, en los noventa o principios del 2000.
Hay que ajustar muy bien el cerco porque si no siempre hay películas de arte y ensayo o extranjeras que no llegan a la gran pantalla de los cines más comerciales y a las que no todos los alumnos tienen acceso o les gusta ver.
Ejemplo:
(Cuidado con dar muchas pistas o enseguida se adivinará de qué película se trata).

Esta película está ambientada / transcurre en el norte de España, a finales de los años setenta. Es una película de tema social y que tiene muchas escenas de acción. Está basada en unos hechos reales que ocurrieron en el País Vasco. Los efectos especiales son muy buenos y los actores trabajan de maravilla.
La película es *El lobo*, que trata de un infiltrado en la organización terrorista Eta.

Recuerda que se trata de resumir, no de narrar toda la historia (sobre todo ¡no cuentes el final!). No incluyas nombres ni demasiadas pistas y no digas el título de la película. Cuando todos los grupos terminan, leen en alto lo que han escrito y los demás deben intentar adivinar de qué película se trata.

5. Redacta una crítica de cine

Ver pág. 179

Ahora ESCRIBE la reseña completa de una película o una serie de televisión que te haya gustado.

Sigue el esquema de la reseña incluida en esta sección.

En la valoración crítica, puedes incorporar estas sugerencias.

• Explica si se trata de una obra original o si está "muy vista ya". Explica por qué.

• Describe qué pretendía el director y si, en tu opinión, lo ha conseguido.

• Di si el trabajo de los actores te ha parecido "convincente". Destaca el trabajo de alguno de ellos.

• Haz comentarios sobre algún aspecto técnico: sonido (música original), iluminación, efectos especiales, etc.

El Deseo presenta, con la colaboración de TVE y Canal+

un film de ALMODÓVAR

venezia 61

RICARDO **DARÍN** HÉCTOR **ALTERIO** NORMA **ALEANDRO**

1. Informaciones culturales

Las citas de Woody Allen podrían caracterizarse de amargas y a la vez realistas: hoy estás donde estás por lo que estás y mañana, ¿quién sabe?. Quita importancia a los Oscar diciendo que cuando te llega el momento, te toca y te lo dan, ni más ni menos.

La cita de Marlon Brando es dura con el mundo del espectáculo: presenta a los actores como gente muy vanidosa.

La cita de Juan Antonio Bardem, director de cine español, expresa lo que les gustaría a muchos directores europeos: trabajar con un altísimo presupuesto.

La cita de Antonio Machado, escritor español de la generación del 98, resulta un tanto chocante hoy en día, cuando los medios audiovisuales dominan nuestras vidas.

La cita de Georges Meliés será probablemente compartida por muchos ya que se suele decir que en el cine cada espectador se deja llevar por las imágenes y sueña durante un rato.

TE DOY MIS OJOS

EL GARCÍA BERNAL FELE MARTÍNEZ DANIEL GIMÉNEZ CACHO
LLUIS HOMAR FRANCISCO BOIRA JAVIER CÁMARA

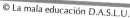

Dirigida por PEDRO ALMODÓVAR

MAR ADENTRO
una película de
ALEJANDRO AMENÁBAR

EL HIJO DE LA NOVIA

DIRIGIDA POR JUAN JOSÉ CAMPANELLA
CON NATALIA VERBEKE COMO NATI Y EDUARDO BLANCO

© La mala educación D.A.S.L.U.

1. ¿Te gusta el cine?

a. En grupos. Cada grupo se pone de acuerdo, ELIGE la cita que más le gusta y la COMENTA con los otros.

> *"El cine es una fábrica de sueños."*
> *Georges Meliés*
> (director, pionero en el cine)

> "El cine... ese invento del demonio."
> Antonio Machado (poeta)

> "Un actor es una persona que no te escucha a menos que estés hablando de él."
> **Marlon Brando (actor)**

> "Los Oscar son como un test de popularidad... cuando es tu turno, los ganas."
> Woody Allen (actor y director)

> "Hoy soy una estrella, ¿mañana qué seré?, ¿un agujero negro?"
> Woody Allen (actor y director)

> "Antes de morirme me gustaría hacer una película en la que pudiera decir: ¡A ver, esos cien mil extras que se echen más a la derecha!"
> Juan Antonio Bardem (director de cine)

b. CONTESTA a las preguntas.

a. ¿Qué género cinematográfico prefieres?: las comedias, el cine de evasión, las películas románticas, las de vaqueros, las de miedo, las de suspense, etc.

b. ¿Qué debe tener una película para tener éxito? Razona tu respuesta.

c. ¿Crees que la calidad de una película tiene relación con el éxito de taquilla? Da ejemplos.

d. ¿Qué opinión te merecen los grandes premios de cine, como los Oscar en Estados Unidos, los Goya en España, los César en Francia, los Osos de Berlín, etc.?

e. Haz una valoración de las últimas películas que has visto y pregunta a varios compañeros su opinión.

a, b, c, d, e: respuestas libres.

	Excelente***	Buena**	Regular*	Mala
Título:				
Género:				
Nacionalidad:				
Reparto:				

2. ¿Novela o película?

Muy a menudo se hacen películas basadas en novelas de éxito. ¿Cuál prefieres de las dos y por qué? Da ejemplos de tu elección. Puedes utilizar las frases del cuadro. Respuesta libre.

Ejemplos de novelas llevadas al cine:

Crónica de una muerte anunciada
La casa de los espíritus
Don Quijote de la Mancha
El Club Dumas
Cyrano de Bergerac
El señor de los anillos

> - Si he de ser sincero...
> - La verdad es que...
> - El motivo / la causa principal por el / la que...
> - No tiene ni punto de comparación...
> - Puestos a elegir, yo me quedo con... porque...

Tertulia

Superproducciones o cine independiente

Se forman grupos. Cada grupo elige uno de estos dos temas:

1. Superproducciones o cine independiente.
2. Cine norteamericano, cine hispanoamericano o cine europeo.

a. Cada grupo hace dos o tres columnas con las características de cada tipo de cine. Después, da un ejemplo representativo de cada uno de ellos y explica cuál prefiere. Tiene que justificar sus respuestas. Ejemplos:

- SUPERPRODUCCIONES
  Demasiado comercial - Argumentos pobres o simples - Altos presupuestos - Reparto con actores de moda - Buenas bandas sonoras- Efectos especiales, etc.

- CINE INDEPENDIENTE
  Libertad de tema - Argumentos o tramas profundos o elaborados - Bajo presupuesto - Actores no muy conocidos - Creatividad, etc.

- CINE NORTEAMERICANO
  Buenos y malos - Mucha acción - Final feliz - Muchos medios económicos - Buen reparto, etc.

- CINE HISPANOAMERICANO
  Realismo mágico - Historias complicadas, - Actores menos conocidos, - Bajo presupuesto, etc.

- CINE EUROPEO
  Intimismo - Buenas historias o tramas argumentales - No mucha acción - Importancia de los diálogos, etc.

b. Dentro del tipo de cine que cada grupo prefiere, el portavoz elige una o varias películas en concreto y anima a sus compañeros a ir a verlas.

- - - - - INTERVENIR   EN LA TERTULIA - - - - -

Pedir y dar consejos, sugerencias y recomendaciones.

- Con Subjuntivo: **aconsejar, sugerir, rogar, mandar, prohibir...**
Te sugiero que veas las películas del director argentino Adolfo Aristarain, porque son muy emotivas.
- Yo en tu lugar, yo que tú + Condicional: *Yo que tú no me perdería la de* La niña santa.

Barra con surtido de tapas.
España.

Unidad 11
La buena mesa

Recursos y tareas

Comprensión auditiva

1. ¿Te gusta comer?

a. Antes de escuchar.

- ¿Qué opinas sobre la comida rápida?
- ¿Sales con frecuencia a cenar a restaurantes?
- ¿Te interesan las cocinas étnicas o innovadoras?
- ¿Qué opinas de la nueva cocina? ¿Y de la alta cocina?
- ¿Es la gastronomía un arte? ¿Por qué?

Elementos de respuesta:
- La comida rápida: ahorra tiempo, pero es de peor calidad y resulta perjudicial para la salud.
- En España es costumbre salir a comer fuera para celebrar fiestas familiares e incluso los fines de semana con amigos.
- Cada vez están más de moda y se incorporan a la cocina española como elementos de "fusión".
- La nueva cocina tiene menos cantidades, es más experimental y más cara. La alta cocina es la cocina hecha obra de arte, un lujo.
- Respuesta libre.

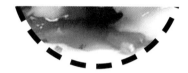

b. ¿Qué SIGNIFICAN estas palabras que aparecen en la audición?

a. Lo contrario de "humildad":
  1. soberbia [X]   2. humillación ☐   3. indiferencia ☐
b. "Dormirse en los laureles":
  1. alcanzar la fama y no hacer nada [X]   2. dormir profundamente ☐   3. olvidarse de todo ☐
c. "Romper los moldes":
  1. innovar [X]   2. destruir ☐   3. adaptarse ☐
d. "Vanguardia":
  1. lo que va por delante [X]   2. lo que va por detrás ☐   3. lo que protege ☐
e. "Fogón":
  1. cocina [X]   2. cocinero ☐   3. horno ☐
f. "Regular" se refiere a algo que hacemos:
  1. habitualmente ☐   2. no muy bien [X]   3. según las reglas ☐
g. "Sublimación":
  1. idealización [X]   2. superación ☐   3. aceptación ☐
h. "Notable":
  1. mala nota ☐   2. muy buena nota [X]   3. excelente nota ☐
i. "Sobresaliente":
  1. mala nota ☐   2. muy buena nota ☐   3. excelente nota [X]

2. Habla Juan María Arzak

ESCUCHA y CONTESTA a las preguntas. ⌈ Transcripción pág. 180 ⌉

a. ¿Qué recomienda Arzak a los nuevos cocineros que quieren llegar a 5 estrellas? Les recomienda que tengan pasión, humildad y mucho trabajo.
b. ¿Qué les sugiere o aconseja que no hagan? Les sugiere que no se duerman en los laureles.
c. ¿Por qué España está a la vanguardia gastronómica del mundo? Gracias a cocineros como Ferran Adrià, que es un revolucionario.
d. ¿Cómo se llama el famoso cocinero que menciona? Ferran Adrià.
e. ¿Cuántos años lleva cocinando Juan María Arzak? Treinta.
f. ¿Le salen todos los platos bien? No.
g. ¿Qué plato considera Arzak muy difícil de hacer bien? El hojaldre.
h. ¿Qué es lo que falla en la cocina rápida? La manera de prepararla.
i. ¿Por qué la alta cocina es superior? Porque incluye la proyección del hombre. En esa cocina se nota la energía humana.
j. ¿Por qué las máquinas no pueden hacer una cocina muy buena? Porque no piensan, ni sienten.

3. Tu plato preferido

a. LEE este cuestionario formulado al conocido cocinero Martín Berasategui.
CONTESTA a las mismas preguntas expresando tus propios gustos.

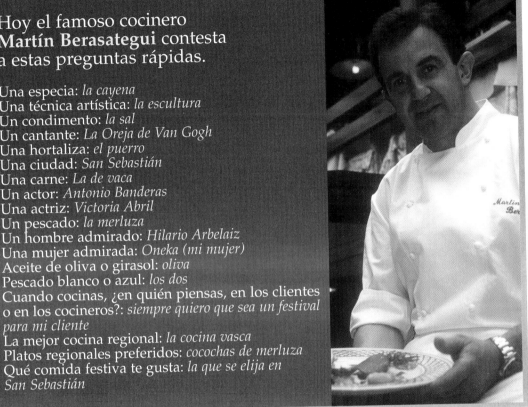

Hoy el famoso cocinero
Martín Berasategui contesta
a estas preguntas rápidas.

Una especia: *la cayena*
Una técnica artística: *la escultura*
Un condimento: *la sal*
Un cantante: *La Oreja de Van Gogh*
Una hortaliza: *el puerro*
Una ciudad: *San Sebastián*
Una carne: *La de vaca*
Un actor: *Antonio Banderas*
Una actriz: *Victoria Abril*
Un pescado: *la merluza*
Un hombre admirado: *Hilario Arbelaiz*
Una mujer admirada: *Oneka (mi mujer)*
Aceite de oliva o girasol: *oliva*
Pescado blanco o azul: *los dos*
Cuando cocinas, ¿en quién piensas, en los clientes
o en los cocineros?: *siempre quiero que sea un festival
para mi cliente*
La mejor cocina regional: *la cocina vasca*
Platos regionales preferidos: *cocochas de merluza*
Qué comida festiva te gusta: *la que se elija en
San Sebastián*

b. En parejas, CUÉNTASELO a tu compañero justificando tus respuestas.

Ejemplo: *Me encanta el cordero porque me parece muy sabroso.*
Prefiero la cocina francesa porque es muy variada.

4. Vamos a cenar

a. En grupos: vas a cenar con unos amigos y
hay que ELEGIR un restaurante. Se hacen
propuestas y todo el mundo opina. Usa
palabras y expresiones del recuadro:

Ejemplo:
- *Podríamos ir a un restaurante japonés, es una
cocina muy sana y exquisita.*
- *Yo nunca la he probado, pero tengo curiosidad.*

Nueva cocina	Delicioso	Apetecer
Cocina de fusión	Innovador	Probar
Alta cocina	Sano	Interesar
Cocina tradicional	Aburrido	Cocinar
Cocina casera	Exquisito	Experimentar

b. INTERCAMBIA con tu compañero experiencias, opiniones y preferencias sobre menús.

- ¿Qué menús prefieres y por qué?
- ¿Conoces la nueva cocina? ¿Te gusta?
- ¿Conoces la gastronomía española? Compárala
con la de tu país: di en qué se parecen o en qué
son diferentes.

• Podemos hablar de menús clásicos, de degustación, "largos y estre-
chos" (con muchos platos exquisitos, pero una pequeña muestra de
cada uno).
• Habría que poner ejemplos, como Arzak, Bocuse, Ferran Adrià, etc.
• Los elementos de comparación serían los ingredientes, la condimen-
tación, las mezclas y las formas de cocinar los alimentos.

En la Boquería

Entrada del mercado de La Boquería

Puesto de frutas del mercado de La Boquería

Regresó a Vallvidriera con la compra recién hecha en la Boquería. También el mercado estaba en obras y Carvalho temía que cayeran sobre él las mismas fumigaciones* que habían eliminado todas las bacterias y todos los virus de la ciudad. Se había hecho deshuesar muslitos de pollo, había comprado butifarra para rellenarlos y guisárselos con la tecnología punta de la pepitoria con nueces picadas acompañada de un paisaje de alcachofas. "Las nueces van bien para el colesterol bueno y disminuyen el colesterol malo", había dicho ante las cámaras de televisión un sabio con aspecto de estar severamente enfermo, tal vez porque no había comido nueces ni alcachofas a tiempo. Sobre las alcachofas todo lo sabía Carvalho, si las estofas aprovechas todas sus propiedades y sabores, y, según pregonaban sus apologetas*, es un alimento completo y poco tóxico para las personas de edad. ¿Qué puede ser más tóxico para la edad? El carecer de dinero. Las alcachofas son diuréticas, antirreumáticas, antiartríticas, depuradoras de la sangre y, sin embargo, se pueden comer e incluso cocinar. Le evocaban aquellos arroces individuales de su abuela, con una alcachofa, sólo una, con un calamar, sólo uno, un tomate, un pimiento, como si el uno fuera la expresión misma de su soledad y de la impotencia de comunicarse o simplemente de lo miserable de la pensión que cobraba como viuda de un guardia de la porra* jubilado por la ley de Azaña.
No quería complicarse la vida cosiendo los muslitos sobre su relleno e hizo una farsa de carne de cerdo, de pollo y jamón, más algo más de miga de pan, huevo y una trufa. Rellenó los muslos, los salpimentó, los untó con aceite con un dedo y los envolvió en papel metálico para hacerlos en papillote*. Mientras tanto, tramó el sofrito, le añadió vino blanco, la picada de huevo duro, ajo, perejil y nueces y corrigió la salsa con un chorrito del coñac que conservaba las trufas. Una vez cocidos los muslitos, les quitó la mortaja, estaban perfectamente ensimismados y los dejó cocer cinco minutos con la pepitoria que bien podía nominar como si fuera suya. "Pepitoria Pepe Carvalho". Todo ser humano debería poder tener un hijo, escribir un libro, plantar un árbol y patentar una receta de pollo en pepitoria".

Fragmento de *El hombre de mi vida*. Manuel Vázquez Montalbán. Editorial Planeta, 2000.

*fumigar: acción de desinfectar con humos, gases o vapores.
*apologetas: defensores, que hacen apología.
*guardia de la porra: forma despectiva de referirse a la categoría más baja de la policía.
*papillote: forma de asar envolviendo la comida en papel de aluminio.

1. La compra recién hecha

a. ASOCIA cada palabra con su sinónimo:

a. Guisar
b. Pregonar
c. Tóxico
d. Jubilado
e. Severamente enfermo
f. Miserable

1. Retirado.
2. Enfermo de gravedad.
3. Pobre.
4. Anunciar.
5. Cocinar.
6. Venenoso.

b. LEE el texto y BUSCA las palabras que signifiquen:

a. Quitar los huesos a un alimento deshuesar
b. Cortado en trozos muy pequeños picado
c. No tener algo carecer
d. Que limpia las impurezas depuradora
e. Antes de que sea demasiado tarde a tiempo
f. Ganar dinero cobrar

g. Dinero de la jubilación pensión
h. Recordar evocar
i. Meter algo dentro rellenar
j. Echar sal y pimienta salpimentar
k. Extender un líquido sobre una superficie untar
l. Registrar un invento propio patentar

c. CLASIFICA las palabras del texto según designen:

- Alimentos muslitos de pollo, butifarra, alcachofas, nueces, calamar, tomate, pimiento, cerdo, jamón, pan, huevo, trufa, aceite, ajo, perejil.
- Platos cocinados arroces, pollo en pepitoria.
- Formas de cocinar los platos pepitoria, papillotte, estofadas.

2. "Complicarse la vida"

a. ¿Qué SIGNIFICA la expresión idiomática *complicarse la vida*? Hacer la vida más difícil a uno mismo (normalmente por querer hacer las cosas mejor).

b. Indica el SIGNIFICADO de las siguientes palabras, teniendo en cuenta su contexto:

a. Farsa falsa, no es el plato relleno auténtico.
b. Corrigió echó la sal suficiente para poner el plato en su punto.
c. Tramó preparó con cuidado.

d. Mortaja normalmente es el vestido con el que se entierra a un muerto.
e. Ensimismados en el texto los muslitos rellenos están compactados.

3. "Pepitoria Pepe Carvalho"

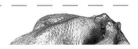

LEE el texto y CONTESTA a las preguntas.

a. ¿A qué tenía miedo Carvalho? A ser fumigado.
b. ¿Qué quiere decir "tecnología punta de la pepitoria"? Alta cocina.
c. ¿Qué intención tiene el autor cuando dice de un sabio que "tal vez no había comido nueces ni alcachofas a tiempo"? Ironiza sobre los que hablan de la salud y no están sanos.
d. ¿Qué significa "paisaje de alcachofas"? Que es verde (verdura) y decorativo.
e. ¿Qué ventajas tiene estofar las alcachofas? Mantiene sus propiedades naturales.
f. ¿Por qué dice que lo peor para la edad es carecer de dinero? Porque no puedes hacer nada sin él.
g. Señala en el texto cualidades de los alimentos relativas a la salud. Explícalas. Las nueces van bien para el colesterol bueno y disminuyen el colesterol malo. Las alcachofas son diuréticas, antirreumáticas, antiartríticas, depuradoras de la sangre.
h. ¿A qué época de su vida le recordaban las alcachofas a Carvalho? La de su abuela (su infancia).
i. ¿Qué quiere decir "todo ser humano debería poder tener un hijo, escribir un libro, plantar un árbol y patentar una receta de pollo en pepitoria"? Que es muy importante crear una receta de cocina.
j. El texto está lleno de sentido del humor e ironía. Pon algún ejemplo en el que se manifieste esta actitud irónica del autor. El uso de expresiones exageradas, como "tecnología punta" y equiparar la invención de una receta con los eventos trascendentales de la vida. El médico que hablando de la salud tenía mal aspecto, porque tal vez no había comido alcachofas a tiempo.

Lengua

 ESTILO INDIRECTO

Indicativo

• Cuando el estilo indirecto está introducido por verbos de información (*decir, comentar, preguntar, informar, contar, afirmar, insinuar, proclamar...*), el verbo va en Indicativo.

Arzak afirma que la alta cocina es superior.

• Si el verbo introductor va en Presente (o Pretérito Perfecto), se mantiene el tiempo verbal en estilo indirecto.

B. afirma: "mi especia favorita es la cayena". B. afirma que su especia favorita es la cayena.

• Si el verbo introductor va en pasado, cambia el tiempo verbal en estilo indirecto según la concordancia de tiempos.

Él dijo: "Nunca he probado la langosta". Él dijo que nunca había probado la langosta.

Él dijo: "No sé cocinar". Él dijo que no sabía cocinar.

Él dijo: "La cocina oriental estará de moda el siglo próximo". Él dijo que la cocina oriental estaría de moda el siglo próximo.

Subjuntivo

• Cuando el estilo indirecto está introducido por verbos de mandato o de influencia (*recomendar, aconsejar, favorecer, pedir, ordenar, prohibir...*), el verbo va en Subjuntivo.

Arzak recomienda que los cocineros sean innovadores. Arzak recomendó que los cocineros fueran innovadores.

• En Imperativo se expresa con un verbo introductor de mandato y un verbo subordinado en Subjuntivo.

¡Escúchame! Me ordenó que le escuchara.

Los cambios afectan también a:

• Los pronombres personales y los posesivos.

Dice: "Yo creo que este es mi plato estrella". Dice que él cree que este es su plato estrella.

• Los adverbios de lugar y de tiempo.

Dijo: "Quedamos aquí mañana". Dijo que quedaban allí al día siguiente.

• Las oraciones interrogativas completas (las que se pueden responder con SÍ o NO) se introducen con la conjunción SI.

Él me preguntó: "¿Te gusta la comida rápida?" Él me preguntó si me gustaba la comida rápida.

• Las oraciones interrogativas parciales se introducen con la conjunción QUE y repitiendo la palabra con valor interrogativo.

Él me preguntó: "¿Cómo te gusta la merluza?" Él me preguntó que cómo me gustaba la merluza.

1 TRANSFORMA las siguientes expresiones en estilo indirecto.

Ver pág. 180

a. El cliente aseguró: "No he probado nunca el bacalao al pil-pil".

b. Arzak nos recomienda: "No os durmáis en los laureles".

c. Arzak afirma: "A mí me gusta la alta cocina".

d. Berasategui dijo: "Prefiero el aceite de oliva".

e. Ferrán Adrià declaró: "Se volverá a la cocina tradicional, pero sólo parcialmente".

f. Arzak nos sugirió: "Probad las especialidades de cada lugar".

g. El periodista preguntó: ¿Cuáles son los países que están a la vanguardia?

h. Preguntó: "¿Hay algún plato que se le resista?".

TRANSFORMA las siguientes frases en estilo directo.

a. Él me aseguró que en su país no se usaban cubiertos. "En mi país no se usan cubiertos".
b. Él me dijo que había comido insectos. Él me dijo: "He comido insectos".
c. Él me recomendó que no mezclara ciertos sabores. Él me recomendó: "No mezcles ciertos sabores".
d. Él me preguntó si sabía cocinar. Él me preguntó: "¿Sabes cocinar?"
e. Él me dijo que no abusara de la comida rápida. Él me dijo: "No abuses de la comida rápida."
f. Él me preguntó que cuándo se cenaba en España. Él me preguntó: "¿Cuándo se cena en España?"

 PON el siguiente párrafo en estilo indirecto con un verbo introductor en pasado.

┌─────────────────────┐
│ Ver pág. 180 │
└─────────────────────┘

> *Una voz de mujer, al otro lado, preguntó: "¿Dónde estás?". "En el autobús", dije. "¿En el autobús?". "¿Y qué haces en el autobús?". "Voy a la oficina". La mujer se echó a llorar, como si le hubiera dicho algo horrible, y colgó.*
> *Guardé el aparato en el bolsillo de la chaqueta y perdí la mirada en el vacío. A la altura de María de Molina con Velázquez volvió a sonar. Era de nuevo la mujer. Aún lloraba. "¿Seguirás en el autobús?, ¿no?", dijo con voz incrédula. "Sí", respondí.*
>
> Fragmento de *Cuentos*. Juan José Millás. Alianza Editorial, 2002.

 TIEMPOS DEL PASADO

- **Pretérito Indefinido**
  Una acción pasada y acabada en un momento preciso del pasado.
  Ferrán Adrià logró el éxito en Nueva York en 2003.
  Una acción pasada en el momento en que termina.
  Cuando preparaba el flan, se le quemó el caramelo.
- **Pretérito Imperfecto**
  Hábitos en pasado. *Antes comía todos los días en Mc Donald´s.*
  Acciones que se están desarrollando en un momento del pasado. *El mercado estaba en obras.*
  Descripciones en pasado. *Él era muy alegre, simpático, aunque con mucho carácter.*
- **Pretérito Pluscuamperfecto**
  Acción pasada y acabada, anterior a otra pasada. *Había comprado butifarra para rellenarlos.*
  Experiencia que se acaba de vivir por primera vez. *Nunca había comido un plato tan exquisito.*

 COMPLETA los huecos con el tiempo verbal adecuado: Pretérito Indefinido, Imperfecto o Pretérito Pluscuamperfecto.

> Hacía tres meses, al probar una cucharada de caldo que Chencha le preparó y le llevó a la casa del doctor John Brown, Tita había recobrado toda su cordura.
> Estaba recargada en el cristal, viendo a través de la ventana a Álex, el hijo de John, en el patio, corriendo tras unas palomas.
> Escuchó los pasos de John subiendo las escaleras, esperaba con ansia su acostumbrada visita. Las palabras de John era su único enlace con el mundo. Un olor que percibió la sacudió. Era un olor ajeno a esta casa. John abrió la puerta y apareció ¡con una charola de caldo en la mano y un caldo de colita de res!
> Fragmento de *Como agua para chocolate*.
> Laura Esquivel. Mondadori, 1990.

Taller *de escritura*
Redactar textos narrativos

1. ¿Qué pasó?

En un texto narrativo se cuentan sucesos que ocurren a través del tiempo.

ara ayudarte

> *Hay formas verbales que pueden:*
> • Hacer avanzar la narración, marcar nuevos eventos en el argumento de la historia, como el Pretérito Indefinido.
> *Ejemplo: "Agarré nerviosa las tenacillas…"*
> • Detener el paso del tiempo o hacer descripciones, como el Pretérito Imperfecto.
> *Ejemplo: "Su aspecto […] me infundía cierto respeto.*
> • Ir hacia atrás, como el Pretérito Pluscuamperfecto.
> *Ejemplo: "Nunca había comido una langosta".*

> Los marcadores que se utilizan en un texto narrativo pueden ser:
> 1. Temporales: *en aquel momento, entonces, después, ese día, de ahí en adelante*, etc.
> 2. Organizadores del discurso:
>   a. De apertura: *había una vez, érase una vez*, etc.
>   b. De desarrollo: *más tarde, días después*, etc.
>   c. De cierre: *finalmente, por fin*, etc.

a. LEE el texto y REDÁCTALO de nuevo poniendo en pasado las formas verbales escritas en negrita y sustituyendo la primera persona por la tercera.

Ejemplo: *"Desde que se casaron toda su vida se fue organizando en función de sus intereses, de su carrera".*

Ver pág. 181

Desde que **nos casamos** toda nuestra vida **se ha ido organizando** en función de sus intereses, de su carrera. Yo **he ido renunciando** poco a poco a mis aspiraciones para facilitarle a él las cosas y ahora que **empieza a triunfar soy** incapaz de ver qué parte de ese triunfo me coresponde a mí. Claro, que yo podría haber hecho como otras compañeras, que se casaron y no por eso dejaron de trabajar. Pero Carlos, muy sutilmente, me **fue reduciendo** a esa condición de ama de casa quejumbrosa*, justo la imagen de mujer que más **odio**.

Y ahora ya **soy** mayor para ponerme al día*. Una mujer necesita ganarse un salario para no acabar siendo una asalariada de su propio marido. Claro que las cosas no **parecen** así. Mi marido y yo **somos** una pareja en cierto modo envidiable. Él **es** un buen profesional y yo **tengo** estudios universitarios. Y tuve un trabajo que dejé, porque me gustaban la casa y la familia, etc. Todo **es** mentira.

Fragmento de *El desorden de tu nombre*. Juan José Millás. Alfaguara, 1987.

Quejumbrosa = persona que se queja mucho, que desea ser mimada.
Ponerse al día = actualizarse.

b. ¿Qué formas verbales hacen avanzar el relato? Da ejemplos.

> Fíjate en las expresiones de tiempo que organizan el relato:
>
> *Desde que.*   *Ahora.*

2. La primera langosta

LEE el texto y RESPONDE a las preguntas.

IGNACIO MARTÍNEZ DE PISÓN

María bonita

ANAGRAMA
Narrativas hispánicas

El señor Torres había pedido langosta para todos. El camarero nos fue sirviendo los platos y yo me encontré de golpe ante una enorme langosta, las antenas dobladas sobre las hojas de lechuga, las pinzas señalándome, los negros ojos muertos mirándome. Yo nunca había visto de cerca una langosta, y su aspecto casi monstruoso me infundía cierto respeto. Venga, María, que no te va a morder, dijo el señor Torres con un guiño burlón. Yo me ruboricé; lo había notado, se habían dado cuenta de que aquélla era la primera langosta que veía en mi vida, y ahora todos los de la mesa estarían pendientes de mí, de cómo me las arreglaría con ella. Agarré nerviosa las tenacillas y, al ir a levantar la langosta con la otra mano, lo hice con tal torpeza que se me resbaló entre los dedos y cayó aparatosamente sobre el borde del plato, la tripa y las patas hacia arriba. El señor y la señora Torres intercambiaron una rápida mirada de suficiencia. Yo, sintiéndome impotente, sofoqué un gemido: tenía que enfrentarme nuevamente a esa langosta, y tenía que hacerlo ante la atenta mirada de aquellos dos señores, que parecían dispuestos a acoger con carcajadas una nueva torpeza mía.

Fragmento de *María bonita*. Ignacio Martínez de Pisón. Editorial Anagrama, 2000.

a. ¿Qué se supone que pasó antes de este fragmento? ¿Cuál es la experiencia nueva de María?

b. ¿Qué forma verbal se utiliza para narrarla?

c. ¿Qué valor temporal tienen los dos condicionales *estarían* y *arreglaría*?

d. *¿Tenía que enfrentarme / Tenía que hacerlo* hacen avanzar la historia o detienen el paso de tiempo?

e. ¿Cómo están ordenados los hechos cronológicamente, desde el principio hasta el final o viceversa?

a. La invitaron a un restaurante, ella no pudo elegir. Era la primera vez que comía langosta en su vida.

b. El Pretérito Imperfecto de Indicativo.

c. Futuro respecto del pasado.

d. Describen y, por tanto, detienen la acción.

e. Según van sucediendo, desde lo más lejano en el pasado hasta lo más cercano.

3. Redacta un texto narrativo

ELIGE una de las dos tareas de escritura.

Ver pág. 181

a. **ESCRIBE una posible continuación de una de las dos historias (texto de Juan José Millás y de Ignacio Martínez de Pisón).** El profesor puede localizar los textos narrativos y comparar la continuación de los textos originales con la que han redactado los estudiantes.

Ten en cuenta los elementos que aparecen en la narración (personajes, tiempos verbales, marcadores narrativos), así como el sentido general de la historia.

Elige los tiempos verbales adecuados para avanzar, detenerse o retroceder en el tiempo.

b. **ESCRIBE un texto narrativo en el que cuentes una historia (real o imaginaria) teniendo en cuenta las siguientes pautas:**

- Personajes que intervienen en la narración.
- Uso de la primera o tercera persona para narrar.
- Marcadores temporales que sitúan el tiempo en que se desarrolla la narración.
- Eventos que se suceden (con verbos de acción en Pretérito Indefinido).
- Descripciones en pasado (en Pretérito Imperfecto).
- Acciones o estados que sitúan la narración en un tiempo anterior (Pretérito Pluscuamperfecto).
- Orden cronológico de la narración (desde el principio hasta el final o viceversa).
- Marcadores narrativos que organizan el discurso.
- Pistas que permiten anticipar lo que va a pasar en la narración.

España en directo

España es... Tapas

1. ¿Te gusta tapear?

Antes de visionar

- ¿Comes entre horas?
- ¿Sabes lo que es en España el aperitivo?
- ¿Qué es "comer de tapas"?
- ¿Qué se puede comer de tapas?
- ¿Has ido con amigos a "picar"/ de tapas?

2. En un bar

a. ¿Qué SIGNIFICAN las siguientes expresiones?

a. Tenemos "de todo"
1. todo tipo de tapas [X]
2. no falta nada [ ]

b. Hacer boca
1. comer mucho [ ]
2. estimular el apetito [X]

c. Caña
1. cerveza de barril [X]
2. cerveza en botella [ ]

d. Surtido
1. fuente [ ]
2. variedad [X]

e. Clientela
1. clientes preferidos [ ]
2. conjunto de clientes [X]

f. Hasta el tope
1. harto [ ]
2. lleno [X]

g. Tapeo
1. comer de tapas [X]
2. servir tapas [ ]

h. Tomar algo
1. coger algo [ ]
2. beber algo [X]

> **Información cultural:**
> En España, en los bares, se suele acompañar la bebida (a menudo una copa de vino o "caña" de cerveza) con una pequeña porción de comida. La tapa, antiguamente, se depositaba sobre la boca de la jarra o vaso servido, por lo que "tapaba" el recipiente: de ahí el origen de la palabra. Servía no sólo para acompañar la bebida, sino también para evitar que alguna mosca entrase en el vino. En la actualidad hay dos formas de entender las tapas: en Madrid, Extremadura o Castilla-La Mancha es un "regalo" que se sirve con la bebida; en otras zonas de España es una pequeña ración de comida que se toma con el vino y la cerveza, pero se paga. **El tapeo** puede sustituir la comida o la cena si la cantidad y la variedad de tapas basta para satisfacer el apetito. Pero sin duda el aspecto más característico del tapeo reside en su carácter colectivo y en que se suele tomar de pie en la barra de un bar.

b. Primer visionado. LEE las preguntas y después de ver una vez la escena, CONTÉSTALAS:

a. ¿Qué es lo primero que le pide la entrevistadora al camarero?

1. una caña y aceitunas rellenas [X]
2. una caña [ ]
3. aceitunas rellenas [ ]

Transcripción pág. 181

b. ¿Qué tipo de gente acude al bar?

1. depende del día [ ]
2. oficinistas [ ]
3. de todo tipo [X]

c. ¿Qué tipo de clientes van a las once? Los oficinistas.

d. ¿Qué se pide en el desayuno? Un pincho de tortilla de patatas con un cafetito con leche.

3. Usos y costumbres

a. Segundo visionado. ¿Lo has entendido?

a. Subraya el nombre de las tapas que se mencionan en la audición:

Jamón

Boquerones en vinagre

Calamares

Patatas bravas

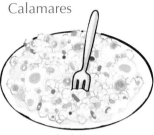

Ensaladilla rusa

Patatas alioli

b. ¿A partir de qué hora se toma el aperitivo?
A partir de la una o una y media los fines de semana.

c. ¿Cuánto cuesta el menú? ¿De qué consta ?
Cuesta 9 €. Consta de un primer plato, un segundo plato, pan, bebida y postre

d. ¿Qué toman al final? ¿Quién invita?
Una tapa de pulpo. La entrevistadora dice que "invita la casa".

b. COMPLETA el texto con estas expresiones del ejercicio 2.

cañas - de todo - surtido - clientela - tomar algo - tapeo - hacer boca - hasta el tope

El sábado estuvimos en un bar típico de Sevilla. No nos apetecía cenar en un restaurante, sino ir de tapeo*, bebiendo unas* cañas*. El bar estaba llenísimo,* hasta el tope*, no sólo estaba la* clientela *habitual, sino que había gente de otros puntos de España, aprovechando el puente. Para* hacer boca *empezamos con unas aceitunas, pero no sólo queríamos* tomar algo*. Un problema era que Ana es vegetariana y Pedro no come cerdo, pero no hubo que preocuparse: en la barra tenían* de todo*, la verdad, un gran* surtido *de aperitivos, tapas y pinchos. Estaba todo riquísimo.*

4. Los bares en España

- ¿Qué función desempeñan los bares en España? Además de para beber y comer, son centros de reunión social informal, entre amigos, que sirven para relajar las tensiones diarias.
- Y en tu país, ¿tienen la misma importancia? Expresa tu opinión dando ejemplos. Respuesta libre.

Científico en un laboratorio.

Unidad 12
A ciencia cierta

Objetivos

■ **Competencias pragmáticas:**

• Describir las características de una máquina.
• Hablar de los adelantos de la ciencia.
• Describir procesos.
• Hablar de ciencia–ficción.

■ **Competencias lingüísticas:**

Competencia gramatical
• La pasiva.
• *Ser* y *Estar*.
• Elementos de cohesión.

Competencia léxica
• La ciencia.
• El hombre y las máquinas.

■ **Conocimiento sociocultural:**

• La ciencia ficción en el siglo XIX.
• Los adelantos científicos actuales.

Recursos y tareas

■ Comprender un texto literario.

■ Comprender un programa de radio.
• Preparar un proyecto biomimético.

■ **Taller de escritura.**
• Redactar un artículo científico.

■ Tertulia.
• Expresar la opinión sobre los beneficios de la ciencia.

Comprensión lectora

Mecanópolis

En "Mecanópolis" Unamuno nos describe una ciudad futurista, controlada totalmente por máquinas, en la que no hay ningún ser vivo.

Renuncio a describirte la ciudad. No podemos ni soñar todo lo que de magnificencia, de suntuosidad, de comodidad y de higiene estaba allí acumulado. Por cierto que no me daba cuenta para qué todo aquel aparato de higiene, pues no se veía ser vivo alguno. Ni hombres ni animales. Ni un perro cruzaba la calle; ni una golondrina el cielo.

Vi en un soberbio edificio un rótulo que decía: *Hotel*, escrito así, como lo escribimos nosotros, y allí me metí. Completamente desierto. Llegué al comedor. Había en él dispuesta una muy sólida comida. Una lista sobre la mesa, y cada manjar que en ella figuraba con su número, y luego un vasto tablero con botones numerados. No había sino tocar un botón y surgía del fondo de la mesa el plato que se deseara. [...]

Visité la gran sala de conciertos, donde los instrumentos tocaban solos. Estuve en el Gran Teatro. Era un cine acompañado de fonógrafo, pero de tal modo, que la ilusión era completa. Pero me heló el alma el que era yo el único espectador. ¿Dónde estaban los mecanopolitas? [...]

Mis días, en efecto, empezaron a hacérseme torturantes. Y es que empecé a poblar mi soledad de fantasmas. Es lo más terrible de la soledad, que se puebla al punto. Di en creer que todas aquellas fábricas, aquellos artefactos, eran regidos por almas invisibles, intangibles y silenciosas. Di en creer que aquella gran ciudad estaba poblada de hombres como yo, pero que iban y venían sin que los viese ni los oyese ni tropezara con ellos. Me creía víctima de una terrible enfermedad, de una locura. [...]

Una mañana, al despertarme, aterrado, cogí el periódico, a ver lo que pasaba en el mundo de los hombres, y me encontré con esta noticia: "Como preveíamos, el pobre hombre que vino a dar, no sabemos cómo, a esta incomparable ciudad de Mecanópolis, se está volviendo loco. Su espíritu, lleno de preocupaciones ancestrales y de supersticiones respecto al mundo invisible, no puede hacerse al espectáculo del progreso. Le compadecemos".

No pude resistir esto de verme compadecido por aquellos misteriosos seres invisibles, ángeles o demonios -que es lo mismo-, que yo creía habitaban Mecanópolis. Pero de pronto me asaltó una idea terrible, y era la de que las máquinas aquellas tuviesen su alma, un alma mecánica, y que eran las máquinas mismas las que me compadecían. Esta idea me hizo temblar. Creí encontrarme ante la raza que ha de dominar la tierra deshumanizada. [...]

Y desde entonces he concebido un verdadero odio a eso que llamamos progreso, y hasta a la cultura, y ando buscando un rincón donde encuentre un semejante, un hombre como yo, que llore y ría como yo río y lloro, y donde no haya ni una sola máquina y fluyan todos los días con la dulce mansedumbre cristalina de un arroyo perdido en el bosque virgen.

Fragmento de *Mecanópolis*. M. de Unamuno, sacado de *De la luna a Mecanópolis: Antología de la ciencia-ficción española, 1832-1913*, Quaderns Crema, Barcelona, 1995.

Nota cultural:
Miguel de Unamuno (Bilbao, 1864 – Salamanca, 1936). Catedrático y Rector de la Universidad de Salamanca, escribió profundos ensayos filosóficos, novelas y poemas. Perteneció a la generación literaria del 98. De carácter contradictorio y polémico, sufrió represalias tanto de parte de la monarquía como de la República y de los generales de Franco por mantener posiciones independientes.
Por lo tanto, no es un autor típico de ciencia ficción. Él utiliza la idea de Mecanópolis como una alegoría de la vida moderna.

1. Hombres y máquinas

Prelectura. DISCUTE en parejas.

a. Nombra cinco máquinas modernas y explica cómo hacen la vida más fácil.

b. Nombra tres aparatos o máquinas que no son demasiado útiles; explica por qué.

c. ¿Cómo es tu idea del futuro ideal?   a, b, c: Respuestas libres.

2. El espectáculo del progreso

a. LEE el texto y CONTESTA a las preguntas.

a. El escritor encontraba raro que hubiera tanto "aparato de higiene". ¿Por qué? Porque no había ningún ser vivo y, por lo tanto, estos aparatos sobraban.

b. ¿Qué había que hacer para comer en el hotel? Había que tocar un botón numerado en un tablero.

c. ¿Qué le produjo tristeza en el Gran Teatro? El hecho de estar él solo.

d. ¿Quienes creyó el escritor que manejaban las máquinas? Almas invisibles o fantasmas.

e. ¿Quién era el "pobre hombre" del que hablaba el periódico? El protagonista mismo, el escritor.

f. El escritor se dio cuenta de que no había "seres invisibles". Pero entonces, ¿quién le compadecía? Eran las máquinas mismas, que tenían un alma mecánica.

g. ¿Por qué quiere vivir en un sitio aislado y atrasado el escritor? Porque odia el progreso y la cultura.

b. Di qué SIGNIFICAN las siguientes palabras.

a. "Renuncio a describirte la ciudad".
   1. desisto de hacerlo. [X]   2. voy a hacerlo a continuación. ☐   3. estoy intentando hacerlo. ☐

b. "El hotel estaba decorado con suntuosidad".
   1. con gusto exquisito ☐   2. con lujo [X]   3. con exotismo ☐

c. Golondrina.
   1. un pez ☐   2. una especie de ciervo ☐   3. un pájaro [X]

d. Rótulo.
   1. un cartel [X]   2. un círculo ☐   3. un empleado de hotel ☐

e. Manjar.
   1. un camarero ☐   2. una comida [X]   3. un comedor ☐

f. "Me heló el alma".
   1. estremeció [X]   2. relajó ☐   3. hizo enfadar ☐

g. Al punto (expresión un tanto anticuada).
   1. poco hecha la comida ☐   2. en el mismo sitio ☐   3. en seguida [X]

h. "Eran las máquinas mismas las que me compadecían"
   1. Ayudaban a ☐   2. Sentían lo mismo que ☐   3. Sentían pena por [X]

3. Imagina una "Mecanópolis"

¿Cuáles serían las ventajas y las desventajas de vivir ahí?
¿De qué peligro avisa el autor en este cuento? ¿Crees que ese peligro sigue vigente?

Las ventajas: que no habría que trabajar. Todo funcionaría perfectamente. Se disfrutaría de una vida muy confortable.
Desventajas: la sensación de soledad, el aburrimiento, la incomunicación, el hastío, la sensación de inutilidad.
El autor avisa del peligro de deshumanización que trae consigo la tecnología. Hoy día ese peligro está más vigente que nunca. Unamuno nunca pudo imaginar un mundo con ordenadores, por ejemplo.

1. La biomimética

a. MIRA las ilustraciones, LEE los textos y RELACIÓNALOS.

a-2 (el muñeco de Spiderman); b-1 (camuflaje militar).

A. El superpegamento biomimético. En 2003, unos investigadores de la Universidad de Manchester diseñaron unas estructuras artificiales de dos micras de longitud similares a las que poseen los gecos (una variedad de lagartos) bajo sus dedos, y que les permite trepar incluso por superficies verticales. Posteriormente se fabricó un muñeco del popular Spiderman, que incorporaba esta sustancia en las manos.

1

2

B. La biomimética también ha llegado hasta la industria militar. La piel de los cefalópodos posee unas células llamadas cromatóforos que les permite cambiar de color. Los futuros uniformes de combate seguramente tendrán propiedades similares, convirtiéndolos en sistemas de camuflaje inmejorables.

b. Después de leer los textos, RESPONDE verdadero o falso.

	V	F
a. El muñeco de Spiderman está hecho con piel de geco.	☐	☒
b. El geco se agarra muy bien a todas las superficies.	☒	☐
c. Los cefalópodos cambian de color echando tinta a su piel.	☐	☒
d. Se quiere conseguir una tela que cambie de color según el entorno.	☒	☐

c. RELACIONA las palabras con sus respectivas definiciones.

a. Mecanismo	1. Sustancia que mata las bacterias.
b. Material	2. Esparcir un líquido en gotas muy pequeñas.
c. Componente	3. Aparato que sirve para esparcir un líquido en gotas finas.
d. Concha	4. Tejido orgánico.
e. Mármol	5. Revestimiento, capa.
f. Maniobrar	6. Característica, calidad.
g. Aeronave	7. Aparato volador.
h. Propiedad	8. Moverse, operar, hacer funcionar.
i. Rociar	9. Piedra apreciada para escultura y decoración.
j. Bactericida	10. Caparazón duro de algunos animales marinos.
k. Recubrimiento	11. Uno de varios elementos que forman algo.
l. Vaporizador	12. Sustancia de la que está hecha algo.
m. Fibra	13. Conjunto de piezas que producen un movimiento.

(a-13; b-12; c-11; d-10; e-9; f-8; g-7; h-6; i-2; j-1; k-5; l-3; m-4)

2. Aplicaciones de la biomimética

Transcripción pág. 182

 Vas a escuchar un programa de radio sobre biomimética. ESCUCHA y CONTESTA a las preguntas.

a. ¿Qué estudia la biomimética?
    1. La evolución de los seres vivos. ☐
    2. Los materiales que no parecen útiles. ☐
    3. Cómo se organizan los materiales naturales. ☒

b. ¿En qué se diferencian la concha del mejillón y el mármol?
    1. En la composición: la concha tiene más calcio. ☐
    2. En la resistencia: el mármol es más duro. ☐
    3. Los materiales están estructurados de forma diferente. ☒

c. ¿Qué se pretende copiar de las aves y los insectos?
    1. Su ligereza, que les permite volar. ☐
    2. La movilidad de las alas. ☒
    3. La orientación en vuelo nocturno. ☐

d. ¿Qué está estudiando el grupo del señor Guinea?
    1. Las propiedades de la seda de araña. ☒
    2. El movimiento de la araña. ☐
    3. El dibujo de la tela de araña. ☐

e. ¿Cuál es la propiedad más interesante del producto que estudia el profesor Guinea?
    1. La flexibilidad. ☐
    2. La resistencia. ☒
    3. La duración. ☐

f. ¿Cómo se podría reparar un parachoques construido con el material que están investigando?
    1. Aplicando calor. ☐
    2. Echándole agua. ☒
    3. Se repara solo. ☐

3. Elaborar un producto nuevo

En grupos, PREPARAMOS un proyecto biomimético para desarrollar un producto nuevo.

Seguimos los pasos siguientes:

a. Pensamos en un animal con unas capacidades extraordinarias.
Ejemplo: el murciélago se orienta en la oscuridad.

b. Pensamos en alguien que necesita disponer de esas capacidades. Ejemplo: los mineros, los buzos.

c. Pensamos en una forma práctica de imitar la naturaleza.

Ejemplo: un casco con un pequeño radar, conectado a unas gafas, que permite ver siluetas de objetos en la oscuridad total.

Cada grupo desarrolla su idea y la expone al resto de la clase. Se vota el diseño más original.

Lengua

 **LA PASIVA**

Se forma con el verbo ser (pasiva de proceso) o con el verbo estar (pasiva de resultado) y un participio que concuerda en género y número con el sujeto pasivo. A veces se especifica el agente con la preposición *por*.
- Pasiva de proceso:

Los planetas serán colonizados algún día (se desconoce el agente).
Todos aquellos artefactos eran regidos por almas invisibles (con agente).
- Pasiva de resultado:

Las revistas estaban desparramadas por todo el suelo (resultado de la acción, sin agente).

La voz pasiva es muy poco frecuente en español. Sólo se utiliza en registros cultos y en lengua escrita. En general se prefiere la forma impersonal con *se*, llamada pasiva con *se*:
Para predecir el tiempo se utilizan ordenadores y se emplean instrumentos de medición.
- Hay otros verbos, como quedar, que seguido de participio tiene un uso y significado equivalente al de la pasiva, se utiliza para indicar el resultado de una acción:
La carretera quedó destrozada tras la riada.

1 **ELIGE entre *ser* / *estar* y *quedar*.**

a. Ya *es* / *está* / *queda* construido el cohete de iones.
b. Al caer de la mesa la botella *fue* / *estuvo* / *quedó* hecha añicos.
c. Cuando salió de la casa el ladrón *fue* / *estuvo* / *quedó* hecho prisionero.
d. Miré en una esquina del jardín. Las hojas *eran* / *estaban* / *quedaban* recogidas ahí.
e. Tras la explosión, las paredes *fueron* / *estuvieron* / *quedaron* llenas de agujeros.
f. El submarino *fue* / *estuvo* / *quedó* inventado por un español, Isaac Peral.

2 **TRANSFORMA en pasiva con *se*.**

a. Han sido fabricados estos aviones para alcanzar mucha velocidad. Se ha(n) fabricado estos aviones...
b. Todavía no ha sido descubierta la vacuna contra la malaria. Todavía no se ha descubierto la vacuna...
c. Isaac Asimov, el escritor de ciencia-ficción más conocido, ha sido imitado por muchos. Se ha imitado
(mucho) a Isaac Asimov, ...
d. Ya ha sido construido un prototipo de coche sin conductor. Ya se ha construido un prototipo...

 SER Y ESTAR

SER	ESTAR
• Características esenciales de una persona o de una cosa.	• Circunstancias.
- Origen o nacionalidad de una persona: *Somos de Guatemala.*	- Características circunstanciales: *Estás muy guapa con ese vestido.*
- Profesión: *A. Mc Gowen es directora.*	- Actividad u ocupación puntual: *Está de viaje.*
	- Disposición o actitud: *¿Estás listo?*

SER
- Cualidades físicas y morales:
Mi primo es muy guapo.
- Destino de una cosa o una acción:
Este regalo es para ti.
• Una definición.
- Identificar o definir:
Era un cine acompañado de fonógrafo.
- Composición o materia de algo:
La mesa es de madera.
- Localizar un acontecimiento:
La boda será en junio en la iglesia de la Asunción.
-Expresar un juicio objetivo:
Lo que dices no es verdad.
- Delante de sustantivo, pronombre e Infinitivo:
Es una pena. Esa moto es mía.
• Precio.
- Preguntar y responder:
¿Cuánto es esta falda? –Son 40 euros.
• Hora y fecha.
- Indicar hora, día, estación y año:
¿Qué hora es? –Son las dos de la tarde.
Ya es verano y hoy es domingo.

ESTAR
- Actitud, estado de salud:
¿Seguro que estás bien?
• Situación en el espacio y en el tiempo.
- Localizar algo en el espacio:
¿Dónde estaban los mecanopolitas?
- Situar:
Estamos en invierno.
-Presencia o ausencia:
Estoy aquí.
-Situación aproximada:
Está a unos 100 km. de Madrid.
• Momentos de una acción.
- Indica algo que está a punto de ocurrir:
Mateo está al llegar.
- Indica el resultado:
Todo está preparado.
• Precio, relacionado con peso u otra medida.
- Preguntar y responder:
¿A cuánto está el melón? –Está a 1 euro el kilo.
• Fecha.
-Indicar día, mes, estación y año actuales:
Estamos a 25 de diciembre / a sábado.
Estamos en invierno / en 2005.

Hay expresiones que cambian de significado según vayan con ser o estar:

ser bueno / malo (maldad o bondad)	estar bueno (= sano) / malo (= enfermo).
ser listo (= inteligente)	estar listo (= preparado)
ser rico (= adinerado)	estar rico (= sabroso).
ser vivo (= rápido de espíritu)	estar vivo (= no estar muerto)
ser guapo (= buen físico)	estar guapo (= modo de vestir)
ser joven (= edad)	estar joven (= parecerlo).
ser negro (= color de la piel)	estar negro (= furioso o muy moreno).

---

3 COMPLETA los huecos con la forma correcta de los verbos *ser* o *estar*.

a. Escuché un ruido y me di la vuelta. Sólo era un gato.
b. Los libros están en esa caja grande.
c. Mi primo es médico.
d. Estos plátanos son de Canarias.
e. Ya está todo preparado para la fiesta.
f. Ten cuidado con Marta. Está enfadada.
g. ¡Esto es un desastre! Todo el laboratorio ha sido destruido.
h. Estamos a 24 de diciembre. Esta noche es Nochebuena.
i. La reunión es el día 8 de agosto.
j. Valencia está a 125 kilómetros.

4 ELIGE entre *ser* y *estar* en función del sentido de cada frase.

a. Mi hija no puede ir al colegio porque está mala.
b. Este besugo a la espalda está riquísimo.
c. El delfín es un animal excepcional porque es muy listo.
d. Mi hijo es muy vivo. A los tres años ya juega con el ordenador.
e. Con este traje de chaqueta tu novio está guapísimo.
f. Mi primo es joven. Tiene veinte años.

1. Elementos de cohesión

a. LEE el texto. Las partes en cursiva son elementos que dan cohesión al texto. Mira los ejemplos y RELACIONA los otros elementos con su descripción.

La sonda "Smart 1" entra sin problemas en la órbita de (1) *nuestro satélite*. Europa llega a la Luna

"Europa acaba de llegar a la Luna". La pequeña sonda espacial Smart 1 ha completado con éxito su viaje de más de 13 meses hasta la órbita de nuestro satélite y ya se prepara para comenzar (2) *sus* investigaciones a principios del próximo año. (3) *Así* lo anunció ayer la Agencia Espacial Europea (ESA) por medio de su director científico, David Southwood.

La (4) *nave* encendió sus motores a primera hora del lunes y realizó una serie de maniobras para ser captada por la gravedad lunar, (5) *una operación* que en realidad no concluirá hasta mañana. La Smart-1 alcanzó su punto de máximo acercamiento (lo que los científicos denominan "perilunio") a las 18.48 horas, (6) *cuando* se situó a 5.000 kilómetros de la Luna.

Ahora la nave tendrá que dejarse llevar por la gravedad de nuestro satélite hasta alcanzar (7) *su* órbita definitiva el 1 de febrero de 2005. Una vez estabilizada, desplegará sus instrumentos científicos y comenzará sus observaciones, (8) *que* se prolongarán durante un mínimo de seis meses.

Por el momento, la misión ya ha demostrado la viabilidad de los motores eléctricos de iones, (9) *una nueva tecnología* que la ESA está probando con la Smart-1 y que también pretende emplear para llegar a Mercurio a partir del año 2011.

(10) *En este sentido*, los resultados no pueden ser mejores: "No esperábamos llegar tan pronto", comentó ayer Octavio Camino, (11) *jefe de operaciones de la misión.* "(12) *Esto* significa que las tareas científicas empezarán antes de lo previsto".

Texto adaptado, *El Mundo*, 17 de noviembre de 2004.

a. 1, 4
b. 1, 2, 7 (adjetivos posesivos), 12
c. 6, 8
d. 5, 9, 11
e. 3, 10

---

a. sinónimo: su uso evita la repetición excesiva de algunas palabras. Ejemplo: (1) *nuestro satélite*.

b. pronombre y adjetivo: los pronombres y adjetivos posesivos o demostrativos pueden referirse a sustantivos aparecidos anteriormente, evitando así su repetición. Ejemplo: (2) *sus* investigaciones.

c. pronombre relativo: se refiere a una idea mencionada anteriormente, por lo que sirve para añadir información sin escribir una frase nueva. Ejemplo: (6) *cuando*.

d. yuxtaposición: a menudo con coma, dos expresiones colocadas la una al lado de la otra suelen mostrar una relación de igualdad. Ejemplo: una serie de maniobras..., (5) *una operación*.

e. expresiones que introducen la frase y hacen referencia a lo dicho anteriormente. Ejemplo: (3) *Así*.

b. Para cada palabra o expresión en cursiva, SEÑALA a qué se refiere exactamente.

1) La Luna. 2) De la sonda espacial. 3) Toda la oración anterior. 4) La sonda espacial. 5) El encendido del motor y las maniobras. 6) Las 18.48. 7) De la Luna. 8) Sus observaciones. 9) Los motores eléctricos de iones. 10) En referencia a la oración anterior. 11) Octavio Camino. 12) El hecho de llegar tan pronto y de que los resultados sean buenos.

c. UNE las siguientes frases sueltas en un párrafo cohesionado, empleando los elementos de cohesión mencionados anteriormente.

- La Conferencia Internacional de Robótica de Madrid se celebró el pasado mes de septiembre.
- En la Conferencia se presentaron varios robots españoles.
- Entre los robots presentados destacaron Melanie-III y Roboclimber.
- El Melanie-III es un hexápodo.
- El Melanie-III es capaz de transportar grandes pesos por terrenos abruptos.
- Roboclimber es el mayor robot de cuatro patas del mundo.
- Roboclimber es capaz de escalar por cualquier terreno.
- El ser capaz de escalar hace que Roboclimber sea una innovación.
- Roboclimber fue desarrollado por el Instituto de Automática Industrial.
- Roboclimber está diseñado para colocar mallas metálicas en los taludes de las carreteras.
- Los taludes sirven para evitar desprendimientos de tierra.

Ver pág. 182

2. Construcción de una carretera

Ver págs. 182 y 183

Utiliza este plan para describir el proceso de planificación y construcción de una carretera. Se incluyen los pasos consecutivos. Hay dos ideas para cada paso, que DEBES UNIR en una frase. DECIDE qué nexo usar en cada caso.

Para ayudarte

La descripción de procesos.
- Mencionar los diferentes pasos en orden: a veces se unen pasos consecutivos.
- Para cada paso, especificar dónde ocurre algo, cómo, por qué o para qué.

Sucesos consecutivos	Describir cómo ocurre algo	Para qué se hace algo
Tras + Infinitivo / Antes de + Infinitivo A continuación,... *Tras decidir la ruta, se toman muestras del terreno.*	Esto se hace + Gerundio *Se analizan las necesidades contando los coches que pasan por un punto.*	Para que / de modo que + Subj., para poder + Inf. De este modo,... *La ruta es trazada de modo que se eviten montañas y ríos.*

Proceso de planificación y construcción

Paso 1.
• Se analizan las necesidades.
• Se cuenta el número de vehículos que pasan por cada carretera de una zona.

Paso 2.
• Se decide la ruta, que es trazada por ingenieros.
• Se procura evitar pueblos, montañas y ríos. Los puentes son caros.

Paso 3.
• Se toman muestras del terreno.
• Se realizan perforaciones en el suelo. Son importantes la resistencia y humedad del suelo, que son medidas con cuidado.

Paso 4.
• La ruta queda allanada y libre de obstáculos.
• Se emplean grandes excavadores.

Paso 5.
• Se emplean gruesas capas de cemento.
• Estas son colocadas en el suelo.
• El cemento constituye un buen cimiento.

Paso 6.
• Se coloca la capa de alquitrán y se alisa.
• Se usa una apisonadora.
• Después vienen las rayas, que son pintadas con máquinas.

3. Escribir un artículo científico

Ver pág. 183

En grupos, PREPARAMOS nuestro propio artículo científico siguiendo estos pasos.

• Escogemos un tema sobre el que dispongamos de información (revistas, enciclopedias, nuestra propia experiencia, etc.)
• Escogido el tema se aportan ideas sobre qué puntos incluir en el artículo. No deben ser demasiados ni abarcar un tema excesivamente amplio. El tema debe ser muy concreto.
• Se escogen los puntos más interesantes y se decide el orden en el que se van a redactar. ¿Se trata de un proceso? Entonces debe haber un orden cronológico. ¿Se trata de varios aspectos de la misma cuestión? En ese caso, debe tratarse cada uno en un párrafo distinto.
• Se redacta y se revisa el uso de conectores. Se incluyen tantos como haga falta para que el sentido del texto y el orden de los elementos queden claros.

Ciencia-ficción

a.
Estos son extractos de libros de ciencia-ficción del siglo XIX. DISCUTE las siguientes preguntas en parejas:

a. **¿Cuál te parece el fragmento más realista o que mejor anticipa el futuro?** Ninguno de los dos extractos parece muy realista, pero el fragmento de *Cuento Futuro* es mucho más difícil de aceptar como realista.

b. **Los fragmentos muestran una intención moralizadora, tienen mensaje. ¿Qué "mensaje" pretenden transmitir?** El *Cuento Futuro* es filosófico y pesimista, y predice el hastío de toda la humanidad hasta tal punto que se prepara el suicidio universal. *Un viaje a la República Argentina en el siglo XXI* suena más optimista y superficial. Se centra más en los adelantos técnicos de los que suponía el autor que la humanidad disfrutaría en el siglo XXI.

La humanidad de la Tierra se había cansado de dar vueltas mil y mil veces alrededor de las mismas ideas, de las mismas costumbres, de los mismos dolores y de los mismos placeres. Hasta se había cansado de dar vueltas alrededor del mismo Sol... Un sabio muy acreditado... Judas Adambis tomó cartas en el asunto y escribió una Epístola Universal, cuya primera edición vendió por una porción de millones.

"... No se trata de una de tantas filosofías pesimistas, charlatanas y cobardes que han apestado al mundo. No se trata de una teoría, se trata de un hecho viril: del suicidio universal. La ciencia y las relaciones internacionales permiten hoy llevar a cabo tal intento. El que suscribe sabe cómo puede realizarse el suicidio de todos los habitantes del globo en un mismo segundo. ¿Lo acepta la humanidad?".

La idea de Judas Adambis era el secreto deseo de la mayor parte de los humanos.

Fragmento de *Cuento futuro* (1886).
Leopoldo Alas (Clarín).

Ambos fragmentos sacados de *De la luna a Mecanópolis: Antología de la Ciencia-ficción española, 1832-1923* Quaderns Crema, Barcelona, 1995.

A las siete menos diez minutos subí por el ascensor a la azotea de mi casa y esperé el paso del tranvía electro-aéreo. Ocho minutos después me hallaba en la estación central de los aluminiocarriles, y me instalaba en el tren expreso hispano-argentino.

...las dulces notas de los cantores y de la orquesta de una ópera que en aquel momento se representaba en el teatro Apolo de Roma, reproducidas por un megáfono, recreaban el oído de los viajeros durante la hora de la comida;

...Me acerqué al Noticiero Parlante... y vi que tenía una serie de botoncitos... oprimí el primer botón, y el fonógrafo habló de esta manera:

"Santiago de Chile, 3:12 tarde. -Los viajeros del tren relámpago procedente de Montevideo han sido indemnizados con ciento cincuenta pesos cada uno por haber llegado aquel con un retraso de quince minutos...

Bogotá, 6:24 tarde. -El Gobierno ha resuelto sustituir los antiguos cañones de doscientas cincuenta toneladas que defendían el canal de Panamá con máquinas eléctricas lanzarrayos.

México, 3:00 tarde. -El general mexicano Victoria ha ocupado San Francisco de California en virtud del tratado de paz con los Estados Unidos... Hoy se firmará el pacto de la confederación latinoamericana...".

Fragmento de *Un viaje a la República Argentina en el siglo XXI* (1889). Nilo María Fabra.

b.
En parejas: hablemos de ciencia-ficción.

a. Pensamos en una historia (novela, película, etc.) de ciencia-ficción o futurista.

b. Escribimos unas notas breves sobre el argumento para poder contarlo.

c. Contamos el argumento a otra pareja y escuchamos el de su historia.

d. Comparamos las dos historias:

e. ¿Cuál es más realista? ¿Qué cosas son más difíciles de creer?

f. ¿Cuál es más original o imaginativa?

g. ¿Tienen algún "mensaje"? ¿Cuál?

Veinte mil leguas de viaje submarino es el título de una película basada en la novela de Julio Verne. Trata del misterioso capitán Nemo, que viaja por los mares a bordo de un submarino de tecnología avanzada, el Nautilus. El capitán Nemo ataca y destruye barcos, por lo que es confundido con un monstruo marino. En un intento de matar al monstruo un arponero es apresado por la tripulación del Nautilus y llevado a su base en una isla. El arponero consigue difundir la situación de la isla, que es finalmente localizada y atacada por un ejército. Al final muere el capitán Nemo a bordo de su submarino.

Se trata de una película muy realista. De hecho la novela se adelantó a su tiempo. Sin embargo, aparecen algunos monstruos de tamaño exagerado, lo cual no es muy creíble. La historia tiene un trasfondo filosófico. El capitán Nemo podría ser un ecologista frustrado y un tanto violento, pero tiene unos ideales muy interesantes.

Tertulia

¿La ciencia trae consigo bendiciones o maldiciones?

Transcripción pág. 183

• **ESCUCHA a tres entrevistadas y di a quién corresponde cada opinión.**

	1	2	3
a. Cada vez hay más adelantos científicos, pero eso no nos trae la felicidad.		X	
b. La ciencia es buena si se usa bien; depende de nosotros.			X
c. En algunos aspectos la ciencia es una bendición y en otros es una maldición.	X		
d. Los adelantos en la fabricación de armas en realidad son un atraso.	X		
e. No hay que oponerse a la ciencia.			X

• **¿Con qué opinión estás tú más de acuerdo? puedes usar estos argumentos u otros que se te ocurran.**

A FAVOR	EN CONTRA
- Mejor salud y expectativa de vida. - Mayor comodidad. - Mayores posibilidades de solucionar problemas. -	- Deshumanización. - Mayores desigualdades entre los que se pueden permitir la tecnología moderna y los que no. - La ciencia mal usada es peligrosa. -

• **Discute casos concretos; por ejemplo:**

• Adelantos en la investigación genética.
• Invención de nuevos materiales.
• Informática y telecomunicaciones.

Argumentos posibles
• Pueden contribuir a salvar muchas vidas pues permiten combatir enfermedades hasta ahora incurables pero también puede que la genética deshumanice la vida. Los científicos quizá lleguen a tener demasiado poder sobre la vida humana.
• Se crean cada vez más perfectos y con propiedades más interesantes. Muchas veces, sin embargo, no somos conscientes de los posibles peligros de los nuevos materiales. Estos no siempre se prueban lo suficiente antes de ponerlos a la venta.
• Las posibilidades de comunicaciones son casi ilimitadas. Internet es una herramienta poderosísima y se pone al alcance de cualquier ciudadano del mundo. Sin embargo, también está al servicio de maleantes que pueden utilizar la red para cometer delitos.

• **Se forman grupos.**

-Cada grupo nombra un moderador y elige un caso concreto (puede figurar o no dentro de los propuestos).
-Se hace una ronda durante diez minutos para que todos digan su opinión. El moderador toma notas y saca conclusiones. Todos juntos preparamos un resumen de nuestras opiniones.
-Un miembro del grupo lee el resumen para el resto de la clase.

Claves, Transcripciones y Modelos

Contenidos

■ Claves de algunas actividades de las secciones:
• *Comprensión auditiva*
• *Comprensión lectora*
• *Lengua*

■ Transcripciones de:
• audiciones
• secuencias del vídeo *España en directo*

■ Modelos orientativos:
• Taller de escritura
• Tertulia

2. Habla Verónica Sánchez.
Escucha esta entrevista de la actriz y contesta a las preguntas.

Entrevistadora: Verónica, es un placer tenerte hoy con nosotros y que nos puedas contestar a algunas preguntillas. ¿Estás preparada?

Verónica: Sí, sí, claro. Adelante.

Entrevistadora: ¿Eras buena estudiante en el colegio?

Verónica: La verdad es que sí. ¡Era una empollona!

Entrevistadora: ¿Qué asignaturas eran las que mejor se te daban?

Verónica: Las de ciencias. A los dieciocho años dudé entre la biología y el arte dramático.

Entrevistadora: ¿Y por qué te decidiste por lo último?

Verónica: Desde pequeña he visto mucho teatro y mucho cine. Me apetecía probar qué se sentía sobre un escenario y me apunté a teatro al final de COU.

Entrevistadora: Si no hubiese funcionado lo de ser actriz, ¿a qué otra cosa te hubiera gustado dedicarte?

Verónica: ¡Uff! ¡Buena pregunta! Me hubiese gustado ser bailarina, o estudiar filosofía o cultura dramática...

Entrevistadora: ¿A qué actrices te gustaría parecerte?

Verónica: Me fijo mucho en el trabajo de Carmen Maura y Cecilia Roth, las dos me parecen estupendas.

Entrevistadora: ¿Qué haces para estar en forma?

Verónica: Ahora mismo, nada. Vivo de las rentas, pero he sido muy deportista.

Entrevistadora: ¿Qué deportes practicabas?

Verónica: En el instituto corría y jugaba al baloncesto. Luego en la escuela de arte dramático hacía danza, esgrima, flamenco... Y todos los días iba y venía a la facultad en bici.

Entrevistadora: ¿Qué cosas te enamoran de un chico?

Verónica: La sencillez, la sinceridad, que sea divertido, inteligente... no sé, yo soy muy romántica, pero me cuesta enamorarme...

Entrevistadora: ¿Qué es lo que más te gusta de Fran Perea?

Verónica: Que es un gran actor, muy creativo, y siempre va más allá del guión. Y como persona, me gusta muchísimo su sentido del humor. Es muy divertido.

Entrevistadora: ¿Cómo es un día normal en tu vida?

Verónica: Un caos. Me levanto a las seis y media de la mañana y cuando me quiero dar cuenta... ¡se acabó el día!

Entrevistadora: ¿Cómo llevas la popularidad?

Verónica: Intento no darle importancia. Ojalá pudiera trabajar en el cine y no ser una persona famosa.

Entrevistadora: Cuéntanos alguna locura que hayas hecho.

Verónica: Con catorce años, me escapé para ver un concierto de rock.

Comprensión auditiva

1. La alimentación y la salud.
a. Antes de escuchar, CONTESTA a estas preguntas.

En esta actividad de preparación el alumno tendrá que expresar su propia opinión. Presentamos a continuación unas consideraciones generales sobre este tema, para ayudarle.
- Es un tema muy actual por la tendencia a la obesidad de las sociedades ricas. Lo que pasa es que se ha convertido en una obsesión para la gente y en un negocio; además, si se exagera, puede llevar a la anorexia.
- Los expertos desconfían de las dietas milagro: recomiendan ejercicio físico continuado y dietas racionales bajo control médico.
- Obviamente, sí. No todos los alimentos tienen las mismas calorías ni las mismas grasas.
- Porque favorece la hipertensión, el colesterol en sangre y las enfermedades respiratorias. Además, reduce la movilidad.

TRANSCRIPCIÓN. 2. Infórmate.
a. Escucha y contesta: verdadero o falso.

Ahora vamos a escuchar los consejos de un especialista sobre cómo adelgazar.

Locutor: ¿De qué depende el sobrepeso?

Especialista: El sobrepeso no sólo depende de lo que se come, sino también de factores endógenos, propios, en cada individuo. La talla, el grado de actividad física, la edad y ciertas peculiaridades fisiológicas pueden explicar una ganancia de peso distinta para personas que ingieren una parecida cantidad de alimentos.

Locutor: ¿Por qué unas personas engordan más que otras?

Especialista: El organismo almacena la energía que no utiliza en forma de grasa. Las personas mejor adaptadas para sobrevivir en situación de escasez de alimentos son aquellas que aprovechan mejor su energía y, por tanto, tienden a engordar, lenta pero inexorablemente.

Locutor: ¿No es cierto que la genética influye en que unas personas engorden más y otras menos?

Especialista: La genética influye, pero no menos cierto es que en familias en las que se tiene el hábito de comer en exceso la tasa de obesos es mayor... genética aparte. Dentro de ese difícil oficio de educadores que los padres tienen, ha de incluirse la tarea de guiar los hábitos y apetencias alimenticias de los hijos.

Locutor: ¿Y en qué medida influye la actividad que realizamos para ganar peso?

Especialista: Caminamos poco y nuestra jornada laboral muchas veces se desarrolla sentados... La lista de ejemplos sería interminable, pero la conclusión es una: la vida moderna conlleva menos ejercicio físico cotidiano.

Locutor: ¿La vida moderna hace que engordemos más?

Especialista: Se tiene poco tiempo para comer y la sociedad occidental ha inventado la llamada "comida rápida", cuyo contenido en grasas saturadas es por lo general alto. Se ha sustituido el agua por otras bebidas de contenido calórico más alto.

Locutor: ¿Qué consejos daría usted para perder peso?

Especialista: Si usted sufre sobrepeso, debe proponerse cambiar dos cosas en su vida: sus hábitos alimentarios y su tendencia al sedentarismo. Vigile cuánto come y lo que come, camine y haga ejercicio.

Taller de escritura

3. Dar instrucciones y consejos. **Modelo orientativo**
b. ESCRIBE unos consejos relativos al tema elegido. Cómo organizar tus estudios.

Organizarte bien puede ser una de las claves para obtener un mejor rendimiento en tus estudios. Aquí te proponemos algunos consejos:

En primer lugar, tienes que distribuir bien el tiempo. Reserva cinco minutos al día para la planificación de tus estudios. No dejes nada a la improvisación.

Por otro lado, procura no empezar por lo más fácil. Empieza por lo más importante. Así evitarás la ansiedad de que tienes pendiente una tarea, lo cual te puede bloquear.

Además, debes aprovechar los mejores momentos de tus biorritmos. ¿Estás despejado por la mañana? ¿Rindes mejor por las tardes? Si estás descansado y relajado, necesitarás menos concentración.

Otro consejo: empieza a estudiar con un vistazo general de los temas. Te ayudará a concentrarte y a introducirte en las materias que estés estudiando. Una idea general de lo que tienes que aprender te orientará mucho.

Finalmente, cuando estés cansado, haz una pausa, relájate y haz que la mente se recupere. No dejes que el cansancio se convierta en agotamiento, pero tampoco hay que distraerse manteniendo la atención en varias cosas a la vez. Disminuye el rendimiento y es poco eficaz.

España es... fruta

TRANSCRIPCIÓN.

Limones, peras, naranjas... Esto es una frutería y aquí trabaja Laura. Nadie sabe tanto de frutas como ella. ¿Lo comprobamos? ¡Vamos!

- Hola, buenos días. Por aquí, por aquí... ¡Hola, buenos días! ¿No le molesto? ¿Me puede atender?
- Sí, hombre. ¡Cómo no!
- ¿Cómo hace para saber a qué cliente le toca servir?
- Pues, normalmente, la gente pide la vez.
- ¿Tiene una máquina que da números?
- No, no, aquí el último que llega pregunta: "¿Quién es el último?" O dice: "El último, por favor." Y ya sabe...
- Bueno, pues yo creo que soy la última. ¿Qué frutas suelen tener a la venta?
- En invierno tenemos plátanos, naranjas, mandarinas... y luego en verano tenemos melones, sandías, tenemos fresas, cerezas...
- Hoy en día, ¿compramos mucha fruta por lo general?
- Depende, en verano se compra más, en invierno es más escasa la venta.
- ¿Qué frutas, viendo la variedad, se venden más?
- En verano se venden más los melones, las sandías, se venden también mucho las fresas... y en invierno, las naranjas y los plátanos es lo que más se vende.
- En su opinión, ¿cuáles son las ventajas de comprar en una frutería frente a un supermercado?
- Hombre, en los grandes almacenes la gente compra más a la vista: lo que es más bonito y no lo mejor. Yo, en cambio, aconsejo y como son clientes de toda la vida, pues conozco los gustos y les propongo.
- ¿Aquí cómo se compra, por kilo o a la pieza?
- Aquí se compra, normalmente, al kilo. Luego lo que pasa que con los melones y las sandías, por ejemplo, se compran la pieza y luego se pesa.
- ¿Cuánto me costaría un kilo de plátanos?
- Pues el kilo está a 2,40, está el kilo.
- ¿Y a cuánto me saldrían dos kilos de naranjas?
- Esas bolsas que son de dos kilos a 3 €.
- Bueno, pues póngame un kilo de plátanos y dos kilos de naranjas, para darnos un festín, ¿no?... ¿Cuánto es?
- Nada, esto se lo regalo yo.
- Muchísimas gracias. Hasta luego.

Comprensión auditiva

TRANSCRIPCIÓN. 2. Habla Ángel Corella.
a. Escucha y contesta.

Periodista: Buenos días y bienvenidos. Como es habitual en nuestro programa "Hispanos en la cima" en el que hemos entrevistado a figuras tan importantes como Ainhoa Arteta, la célebre soprano española, o a Benicio del Toro, el popular actor puertorriqueño que viven o trabajan en Nueva York; hoy vamos a hablar con Ángel Corella, el gran bailarín madrileño cuya residencia actualmente está en Nueva York, esta maravillosa y acogedora ciudad.

Ángel Corella: Hola, buenos días.

Periodista: ¿Qué le parece nuestra ciudad?

Ángel Corella: Creo que todo el mundo debería vivir una temporada aquí, aunque no sea para siempre. Esta ciudad me lo ha dado todo y estoy muy agradecido.

Periodista: ¿Tiene tiempo libre para disfrutar de Nueva York?

Ángel Corella: Bueno, en realidad, como ensayo entre ocho y diez horas durante seis días a la semana estoy bastante ocupado, aún así me encanta callejear por Union Square, que es un parque muy entretenido porque se ve de todo, o por la ribera del río Hudson. También me gusta callejear por Broadway, donde está la sede del estudio en el que ensayo en invierno. De camino a la sede del American Ballet Theater siempre me paro en Tower Records, mi principal debilidad neoyorquina. Me siento muy orgulloso cuando entro en esta tienda de discos y vídeos y veo un cartel de mi compañía de danza.

Periodista: ¿Utiliza algún medio de transporte para desplazarse por la ciudad?

Ángel Corella: Pues como estoy cerca de mi trabajo, normalmente voy caminando al Lincoln Center, que es la sede del American Ballet Theater. Bueno, y a veces utilizo el metro, que me parece fabuloso y donde se aprecia la diversidad de gentes que viven en Nueva York.

Periodista: ¿Qué es lo que más le sorprende de la ciudad?

Ángel Corella: La sensación es que Nueva York es el faro del mundo, todo lo que ocurre en los cinco continentes se refleja aquí.

Taller *de escritura*

3. Escribe una carta personal. **Modelo orientativo**
Has emigrado a otro país y llevas viviendo un mes en una ciudad nueva. ESCRIBE una carta (unas 150 palabras) a un/–a amigo/a, con el contenido siguiente:

Tours, 12 de septiembre de 2005

Querida Pilar:

¿Qué tal estáis tú y tu familia? Espero que muy bien.

Estoy en Francia, y trabajo en una empresa francesa en Tours. La oficina está en el centro de la ciudad. Yo vivo a las afueras en una casita que comparto con otros compañeros de trabajo. Por lo general, casi siempre vamos al trabajo en coche. Tardamos unos veinte minutos. Después del trabajo, a menudo nos quedamos por el centro para hacer alguna compra y después regresamos a casa.
Me he aclimatado perfectamente a mi nueva ciudad. Llevo viviendo en Tours solamente un mes y parece que llevo aquí toda la vida. Es una ciudad preciosa y la gente es muy hospitalaria. Tours no se parece mucho a mi ciudad natal, Valencia, pero me gustan mucho las dos, cada una en su estilo.

¿Sabes cómo conseguí este trabajo? Resulta que me presenté a una entrevista. Al terminar, me felicitaron y no sólo conseguí el empleo, sino que además aquí he conocido a mi novia.

Bueno, escríbeme pronto.

Besos,
Jorge

Tertulia

2. Tópicos
LEE estas frases que dice alguien que está en un país extranjero

a. b. c. Lo que este ejercicio pretende es provocar a los alumnos para que hablen de las diferencias culturales que existen entre los países respecto de los horarios de comidas, costumbres, hábitos, formas de divertirse y pasar el tiempo libre, edificios, tipos de casas, etc. En resumen, para que aprecien y valoren, pero sin ánimo de criticar las costumbres tan diversas entre una cultura y otra. Siempre desde un punto de vista constructivo y positivo. ¿A quién no le ha parecido raro o chocante, por ejemplo, la hora tan tardía (de dos a tres) a la que comemos y cenamos (de nueve a diez) los españoles?

Otra cosa que puede parecer chocante a los extranjeros que visitan España puede ser la cantidad de bares y cafeterías que hay y el horario tan amplio que tienen. También habría que mencionar la animación que hay en las calles en España a altas horas de la noche en contraste con otros países europeos donde a las siete de la tarde ya no hay nadie por la calle.

Otros temas que se pueden tratar serían: la edificación vertical, es decir, los bloques de pisos que predominan en la mayoría de las ciudades españolas, el sentido del humor, el tratamiento que se debe dar a las personas, la propina que se debe dejar, los coches, los medios de transporte, etc.

d. Debido a estas diferencias culturales a veces ocurren situaciones muy graciosas o malentendidos entre los turistas y la gente que vive en un país o ciudad. Por ejemplo, unos turistas salvadoreños visitan España y en el restaurante le piden al camarero que les regale un cenicero. Regalar en español significa dar sin recibir nada a cambio, o sea, como muestra de afecto. Obviamente, los salvadoreños le estaban pidiendo un cenicero al camarero porque iban a fumar y no había cenicero en la mesa. El camarero no entendió lo que le pedían y cuando terminaron de comer y se disponían a salir les regaló el cenicero envuelto en papel de regalo.

e. La frase "Donde fueres, haz lo que vieres" significa que hay que intentar comportarse de una manera parecida a la gente del lugar para evitar cometer un "error cultural".

3. ¿Dónde has estado?
En parejas B HABLA sobre una ciudad que A no conoce. Posible modelo.

A: ¿Qué tiempo hace en... en verano?
B: El clima aquí es muy suave, pero húmedo. Por el día hace muy buena temperatura, no demasiado calor. Por la noche refresca bastante y tienes que ponerte una chaquetita. Y como estamos en el norte llueve bastante.

A: ¿Cuál es la forma más rápida de moverse por la ciudad?
B: El metro es la forma más rápida y barata. Te puedes comprar un abono metrobús, que es un billete combinado que puedes usar en los dos medios de transporte y te sale más barato. También te puedes hacer un abono joven si tienes menos de dieciocho años.
A: Vale, ¿qué restaurantes típicos me recomendarías para probar platos caseros y que los precios sean económicos?
B: Por el centro, hay muchos restaurantes típicos, pero tienes que ver antes los precios que ponen fuera porque algunos son muy caros, ahí la comida es estupenda. Tal vez donde mejor se coma de tapas y barato sea en las tascas que hay cerca de la catedral. Luego te apuntaré los nombres.
A: No quiero resultar pesado, pero ¿cuáles son los sitios de interés que debo visitar durante mi estancia?
B: Por supuesto los dos museos de la ciudad, la catedral, la Plaza Mayor y las calles del casco antiguo. Callejeando descubrirás rincones preciosos.
A: ¿Cuándo son las fiestas de la ciudad? ¿En verano como en otras ciudades españolas?
B: Sí, claro. No te pierdas las verbenas por la noche ni los fuegos artificiales, el ambiente de fiesta es maravilloso, hay actuaciones musicales, feria, etc.

TERTULIA. ¿Es tu ciudad hospitalaria?
Posible modelo.

Vamos a hablar de Almería, nuestra ciudad, que es a la vez una ciudad muy turística y al mismo tiempo receptora de muchos inmigrantes que vienen a trabajar al campo como jornaleros.

Para empezar, hay que decir que Almería siempre ha sido una ciudad muy hospitalaria con todos aquellos que se acercaban a conocerla y a su vez ha sido ciudad de paso de aquellas gentes que venían a su puerto a tomar el transbordador para ir al norte de África. Por eso, su gente es afable, abierta y está acostumbrada a vivir con extranjeros.

Además, Almería es un lugar muy turístico que visitan cientos de miles de europeos al año. Su fama se debe, no sólo al maravilloso clima que tiene, sino también a sus estupendas playas y a toda la infraestructura hotelera que posee.

Sin embargo, Almería no es un simple destino de vacaciones, sino que cuenta con grandes campos de cultivos donde se producen frutas y hortalizas todo el año. Como se necesita mucha mano de obra para explotar los campos, Almería acoge a muchos inmigrantes que vienen a esta zona a ganarse la vida.

Por último, nos gustaría terminar reiterando el carácter amable y extrovertido de sus gentes que hacen que los extranjeros, que son muchos los que residen aquí todo el año, se sientan como en sus propias casas.

Comprensión auditiva

TRANSCRIPCIÓN. 1. La universidad para todas las edades.
b. Vamos a escuchar a estos tres estudiantes hablando sobre su experiencia universitaria.

Alumno 1: Ya antes de que me lo planteara mi mujer yo tenía muy claro que quería hacer Pedagogía porque en mi profesión vivo rodeado de chicos y chicas y les enseño cosas, así que Pedagogía es la carrera que me permite mejorar los servicios que presto y avanzar en mi profesión. Quiero aprovechar la oportunidad que desaproveché cuando era más joven y sacar el mayor partido posible a mis estudios. Me cuesta ponerme a estudiar, pero ya cuando me pongo, suelo estudiar unas 18 horas semanales.
Mis asignaturas preferidas son la Historia de la Educación y la Historia de la Cultura. Me parecen divertidísimas. Y la más odiada, una que yo me sé, que el profesor es un hueso...

Alumno 2: Bueno, yo escogí Geografía e Historia porque tenía las letras muy abandonadas y quería cubrir esta laguna mía particular. Ya estoy en 5º. Además, estudiar a mi edad me ayuda a ejercitar la memoria y el cerebro. No sé cuántas horas dedico al estudio. Suelo esperar a última hora, después de cenar, es cuando me concentro mejor, aunque cuando llevo tres horas estudiando ya no puedo más. A mí lo que me cuesta es leer los libros de Historia y preferiría que la información fuera más condensada. A mí se me dan bien la Geografía, la Filosofía y la Literatura, justo las que no tienen que ver con la Historia. Aunque para mí la peor asignatura es el Latín.

Alumno 3: En mi caso, he elegido Filología Italiana porque me gusta mucho la lengua, la cultura y la literatura italiana.
Lo que me resulta más difícil es el horario de 4 a 9 de la tarde. Estudio unas cuatro horas a la semana, además de hacer los ejercicios, traducir y leer libros. No es mucho, así que cuando lleguen los exámenes de junio tendré que apretar más.
Lo que mejor llevo es la redacción en italiano. En cambio el examen oral de italiano me sale fatal. En los exámenes orales soy un manojo de nervios: a veces me quedo en blanco. Antes de empezar el examen intento tranquilizarme, pero me resulta difícil.

Comprensión lectora

Punto de vista.
En parejas. Habla con tu compañero y CONTESTA brevemente a las preguntas.

a. A una actitud negativa: cansancio, pesimismo, pereza, inmovilismo, trabajo rutinario o repetitivo, conformismo, etc.
A una actitud positiva: energía, optimismo, confianza, esfuerzo, dinamismo, creatividad, etc.

b. Promoción, responsabilidades distintas, cambio geográfico (de oficina, de ciudad o de país), integración en nuevos equipos, trabajo con compañeros nuevos, áreas de trabajo nuevas, etc.

c. Correctas: traje de chaqueta, corbata para hombres, aseo y limpieza, pelo bien peinado, colores oscuros o clásicos.
Incorrectas: vaqueros, zapatillas de deporte, manchas o arrugas, pelo mal peinado, "piercings", demasiado maquillaje para mujeres, colores chillones, etc.

d. Los empleos de los ejemplos (poniendo copas, cuidando niños, en una hamburguesería) son típicamente trabajos mal pagados pero fáciles, para los que no hace falta tener mucho "currículum". Se han utilizado estos ejemplos para subrayar que cualquier trabajo viene bien, hasta los menos importantes.

e. Seguramente porque muchos directivos y empleados hablarán este idioma.

f. Se da a entender que estas escuelas de negocios son tan buenas que todos sus alumnos son buenos candidatos.

g. Del esfuerzo, el hábito de trabajo en equipo y la resistencia a la frustración.

Taller *de escritura*

3. Redacta una carta formal.   **Modelo orientativo**
Eres el Director de Recursos Humanos de una pequeña empresa y quieres solicitar información a un centro especializado en cursos de formación para empresas.

Carlos Barreda Alonso
Director de Recursos Humanos
Casa y Hogar

Estimados Sres. :

Me dirijo a ustedes para solicitar información sobre cursos de formación para los empleados de nuestra empresa. Hemos recibido inmejorables referencias suyas por parte de la señora García Planas, de la empresa Dirensa.

Estaríamos interesados en formar a veintitrés empleados nuestros en técnicas de venta e inglés comercial. Estos deberán tratar con clientes extranjeros en persona y por teléfono y realizar operaciones de compraventa de viviendas. Todos tienen estudios secundarios y ocho de ellos tienen titulación universitaria.

Nuestros empleados no están disponibles por la mañana, de modo que sólo podrían acudir a clase por las tardes, a partir de las seis. Asimismo, las sesiones no deben incluir los fines de semana, puesto que una parte importante de ellos son personas casadas y con hijos.

También debo advertir que dos de nuestros empleados tienen una discapacidad física y precisan silla de ruedas, por lo que deben utilizarse aulas adecuadas para ellos.

Le ruego que me informe a la mayor brevedad si pueden organizar un curso adaptado a nuestras necesidades y cuál sería el coste del mismo.

Sin otro particular, le saluda atentamente,

Carlos Barreda

 España en directo

España es... universidad

TRANSCRIPCIÓN.

Estudios universitarios. En este caso nos acercamos a la Universidad Complutense de Madrid. Vamos a abordar a algún estudiante y a hacerle un pequeño examen... Por allí veo a alguien y más a sus apuntes. ¿A por ella? Espero que no sea para un examen próximamente. A lo mejor molestamos un poco, todavía no tiene cara de susto...

- Hola, ¿cómo te llamas?
- María.
- ¿Estudias en la Facultad de...?
- De ciencias de la Información.
- ¿Y qué carrera estudias?
- Tercero de Periodismo.
- ¿Qué hay que hacer para entrar en la universidad?
- Pues mira, primero tienes que pasar un examen de Selectividad después del instituto. Luego con tu nota de Bachillerato y la nota del examen de Selectividad te hacen una media y con esa media si tienes suficiente, según las Facultades, eliges una carrera.
- ¿Y si no te llega la nota?
- Pues si la nota no te llega, o eliges otra carrera, o vuelves a repetir el examen de Selectividad en septiembre.
- ¿Cuántos años dura una carrera?
- Normalmente son cinco años pero también puedes hacer una diplomatura que es de tres años, ¿sabes?
- ¿Y cuántas asignaturas tienes?
- Pues mira, yo este año tengo catorce, pero básicamente son diez asignaturas, once obligatorias y luego algunas optativas.

- ¿Y cuántas horas a la semana?
- Un montón de horas. Son como seis o siete horas al día, de ocho de la mañana a tres. Y luego otra vez por la tarde. Y no sé, en total a la semana serán veinticinco horas o más.
- ¿Cuál es el sistema de exámenes?
- Pues bueno, depende: unas asignaturas te examinan por parciales, otras te lo juegas todo en junio, sí y otras que están muy bien porque te evalúan por trabajos que entregas, ¿sabes? y asistencia a clase. Y eso, que muy bien, pero son pocas.
- Y ya por último, ¿cuánto cuesta una carrera?
- Pues también depende, pero por ejemplo, la de Medicina creo que cuesta 1080 € al año.
- De Madrid no eres. Supongo que será aún más costoso estudiar aquí siendo de otra provincia. ¿De dónde eres?
- De Sevilla. Bastante más costoso.
- Pues nada, la sevillana y yo nos vamos a tomar algo, que ha pasado con creces esta prueba, este examen. Hasta luego.

Comprensión auditiva

TRANSCRIPCIÓN 2. Habla una psicóloga. ESCUCHA la audición y CONTESTA a las preguntas:

Kontxi Báez (Bilbao, 1960) trabaja como psicóloga en el Centro de Salud Mental de Rentería y, hace unos días, ofreció una conferencia en San Sebastián titulada *Adicciones psicológicas a las nuevas tecnologías.* Los problemas -que aún no están reconocidos científicamente como tales adicciones, pero que ya se han traducido en consultas médicas- están relacionados sobre todo con Internet, aunque también se pueden extender al teléfono.

Periodista: ¿Cómo se aprecia si una persona está enganchada?

Kontxi Báez: Es una cuestión de medida y autocontrol del sujeto. En el caso de Internet, el único dato objetivo que en este momento se está estudiando es un uso superior a 30 horas semanales en tiempo de ocio. Este tiempo puede implicar un problema. Respecto al teléfono, las consultas llegan de la mano de facturas muy altas, que pueden alcanzar los 3.600 euros.

Periodista: ¿Qué servicios de la red conllevan más problemas?

Kontxi Báez: Las aplicaciones que más problemas están dando no tienen que ver con la búsqueda de información, sino con las relaciones sociales virtuales que se establecen, concretamente con los chat, seguidos del correo electrónico y los juegos de rol en cadena.

Periodista: ¿Qué perfil psicológico tiene una persona adicta a Internet?

Kontxi Báez: Pienso que los problemas de quienes utilizan Internet en exceso son fundamentalmente emocionales. La red suele cubrir una serie de déficits de personalidad, como dificultades a la hora de relacionarse en la vida real, falta de autoestima, una introversión muy alta y una baja tolerancia al aburrimiento. Y es que una de las características de la red es que es anónima y, por tanto, es un espacio en el que el usuario se puede inventar una personalidad. Además, permite entablar y romper una relación de forma muy rápida, algo que no ocurre en las relaciones no virtuales.

Periodista:. ¿Cómo es el proceso de desintoxicación?

Kontxi Báez: Al principio, cuando se está estudiando por qué una persona tiene problemas de control con una tecnología, es importante que el paciente mantenga una abstinencia con un control externo. Una segunda fase consiste en descubrir qué carencias tiene la persona afectada.

Taller *de escritura*

1. Edelsa@edelsa.es
b. ¿De qué tipo de correo se trata en cada caso?

Personal, comercial y oficial (o administrativo).

c. Fíjate en las partes de los tres correos electrónicos y anota los elementos más importantes:

	Correo 1	Correo 2	Correo 3
Saludo	Querido José María: / Estimados señores: / Jefe de Personal Docente:		
Cuerpo del texto	Después del saludo y antes de la despedida.		
Despedida	Recibe un abrazo /Agradeciéndoles de antemano su respuesta, un cordial saludo/ A la espera de que esta solicitud pueda ser aceptada, se despide atentamente.		
Firma	Alberto / María Bermejo Martín / John Berger		

2. Escribir correos electrónicos.
ELIGE un tema concreto para cada tipo de correo y ESCRIBE tres correos electrónicos cortos.

a. Personal

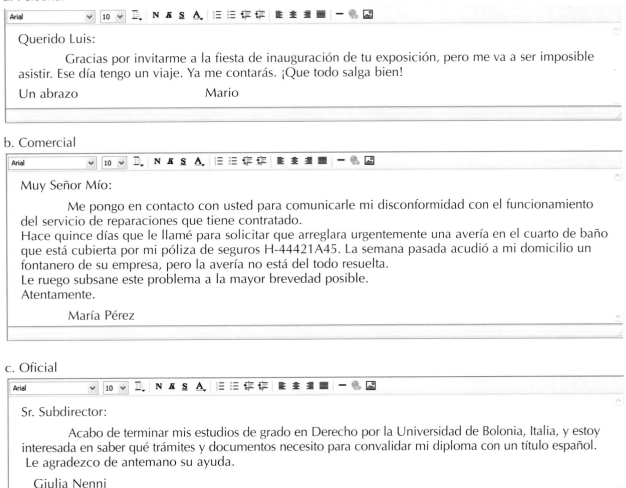

Querido Luis:

    Gracias por invitarme a la fiesta de inauguración de tu exposición, pero me va a ser imposible asistir. Ese día tengo un viaje. Ya me contarás. ¡Que todo salga bien!

Un abrazo   Mario

b. Comercial

Muy Señor Mío:

    Me pongo en contacto con usted para comunicarle mi disconformidad con el funcionamiento del servicio de reparaciones que tiene contratado.
Hace quince días que le llamé para solicitar que arreglara urgentemente una avería en el cuarto de baño que está cubierta por mi póliza de seguros H-44421A45. La semana pasada acudió a mi domicilio un fontanero de su empresa, pero la avería no está del todo resuelta.
Le ruego subsane este problema a la mayor brevedad posible.
Atentamente.

    María Pérez

c. Oficial

Sr. Subdirector:

    Acabo de terminar mis estudios de grado en Derecho por la Universidad de Bolonia, Italia, y estoy interesada en saber qué trámites y documentos necesito para convalidar mi diploma con un título español.
Le agradezco de antemano su ayuda.

    Giulia Nenni

Tertulia

1. Adicciones
b. A partir de los textos, REFLEXIONA Y RESPONDE acerca de diferentes aspectos del problema.

- De muchas formas, pero se ve cuando el afectado se aleja de su mundo y de su vida normal.
- A veces alguien que huye y es débil, pero con frecuencia son también personas normales.
- Quienes tienen baja autoestima y los que necesitan evadirse.
- Aquella que te anule la personalidad, no puedas controlar y te cambie la vida por completo.

TERTULIA: ¿Cómo remediar las adicciones "modernas"?
En esta tertulia se persigue que todos los temas que se hayan abordado en la unidad salgan a la luz y que participe toda la clase en un debate sobre una cuestión tan actual. Es conveniente fomentar que los alumnos defiendan ideas o experiencias personales y que empleen sus propias palabras.
Cómo se forman los grupos: el profesor pregunta primero de qué adicción quiere hablar cada alumno y distribuye a los estudiantes por temas.
No se trata sólo de buscar soluciones o alternativas entre todos, sino de ir más allá, hablando del problema previo a la adicción: averiguar qué es lo que la adicción está tapando.
Para ello, en cada grupo todos sus componentes pueden escribir muy rápidamente -en dos líneas- cuáles piensan ellos que pueden ser las causas y las soluciones.

Comprensión auditiva

2. En una comisaría.

a. Beatriz está haciendo una denuncia en una comisaría cerca de su lugar de trabajo. Escucha y contesta verdadero o falso.

Beatriz: Perdone que le interrumpa, vengo a denunciar un robo.

Funcionario: ¿Qué clase de robo?

Beatriz: Me han robado el bolso.

Funcionario: Bueno, pues vamos a rellenar la denuncia. Dejamos los datos personales para después. Ahora cuénteme, ¿cómo es el bolso?

Beatriz: Pues es un bolso grande, de piel, de color negro... Tiene una cremallera.

Funcionario: Me tiene que decir el valor aproximado del contenido del bolso. ¿Qué llevaba?

Beatriz: Llevaba la cartera con dinero, tarjetas de crédito, mis carnés, todo.

Funcionario: ¿Cuánto dinero en metálico?

Beatriz: Unos ciento cincuenta euros. Debería haber llevado menos dinero encima.

Funcionario: ¿Ha llamado ya para anular las tarjetas de crédito?

Beatriz: Sí, es lo primero que he hecho.

Funcionario: ¿Y cómo sucedió el robo?

Beatriz: Fue ayer al salir del metro. Había mucha gente y de repente noté un empujón y estuve a punto de caerme. Alguien me agarró y cuando me puse de pie mi bolso ya no estaba. No vi a nadie llevárselo. Nadie lo vio.

Funcionario: Tendría que haber denunciado el robo inmediatamente. Y siento que le hayan robado, pero debería haber tenido cuidado. Los sitios con mucha gente son los más peligrosos para los robos así.

Beatriz: ¿Y cree que podré recuperarlo?

Funcionario: Siento decirle que eso es muy difícil.

b. Se divide la clase en parejas. La mitad de las parejas REPRESENTA una escena en la que se denuncia un robo.

Este juego de rol permite a los alumnos reutilizar muchos de los elementos vistos anteriormente, tanto el léxico (ver dibujo) como las estructuras y expresiones que aparecen en la audición que les sirve de modelo. En efecto, la audición les facilita la secuenciación con la que se va a desarrollar la escena. Primero saludar, decir el motivo por el que uno acude a la comisaría, decir el nombre y explicar dónde y cómo ocurrió el robo. Al final se cotejan los partes de robo y los partes de objetos encontrados para fomentar la interacción.

TRANSCRIPCIÓN. 3. Detección de vehículos robados.

c. Ahora lee estas preguntas, escucha esta noticia de la radio y contesta:

La Guardia Civil ha empezado a operar en todo el territorio nacional con un sistema de detección de vehículos robados cuya eficacia es del cien por cien. Permite la localización de un coche robado en prácticamente la totalidad de la Unión Europea y en los países de la antigua Unión Soviética.

El dispositivo ha sido seleccionado por el Ministerio del Interior tras un periodo de pruebas de distintos sistemas. En una de las pruebas llegaron a introducir un automóvil en un contenedor metálico, éste en un camión y todo escondido en el interior de un edificio. En este caso, la Guardia Civil tardó treinta minutos en encontrar el coche. El tiempo máximo utilizado en una localización de la red mundial de este sistema es de seis horas y lo emplean ya unas 1.900 instituciones policiales de todo el mundo. Con este dispositivo se trata de reducir el número de vehículos robados en España, que el año pasado fue de 173.000, con un valor de 1.500 millones de euros. El Detector empleado por la Guardia Civil requiere por parte del propietario del vehículo una inversión de 590 euros, y un contrato a uno, tres ó cinco años, de 180, 450 y 600 euros, respectivamente. Se instala, principalmente, en vehículos de gama media-alta.

3.b. BUSCA ejemplos de las características siguientes.

a. "¿Para qué?" (S. Ramos) / "¿Ustedes se lo creen?" (M. Álvarez) "¿no será porque...?" (P. Tortosa)

b. "...habrá que ver cómo se aplica..." (A. Moreno) / "¿No será porque...?" (P. Tortosa)

c. "De nuevo más mentiras" (P. Tortosa)

d. "Carreteras mal trazadas... horas punta... Estoy seguro de que el gobierno también atajará..." (M. Álvarez)

e. "España es un país donde se dan palmas a los que se saltan las normas..." (A. Moreno) / "...todos esos conductores son unos kamikazes o unos asesinos..." (P. Tortosa)

f. "Así da gusto, ¿verdad?" (S. Ramos) / "Así demostrará que lo importante no es recaudar". (M. Álvarez)

4. Intervenir en un foro.   **Modelo orientativo.**

ESCRIBE una intervención en el foro. Utiliza el vocabulario o las expresiones de los ejemplos y DESARROLLA una de estas ideas.

- ¡Cómo nos gusta emplear argumentos demagógicos! De acuerdo que los conductores no son los únicos que se saltan a la torera los códigos y las leyes, pero ¿tiene las mismas consecuencias la falta de un carpintero que se equivoca en las medidas de una puerta y la del conductor que conduce a ciento setenta kilómetros por hora? Evidentemente, no. Los conductores tienen en sus manos sus vidas y las de los demás. Por eso deben tener especial cuidado. Además, no es cierto que nadie más que los conductores pierda su título por cometer faltas. La ley castiga algunas faltas graves con periodos de inhabilitación para ciertos cargos o trabajos.

- Parece que merece más la pena robar coches que conducirlos un poco más rápido de lo que nos mandan unos señores funcionarios. Los ladrones entran por una puerta al juicio (si es que llegan a atraparlos) y salen por la otra. Les sale gratis. Y sin embargo, los conductores están expuestos a unas multas que a muchos les cuesta pagar.

- ¿Qué es lo que más teme un conductor? Si estáis pensando en la niebla, o la nieve, o el hielo en la carretera os equivocáis. Es la Policía de Tráfico. Muchas veces en lugar de mirar la carretera, los conductores tienen que ir mirando a los lados, para ver si hay policías apostados al borde, preparados con el radar para poner multas. ¿No es peor el remedio que la enfermedad? ¿No estaríamos mejor y conduciríamos más a gusto sin policía? Por lo menos la policía debería preocuparse más de ayudar al conductor que "cazarlo".

- Cuando te quitan el carné, ¿qué pasa? Pues si tienes dinero, nada. Te examinas otra vez, pasas el examen y pagas, y ya está. Si eres pobre, lo mismo, pero con la diferencia de que el dinero no lo consigues tan fácilmente. Es injusto que todos tengan el mismo castigo. Sacarse el carné cuesta mucho dinero hoy en día, y no todos lo tienen.

Tertulia

3. ¿Denunciar o no denunciar?

a. ESCUCHA esta llamada de un oyente de un programa radiofónico y CONTESTA a las preguntas.

Llamo para hablar del tema de la responsabilidad compartida. Les voy a contar mi experiencia y cómo lo veo yo. Miren ustedes, el otro día voy al cine y en la pantalla me advierten que tengo obligación de denunciar a los que estén grabando la película. Es más, que si no cumplo con la obligación de denunciar se me puede considerar cómplice.

Otro caso. Mi hijo vuelve de Suiza y me cuenta que el acompañante de un conductor bebido es considerado responsable si va bebido y le quitan puntos de su carnet. Fíjense. Esto, por lo visto no se hace extensivo a las plazas de atrás, así que me imagino que todos los borrachos se las disputarán. Y digo yo: para mí que cada palo aguante su vela. ¿Por qué han de pagar justos por pecadores? El que grabe una película en el cine, que lo pillen si pueden, lo mismo para el que conduce borracho. Pero, ¿qué culpa tienen los que van a su lado? No sé dónde vamos a acabar con todo esto de la responsabilidad compartida. Muchas gracias.

Comprensión auditiva

TRANSCRIPCIÓN. 2. Infórmate.
a. Escucha y contesta. Corrige las frases que no sean verdaderas.

Habla el profesor colombiano Omar Darío Cardona, director del Centro de Estudios sobre Desastres de la Universidad de los Andes, en Bogotá.

Periodista: ¿Se esperan próximas catástrofes naturales?

Omar Darío Cardona: Sí, por supuesto. Podemos predecir con bastante certeza que los fenómenos naturales que causan desastres no sólo aumentarán en su gravedad, sino también en su frecuencia.

Se espera que el próximo año irrumpa otra vez el fenómeno de "El Niño", aunque sea de manera moderada, y los principales afectados serán probablemente Indonesia, Perú y el noreste de Brasil. No obstante, a pesar de que los países están un poco mejor preparados para enfrentar una situación de desastre, el problema sigue siendo lo que llamamos la *vulnerabilidad*.

Periodista: ¿A qué se refiere el concepto de *vulnerabilidad*?

Omar Darío Cardona: La idea de vulnerabilidad permite asociar aspectos sociales con naturales, la vulnerabilidad de comunidades humanas y de sistemas naturales conjuntamente.

El problema de los desastres naturales en Latinoamérica, por ejemplo, es que hay comunidades que viven en sitios particularmente afectables: lechos de ríos, zonas desertificadas, porque son las más baratas. Y entonces a la catástrofe natural hay que sumarle la vulnerabilidad de estas zonas, por lo que el problema se agrava todavía más.

Periodista: ¿Existe alguna forma de prevenirlos?

Omar Darío Cardona: Perú y Ecuador han tomado ya algunas medidas de prevención, al igual que en el noreste de Brasil. Pero por si fuera poco también hay cultivos que provocan desertización y que no están destinados a la alimentación del país en cuestión. Naturalmente los países desarrollados son responsables de una parte central del problema y eso da una dimensión ética al problema que deben resolver dichos gobiernos.

Periodista: ¿Y han conseguido mejorar en algo la prevención de las catástrofes?

Omar Darío Cardona: Bueno, si consultamos nuestros datos observamos que en la década de los 90, por ejemplo, dos mil millones de personas se vieron afectadas por estos desastres naturales, perdieron su casa, contrajeron enfermedades o debieron emigrar. Por otra parte, somos testigos de que han disminuido muchísimo las muertes por catástrofes naturales, pero ha aumentado enormemente el número de damnificados, lo cual se debe a la vulnerabilidad de determinadas regiones y de grupos humanos.

Por mucho que nos empeñemos, nosotros, como científicos, no influimos demasiado en las esferas de poder. Nosotros únicamente manejamos probabilidades y, lamentablemente, el mundo político toma decisiones sólo cuando hay certezas. Por eso reaccionan cuando ya se han producido los desastres, sin embargo, cuando les advertimos del peligro de que pueda haber uno, dudan en tomar las medidas.

Taller *de escritura*

2. ¿A quien han consultdo entonces?
b. Para cada una de las situaciones siguientes, ESCRIBE un comentario irónico y una pregunta retórica

a. ¡No es casualidad que el diario se muestre en contra de la construcción de la autovía justo cuando se ha dado a conocer su trazado!
- ¿Qué línea argumental tan débil mantiene el diario "La Nación" que cambia de parecer de la noche a la mañana?
b. ¡No me había dado cuenta de que los pájaros son diferentes dependiendo de dónde vivan!
-¿Acaso se merecen las pobres palomas la campaña de exterminio que están sufriendo porque defecan en los edificios gubernamentales?
c. No me había dado cuenta de que la muerte de miles de pájaros y aves fuera un tema por el que no habríamos de preocuparnos.
-¿Quiere decir realmente el portavoz de la empresa que no existe ninguna conexión entre los vertidos químicos y la muerte de miles de peces y aves?

3. Redacta una carta protesta.   **Modelo orientativo**
ESCOGE un de estas dos situaciones y ESCRIBE una carta de protesta sobre el suceso.

León, 5 de abril de 2005

Sr. Director:

Me dirijo a su periódico para expresar mi gran preocupación por la progresiva desaparición de una especie protegida y casi única en Europa, como es la de los osos pardos.

Todos sabemos que Picos de Europa es uno de los parques naturales de España más conocidos por su belleza paisajística y por sus osos pardos, entre otras especies.

En toda la cordillera cantábrica sobreviven unos ochenta osos pardos, pero hoy día no hay constancia de que ninguno hiberne ni se reproduzca dentro de los límites del parque. Sin embargo, en agosto de 1999 se detectaron cuatro osos vagabundeando "en tránsito" por el sector meridional de los picos, lo cual nos aporta cierta esperanza a los amantes de estos bellos animales.

Comprendemos que la agricultura y la ganadería son dos fuentes de riqueza que no hay que desdeñar, pero ¿no es cierto que cada vez encontramos más cercas y terrenos vallados que impiden que los animales se muevan en libertad? ¿No sería esta una de las principales razones por la que el número de osos está decreciendo?

Es comprensible que al ser un parque de extraordinaria belleza haya mucho turismo que busque formas diferentes de ocio. Pero, al final del verano se recogen miles de toneladas de basura y cada vez con mayor freguencia se producen pequeños incendios forestales esporádicos debidos al calor y al mal uso de las zonas de recreo. Todo esto unido a los grandes proyectos de construcción de macropistas de esquí, centros comerciales, hoteles, etc., ocasiona que muchas especies que tenemos en peligro de extinción, no sólo en España sino en el mundo entero, estén desapareciendo progresivamente.

Por todo lo expuesto anteriormente exigimos al gobierno central y regional que tomen medidas para que esta situación de deterioro se corrija lo antes posible y no tengamos que lamentarnos cuando se haya perdido el último ejemplar de oso pardo.

Le saluda atentamente,

José Pertierra

Tertulia

TRANSCRIPCIÓN. 2. El huracán Mitch y la ayuda humanitaria
b. ESCUCHA estos datos sobre el huracán Mitch y la ONG Acción Contra el Hambre y RESPONDE a las preguntas.
El huracán Mitch se desencadenó en el Caribe en 1998, fue clasificado en la categoría 5, la más alta de estos fenómenos atmosféricos. Así, se convirtió en el cuarto huracán más potente del siglo pasado y, sin duda, el más mortífero de la centuria. Afectó a varios países de Centroamérica, sobre todo a Honduras y Nicaragua. Varias ONG actuaron rápidamente, entre ellas ACCIÓN CONTRA EL HAMBRE.

La vocación de ACCIÓN CONTRA EL HAMBRE es la de salvar vidas combatiendo el hambre, la miseria y las situaciones desesperadas que suponen una amenaza para hombres, mujeres y niños. Interviene de forma directa en más de 40 países de los cinco continentes, con equipos de cooperantes (400 en total), especialistas en nutrición, agricultura, salud pública, agua y saneamiento así como empleados locales. La capacidad de los más de 5.000 empleados locales es la base que sustenta ACCIÓN CONTRA EL HAMBRE para desarrollar proyectos educativos adaptados a las necesidades de los afectados.

TERTULIA. La ayuda a los países pobres, víctimas de catástrofes naturales: ideas para reflexionar.
a. Las ayudas deben canalizarse de modo que lleguen realmente a la gente necesitada.¿Cómo suelen desviarse los fondos? ¿Quiénes son normalmente responsables?
b. Ayudar a los más necesitados con programas de nutrición y salud, transmitir la realidad de la situación para mover las conciencias de ciudadanos y gobiernos de los países industrializados.
c. Es necesario pagar precios justos por las materias primas de los países en desarrollo e invertir en proyectos empresariales creando puestos de trabajo y riqueza. Es interesante el reciente acuerdo de los países ricos de perdonar la deuda de los países más pobres.

Comprensión lectora

Punto de vista:

a. Respuesta libre.
b. Son de clases sociales muy distintas. También hay diferencias culturales muy grandes. El cartero apenas lee libros. Sin embargo, les acerca el hecho de vivir cerca, en la Isla Negra, y quizá un romanticismo que les hace sentir una cierta afinidad. Don Pablo es una celebridad. Mario quiere que le escriba poemas para enamorar a Beatriz, pero el poeta sabe que acompañando a Mario al bar le va a ayudar más todavía, porque eso hará que la chica se fije en Mario.

 Lengua

1. TRANSFORMA en exclamativas estas frases con pronombres exclamativos o con <u>tan</u> / <u>tanto</u>.

a. ¡Cómo / Cuánto te he echado de menos! / ¡Te he echado tanto de menos!
b. ¡Qué grandes son sus ojos! / ¡Sus ojos son tan grandes!
c. ¡Cuántas cartas le he enviado! / ¡Le he enviado tantas cartas!
d. ¡Qué mona es tu prima! / ¡Tu prima es tan mona!
e. ¡Cuántas ganas tengo de verte! / ¡Tengo tantas ganas de verte!
f. ¡Cuánto deseo estar junto a ti! / ¡Deseo tanto estar junto a ti!
g. ¡Qué sorpresa más / tan grande me llevé! / ¡Me llevé una sorpresa tan grande!
h. ¡Qué pena que ya no tenga veinte años!

3. ORDENA las palabras de cada frase.

a. Se le ha caído un botón de la camisa a tu hijo.
b. ¿Quiere que le guarde el abrigo?
c. Pedí que nos reservaran la mejor mesa del restaurante.
d. Se nos olvidó llamar para confirmar la reserva.
e. Espero que se les ocurra a Vds. una idea mejor.
f. No pudimos ver la película porque se nos estropeó el DVD.

Taller *de escritura*

1. Albertina Rosa.
b. SEÑALA en qué carta aparecen las siguientes ideas, y con qué expresiones.

Se observa de la 1 a la 6 un proceso que va de la pasión amorosa al desengaño y el desamor.
a. 4: "No sé qué cosas te habrán contado..." deja entender que Albertina en su anterior carta le acusa de infidelidad.
b. 6: "No quiero hablarte del daño que me has causado..."
c. 6: "Olvídame y créeme que sólo he querido tu felicidad."
d. 1: "...la ansiedad de volver a tenerte..." "Te beso con todo mi corazón"
   2: "...todo me hace falta hasta la angustia..."
   3: "...mi necesidad de ti, mi sed de ti..."
e. 3: "...no se me ocurre nada digno de Arabella" "cuando ando por el pueblo tan definitivamente triste..."
f. 2: "...cuento los días. No faltan muchos días para que..."
g. 6: "...quiero ...pedirte algunas cosas", "Deseo además que destruyas las cartas..."
h. 2: "¿Qué harás a esta hora..."; 3: "¿Estudias?"
i. 1: "Mi mocosa" ; 2: "Cotorra querida".

4. Redacta una carta personal.
Escribe una carta a una persona especial para ti.

Querida Eloísa:

      Tengo muchas ganas de verte. Te echo de menos a todas horas. Sigo trabajando mucho aquí en Finlandia. Me va bien y estoy ahorrando bastante, pero me aburro mucho. Espero que merezca la pena. Dentro de tres meses tendré vacaciones y podré ir a verte. ¿No es un sueño?

      A veces me pongo a pensar en lo que estarás sintiendo tú, lo que estarás haciendo. ¿Seguro que no te olvidas de mí? Me pongo triste al pensar que a lo mejor me has olvidado. Por eso me gustan tanto tus cartas. Mientras las leo estoy seguro de que, al menos durante el rato que has pasado escribiendo, has estado pensando en mí.

      Ayer por la noche pensé en un poema. Te lo dedico:

          Radiante de día y misterio de noche
          tus ojos profundos me hacen perder
          el sentido. ¿Qué le voy a hacer?
          Si de mi alma dispones.

Escríbeme muy pronto y dime muchas cosas de ti. Quiero saber todo lo que haces, ¿vale? Muchísimos besos.

      Valentín.

Tertulia

1. ¿Cómo se conocieron?
a. Escucha esta entrevista en la que una mujer nos cuenta cómo conoció a su marido y cómo se enamoraron. Escucha y contesta: verdadero o falso.

Susana: Beatriz, ¿cómo conociste a Jorge?
Beatriz: En realidad, nos conocimos en el colegio. Lo que pasa es que éramos muy pequeños entonces, él salía con sus amigos y yo con mis amigas. Pero varios años después nos vimos en una fiesta en casa de un amigo común.
Susana: Y te gustó, ¿verdad?
Beatriz: La verdad es que sí. Estaba muy guapo y divertido. Me hacía reír mucho. Estuvimos todo el rato juntos, bailando y charlando. Al despedirnos me pidió mi teléfono. Y a los tres días llamó y quedamos para salir.
Susana: ¿Os hicisteis novios enseguida?
Beatriz: Bueno, ya sabes. Éramos muy jóvenes al principio y no pensábamos en un noviazgo serio, y menos en boda, pero el tiempo pasó y nos fuimos encariñando.
Susana: Pero tuvisteis problemas de novios, ¿verdad?
Beatriz: ¡Uy, ya lo creo! Una vez nos peleamos y lo dejamos. Fue un disgusto terrible. Y total, fue por una tontería. Ya ni me acuerdo exactamente qué fue.
Susana: ¿Tardasteis mucho en hacer las paces?
Beatriz: Menos de un mes. Yo le echaba mucho de menos, y él a mí también. Total, que un buen día me llamó y me dijo que sentía mucho que nos hubiéramos peleado, y que lo perdonara por lo mal que se había portado, que era una pena que perdiéramos lo nuestro. En definitiva, que quería que volviéramos.
Susana: Y tú le dirías que sí, supongo.
Beatriz: Bueno, al principio me hice la dura, pero yo le quería muchísimo, así que todo quedó olvidado. Nos casamos un año después, y nada, hasta la fecha. Llevamos diez años casados.

TERTULIA. ¿La convivencia acerca o separa a las parejas?

Ejemplos de argumentos.
- La convivencia normalmente une a las parejas, pero a veces es difícil y acaba por separar. Yo más bien diría que la convivencia lo que hace es permitir que uno se enfrente a la realidad. De novios todo es bonito y la gente vive como en un sueño. Luego viene la convivencia diaria y es ahí donde se conoce a alguien de verdad. Cuando dos personas son totalmente incompatibles, pues no pueden convivir. Y no es que lo diga yo, sino que ahí están los ejemplos. Conozco a una pareja que estuvieron de novios siete años y se llevaban de maravilla, pero tres meses después de casarse ya se habían separado.

Comprensión lectora

3. Una revolución pacífica.
LEE de nuevo el texto y CONTESTA a las preguntas.

a. Que el coronel don Mariano Tristán hubiera vivido muchos años más.

b. Viviría cómodamente en una bella mansión rodeada de parques, en Vaugirard y estaría casada con un burgués.

c. El hambre y conceptos como discriminación y explotación. (Todas aquellas cosas que debió aprender por necesidad).

d. Tal vez, aunque no es seguro.

e. Una niña de buena familia era educada para pescar marido y ser una buena madre y ama de casa.

f. Ocupada en su guardarropa, cuidando sus manos, sus ojos, sus cabellos, su cintura, haciendo una vida mundana y frívola.

g. Sería una persona guapa mantenida por un marido y encerrada en ese mundo, ajena a todo lo demás y sin ninguna inquietud intelectual.

h. "Máquina de parir, esclava feliz, irías a misa los domingos, comulgarías los primeros viernes y serías, a tus cuarenta y un años, una matrona rolliza con una pasión irresistible por el chocolate y las novenas".

i. Llevando a cabo una revolución pacífica y uniéndose a los otros explotados.

j. Florita prefiere que su padre haya muerto porque de esta forma ha conocido cosas que de haber llevado otro tipo de vida no habría conocido.

k. 2

Comprensión auditiva

3. Hablan tres mujeres.
a. Escucha los testimonios y completa las fichas con la información que falta.
Treintañeras de regreso a casa: Hijos sí, despachos no.

Tienen altos puestos de dirección en su currículum, pero lo han abandonado todo. No quieren dejar en manos de otros la educación de sus hijos. ¿Qué está ocurriendo? ¿Por qué ellas deciden claudicar? ¿Qué modelo familiar van a transmitir a sus hijos? Tres mujeres nos lo cuentan.

Me llamo Ana Hernández. Tengo 33 años. Soy licenciada en empresariales. Ex vicepresidenta del banco francés Société Générale. Tengo tres hijos de seis, cuatro y un año. ¿Los motivos por los cuales decidí dejar el trabajo? Pues porque el día que ascendí supe que mi carrera se había acabado ahí. Los hombres no tienen que elegir. Mi vida era una gincana. Fue un alivio abandonar el trabajo. Lo dejé por pura supervivencia. Llegaba de un viaje de madrugada y al día siguiente tenía que estar "repartiendo niños" a las siete de la mañana. El mundo laboral te pide que viajes, y si tu marido está en la misma situación, los niños viven desatendidos. Es posible que me reincorpore al trabajo en unos años, pero con un trabajo que me permita estar con mis hijos. Puede que me dedique a la formación o al teletrabajo.

Mi nombre es Laura Ortiz. Tengo 34 años. Soy licenciada en Periodismo y Ciencias Políticas y cofundadora de la Asociación Natalidad y Trabajo. Hablo tres idiomas con fluidez: inglés, francés y alemán. Tengo tres hijos de siete, dos y tres meses. ¿Que por qué ya no trabajo? Creo que es imposible compaginar el trabajo y la familia. Llegar a casa y ponerte a educar a los hijos a las ocho de la tarde es una barbaridad. Yo soy consciente de que cuando dices que has dejado el trabajo la gente te mira mal, es como volver a la cocina después de una revolución. Al año de estar con mi hija busqué una ocupación que me permitiera estar más con ella, pero fue imposible, nadie te lo pone fácil. Al final decidí no pasar por el aro, no estoy dispuesta a que otros eduquen a mis hijos.

Me llamo Teresa Ruiz. Tengo 30 años. Soy licenciada en Márketing. Trabajé ocho años en investigación de mercados internacionales. Tengo una hija de 22 meses y otro recién nacido. ¿Mis motivos para dejar de trabajar? Pues es que toda mi vida he enlazado los trabajos, así que ahora me apetece ser ama de casa. Además el sentimiento de culpabilidad me traumatizaba porque no cumplía ni con mis hijos ni con el trabajo. Llegar a casa y encontrar dormida a mi hija era horrible. Se habla del tiempo de calidad, estoy una hora con mi hijo, pero esa hora es estupenda... A mí, me parece absurdo, no quiero perderme los años cruciales en la vida de mis niños. Probablemente lo más difícil sea la falta de independencia económica, pero la mía es una elección libre.

Taller *de escritura*

3. Redacta una carta al director: **Modelo orientativo.**
Escribe al director de la revista expresando tu punto de vista y dando ejemplos.

Estimado Director:

Indudablemente se ha avanzado mucho en la equiparación de la mujer en el mundo laboral. Sin embargo, queda mucho por hacer, quizá porque venimos de un pasado muy injusto.
Ya es hora de que la igualdad de la mujer se considere un derecho natural y no haya que reivindicarla.
Actualmente se toman medidas de discriminación positiva destinadas a favorecer la incorporación de la mujer al trabajo. Resulta evidente que lo ideal sería que no hiciera falta ningún tipo de discriminación. No obstante, cabría preguntarse si podrían mantenerse los niveles de igualdad actuales sin medidas como las descritas. Está claro que todavía no. Apenas hace dos generaciones había muchos ámbitos laborales totalmente cerrados a la población femenina. Sería injusto que se le negara a la mujer el pequeño empujón que las medidas de discriminación positiva suponen.
Me parece que quienes se quejan en realidad querrían volver a situaciones del pasado. Es una vergüenza que todavía haya gente que pregona que la mujer donde mejor está es en su casa. Resulta evidente que la mujer es imprescindible en casa, pero cada vez lo es más, también, en el lugar de trabajo y habría que felicitarse por ello.

Victoria Cerezo

Tertulia

1. Estilos de vida.
a. LEE estos recortes de revista.

En este apartado se exponen los tipos de familias más corrientes en la actualidad.
- **La familia monoparental** es aquella en la que los hijos viven con un solo miembro de la pareja, normalmente debido al divorcio o separación de los progenitores. Cada vez hay más familias monoparentales, sobre todo de madres viviendo con hijos.
- **La pareja de hecho** es aquella que decide no casarse o formalizar su situación pero que quieren tener los mismos derechos legales que el resto de las parejas, como por ejemplo el derecho a heredar si el otro miembro de la pareja fallece.
- **La pareja homosexual** es la formada por dos hombres o dos mujeres que viven juntos. Actualmente, se acaba de aprobar una ley en España que permite a los homosexuales casarse.
- Un tipo de "familia" que está muy en auge en este momento es el de **las solteras** o **solteros**, que son personas que deciden no casarse ni emprender una vida en pareja, pero que disfrutan de sus vidas a su manera, es decir, hacen lo que les gusta y llevan una vida social muy animada.
- Los tipos más corrientes de familias son: **la familia tradicional** y **la familia moderna**.

Comprensión auditiva

2. Habla un infiltrado.
b. ESCUCHA y CONTESTA a las preguntas.

Periodista: ¿Cómo es tu vida desde que ha aparecido el libro? ¿Has tenido que tomar muchas precauciones?
Antonio Salas: La verdad es que sí. Es casi tan estresante como cuando estaba infiltrado.
Periodista: ¿Te costó mucho actuar como ellos para que no te descubrieran?
Antonio Salas: Me costó más "pensar y sentir" como ellos para que no me descubrieran.
Periodista: ¿Podríamos decir que la mayoría de "skin-heads" son de clase alta y media-alta?
Antonio Salas: Precisamente esa fue una de las cosas que más me sorprendió. Yo creía que eran sólo un grupito de cabezas huecas, y me aluciné encontrarme cantidad de abogados, programadores informáticos, licenciados, etc.
Periodista: ¿En realidad qué quiere un skin? ¿Se aburre en casa? ¿Se siente inferior a otros? ¿No tiene bastantes problemas con su propia vida?
Antonio Salas: Lo que tú, yo, y el resto del mundo. Ser feliz. Que le quieran, que le respeten. Tiene tantos sueños, miedos y esperanzas como tú o yo, sólo que diferentes a los nuestros. Se siente protegido, fuerte, temido, dentro de la manada. Sueña con un mundo más recto, ordenado, sin mezclas ni mestizajes. Y se deja manipular por los que le venden esos sueños, a cambio de su fidelidad, su obediencia o su dinero. En el fondo no son tan diferentes del resto de las tribus urbanas... sólo son más violentos.
Periodista: Tu libro, tus informaciones, tus imágenes, los nombres de estas personas, ¿es posible que no se puedan utilizar como prueba contra ellos?
Antonio Salas: No lo sé. Pero ya no depende de mí. Yo no soy juez ni policía, aunque a veces los periodistas tengamos que hacer lo que creo que sería su trabajo. Yo sí las hubiera aceptado como prueba. Mi labor consistía en dar a conocer cómo es el movimiento skin por dentro.
Periodista: ¿Cómo se puede hacer recapacitar a un joven que empieza a tontear con los movimientos skin, ultras, nazis, etc? ¿Es realmente posible?
Antonio Salas: Te doy mi palabra de honor, de que para eso escribí yo el libro. Creo que si los skin-heads se ven reflejados en un espejo, aunque sea a través de mis ojos, y se dan cuenta de cómo todos (clubes deportivos, partidos políticos, asociaciones culturales, etc.) los utilizan y manipulan para sus propios fines, recapacitarán.

3. Cámara oculta.
a. En grupos. ¿Qué PENSÁIS de la utilización de las siguientes estrategias para obtener una información que permita redactar reportajes de periodismo de investigación?

Ideas para posibles respuestas: emplear una cámara oculta es imprescindible para poder demostrar ciertas informaciones; llevar grabadoras no conocidas por el entrevistado es una forma de engañar a una persona; utilizar una falsa identidad es la única manera de que te reciban algunas personas; usar a confidentes es una práctica habitual del periodismo, que no revela sus fuentes; hacer un seguimiento de la información a través de la red es un punto de partida útil para ir avanzando en la investigación; hacer una labor de detective privado en la calle es el trabajo típico del reportero; infiltrarse en una banda es muy peligroso, no se le puede pedir a un profesional que sea un héroe.

Taller *de escritura*

3. Redactar un artículo de opinión.   **Modelo orientativo.**

Aquí podemos poner como modelo cualquier columna de opinión real relativamente breve.

PROHIBIDO FUMAR, PERO SIN PASARSE

De unos años a esta parte, las evidencias clínicas sobre los perjuicios que el tabaco causa en el organismo, el rechazo social de los fumadores pasivos, las campañas regeneracionistas de algunas legislaciones, la amenazadora publicidad en las cajetillas, la prohibición de fumar en algunos lugares públicos y, sobre todo, los altos costes de tratamiento de las enfermedades provocadas por la adicción al cigarrillo han conseguido dos paradójicos resultados: que cada vez se vea fumar menos, pero cada día se venda más tabaco, y que la gente que sigue fumando lo haga casi a escondidas, con mala conciencia y pidiendo disculpas aunque sabe que puede pasar a engrosar esa lista de 50.000 españoles que mueren cada año víctimas de tabaco.

La OMS asegura que cada ocho segundos muere un ser humano víctima del tabaquismo. Pero los Estados no tienen mucho interés en que se deje de fumar, porque el tabaco es una mina para recaudar impuestos. Sí les interesa, en cambio, que baje el IPC, donde el grupo de bebidas alcohólicas y tabaco pondera 3,22 puntos porcentuales. Tal vez por eso la ministra de Sanidad y Consumo presentó ayer al Consejo de Ministros un anteproyecto de ley que impone la prohibición total de fumar en lugares de trabajo, establecimientos de hostelería, centros sanitarios, culturales y docentes y servicios de atención al público. También establecerá limitaciones a la venta, suministro, consumo, publicidad, promoción y patrocinio. Pero, muy cucamente, el anteproyecto incluye una importante subida de precios para cigarrillos y puros. Hay que reprimir el consumo de tabaco por razones sanitarias y antiinflacionistas. Pero sin pasarse. Porque, después de todo, el Estado ingresa al año unos 4.000 millones de euros por el impuesto especial que grava las labores, lo que para hacernos una idea representa casi dos terceras partes de lo que ingresa por los combustibles.

Luis Ignacio Parada, *ABC.es*, 13-11-2004.

España es... prensa

TRANSCRIPCIÓN.

Vamos a conocer la prensa española a través de las personas que siempre están más cerca de la última noticia. Y ¿quiénes son? Vamos a conocerles. Están aquí en el quiosco. Jorge y Miguel.

Vamos a conocer la prensa española a través de las personas que siempre están más cerca de la última noticia. Y ¿quiénes son? Vamos a conocerles. Están aquí en el quiosco. Jorge y Miguel.

- ¡Hola, buenos días! Espero no molestaros.
- No.
- Aprovechando que ahora no hay clientes, ¿os puedo hacer unas preguntitas?
- Sí, ¡Miguel, no? Sí. ¿Qué quieres saber?
- Nos gustaría que nos contaras cuáles son los periódicos que más compra la gente.
- ¿Los periódicos que más compra la gente? Bueno, normalmente, va por zonas esto... en esta zona, en concreto, el que más se compra... pues mira tenemos aquí El País, El Mundo, el ABC y luego la prensa deportiva también.
- ¿Qué revistas se venden más?
- ¿Revistas que más se venden? Las del corazón: ¡Hola!, Semana, Lecturas, Diez minutos...
- ¿Han cambiado las costumbres de los lectores?
- No, no han cambiado. Básicamente siguen igual.
- ¿Y qué publicaciones compra la gente joven?
- A las mujeres les suele gustar mucho revistas como: Clara, Elle, Woman, Cosmopolitan, el Muy interesante se vende bien, también Año Cero, Quo que les encanta. Y a los hombres les va más el tema de la prensa deportiva: As, Marca, Mundo deportivo, Don balón...
- Tienen a la venta también libros, por lo que vemos...
- Los de las colecciones, sí.
- ¿Y se venden bien?
- ¡Eh...! Se venden bien la primera tirada, luego el segundo número no se vende tan bien. Hacen una campaña, (Hola, buenas), hacen una buena compaña de publicidad en televisión y claro, la gente va buscan-

do eso lo que ve en la televisión. Luego ya no interesa, el 2º, el 3º número, ya no interesa comprarlo.
- Y aparte de todo esto que nos ha mostrado, tiene muchos más productos a la venta...
- Hombre pues, tengo de todo. Ya en el quiosko no me cabe nada. Vendemos casi de todo. Tenemos caramelos para los críos, chicles, los DVD con todos los fascículos que vienen en unos cartones enormes que luego es un cisco para apilarlos y para meterlos dentro. Y para los padres pues tabaco, mecheros... en fin, ese tipo de productos. Que ahora vendemos de todo. No solo nos limitamos a la prensa, ¿no?
- ¿Cómo se obtiene un quiosko? Hablando de esto...
- No es fácil, ya le digo, que no es fácil. Hay que pedir una solicitud al Ayuntamiento a través de la ONCE, ¿no?, que también te lo dan por minusvalías. Y bueno ya le digo, que necesitamos más sitio porque a mí ya la mercancía no me cabe aquí en el quiosko, ¿no? Y entonces la estamos pidiendo y ¡hay que ver lo que cuesta que te la den! Es difícil, ¿no?
- ¿Cuáles son sus obligaciones? ¿Sus horarios?
- Horarios son largos, ¿eh, hija? Sí, bastante. Mira ¿qué venimos, Miguel, a las seis y media? Abrimos prontito a la mañana, ya están los pájaros cantando y luego a la tarde, pues a las ocho cerramos. Eso entre semana. Los fines de semana cerramos a eso de las tres. Agosto cerramos todo el mes entero. Y es que esto es un oficio que está de cara al público y se necesitan muchas horas.
- Comprendo, es bastante duro. Bueno pues muchísimas gracias, de verdad, por vuestro tiempo. Espero que no hayamos molestado mucho. Y vamos a lanzar desde aquí un mensaje: hay que leer, hay que leer. A diario, a diario. ¡Chao, chicos!

Comprensión lectora

2. Un torrente de emociones.
a. LEE de nuevo el texto y RESPONDE a las preguntas.

b. Realización, puesta en escena, guión, planificación y dirección de actores, *timing* del relato visual, ritmo del montaje, cásting de actores.
Amenábar hace de realizador, guionista, compone la música y lleva a cabo el montaje.

d. No, no existe. Existe *ternura* y *sentimentalismo*. *Ternurismo* es una palabra creada por el crítico "asociando" estas dos. La utiliza para decir que Amenábar ha evitado que la película sea demasiado blanda y tenga un exagerado sentimentalismo.

e. Que el guión reúne tal cantidad de aciertos que en una reflexión más profunda se da uno cuenta de hasta qué punto está bien armado el mecano narrativo.

b. BUSCA todas las palabras del exto relacionadas con las emociones.
¿Qué dos adjetivos utilizarías para resumir esta película? Justifica tu respuesta.

Torrente de emociones, ha huido del ternurismo, las sensaciones se producen con extraordinaria puntualidad, reímos, lloramos, nos enternecemos, ternura.
Posible respuesta: la película se podría definir como hermosa e inolvidable por la belleza, la frescura y el humor con los que cuenta esta historia basada en un personaje real, el tetrapléjico Ramón Sampedro.

Comprensión auditiva

TRANSCRIPCIÓN. 3. Habla Paz Vega.
ESCUCHA la entrevista y CONTESTA.

Paz Vega cambia el español por el "Spanglish".
La actriz española nos cuenta en exclusiva cómo vivió su experiencia durante el rodaje de "*Spanglish*".

Periodista: ¿Cómo fue su debut en el cine norteamericano?
Paz Vega: Pues, fue un reto al principio, ya que todo para mí era nuevo, el hecho de no hablar inglés, de vivir en otro país, con otra gente y otra cultura, y sobre todo sin hablar el idioma. Pero debo decir que fue una experiencia muy bonita y gratificante. He tenido mucha suerte de poder participar en esta película sin hablar bien el inglés. Afortunadamente, estoy poniendo todo mi empeño en aprenderlo lo antes posible.
Periodista: ¿Tenía planeado aterrizar en Hollywood de esta manera?
Paz Vega: Bueno, no es así como yo lo hubiera imaginado. El caso es que fue Hollywood quien me llamó, aunque resulte extraño. Ellos me raptaron, como quien dice. No lo tenía previsto. No estaba premeditado. Cuando hice el cásting para esta película yo ni siquiera vivía allí, de hecho hice la prueba un tanto a lo loco. Para mí, era impensable poder trabajar con este director tan famoso sin hablar ni papa de inglés. Inclusive hablando inglés es impensable para muchos actores, es una meta muy alta. Pero en mi caso, no tuve elección, ellos decidieron por mí.

Periodista: Interpreta a una inmigrante mexicana. ¿Cómo se preparó para el papel?
Paz Vega: Un poco partiendo de la base de mi propia experiencia. Yo llegué a este país sin hablar el idioma, exactamente igual que lo que le ocurre a Flor, que tiene que abrirse camino en una tierra diferente. Me preparé con mujeres mexicanas de todos los niveles: desde ejecutivas a mujeres que trabajan cuidando niños. Tuve que aprender además el acento mexicano hablando en español y en inglés, pero sobre todo intenté captar el espíritu de esas personas que se van a otro país a triunfar o a conseguir un futuro mejor.
Periodista: Tiene una imagen súper sexy en la mayoría de sus películas. En esta cinta, interpreta a una madre. ¿Cómo fue hacer este papel comparado con sus papeles anteriores?
Paz Vega: Soy actriz, los actores tenemos la habilidad de poder convertirnos en lo que sea, somos camaleónicos. Por el mero hecho de haber realizado muchos papeles sexys, no quiere decir que siempre vaya a ser así. Cada papel es diferente al anterior, es un mundo nuevo y fascinante. Es otro registro y me muevo muy a gusto en él.

Periodista: ¿Qué fue lo mejor que le enseñó este laureado director?

Paz Vega: Con él he aprendido muchísimo. Es una persona exigente, que te obliga a estar concentrado, que consigue sacar lo que quiere, a veces de miles de maneras. Es un gran comunicador a su manera, habla con metáforas, es una persona de la que he aprendido que a veces las palabras no importan, lo que importa es el espíritu, es el corazón y eso me lo transmitió muy bien.

4. ¿Te gustan las comedias?

Ejemplo de estructuras:
Una comedia que me hizo mucha gracia es.... La dirigió... y se rodó en ... La película gira en torno a... Tiene mucho ritmo y es muy graciosa ya que... Los malentendidos están presentes en... La escena más graciosa es cuando... Es una película que recomiendo y que es realmente divertida. Los actores secundarios son también buenísimos como es el caso de...

Taller *de escritura*

5. Redacta una crítica de cine.
Ahora ESCRIBE la reseña completa de una película o una serie de televisión que te haya gustado.

Modelo orientativo.

Ficha técnica:
Nombre original: Tapas
Directores y guionistas: José Corbacho y Juan Cruz
Intérpretes: María Galiana, Ángel de Andrés López, Elvira Mínguez
Año: 2005
Nacionalidad: España
Duración: 94 minutos

Breve resumen del argumento (sinopsis):
La ópera prima de José Corbacho y Juan Cruz es el cuadro costumbrista de un barrio popular de L'Hospitalet (podría serlo de cualquier otra ciudad española), que sirve de marco para desarrollar un drama sobre la soledad centrado en tres personajes de trayectorias paralelas: el propietario y camarero de un pequeño bar, Lolo, trata de ocultar a sus clientes y vecinos que su mujer y cocinera le ha abandonado; Raquel, de mediana edad, tiene que soportar que su marido la dejó y mantiene una relación por Internet; y la jubilada Conchi recurre al trapicheo para salir adelante mientras ve impotente cómo se apaga la vida de su marido. El bar es el único lugar que comparten, uno como propietario, las otras como clientas.

Reparto:
Por una parte, el reparto de Tapas está repleto de figuras conocidas del mundo de la televisión y del teatro con edades y registros interpretativos muy diferentes entre sí. Por otra parte, resulta fácil identificarse con los personajes de ficción a los que los actores y actrices dan vida en la pantalla. Parecen hechos a medida.

Información sobre los directores:
Esta es su ópera prima, aunque Cruz ha dirigido varios cortometrajes y Corbacho ha trabajado de actor, guionista y director de algunos programas. El mérito de los directores es haber combinado el costumbrismo con el intimismo, a costa de haber renunciado a la comicidad en el primero y a la intensidad en el segundo.

Según Corbacho y Cruz, lo primero que decidieron cuando empezaron a pensar en escribir el guión de la película fue el título: *Tapas*. El término alude a los famosos pinchos de comida que se sirven en los bares como acompañamiento de las bebidas. También tiene que ver con el hecho de que todos los personajes ocultan algo, "tapan" su intimidad.

Valoración crítica:
La película llega a las pantallas españolas precedida por un montón de buenas críticas e iluminada por el brillo pasajero de todos los galardones que ha obtenido. Por eso, tiene muchas posibilidades de convertirse en un éxito comercial. Ganchos de taquilla, desde luego, no le faltan.

Al ser una película coral y costumbrista carece de modernos efectos especiales. La música pertenece al cantante Antonio Orozco, que es originario de esta zona barcelonesa donde transcurre la acción y es el autor también del tema principal de la banda sonora de la película.

LO MEJOR: la habilidad para mostrar cómo una parte del drama es que sus protagonistas tengan que ocultarlo a sus vecinos.

LO PEOR: la sensación de estar viendo varios episodios de una serie de televisión, pese a la voluntad de realismo de sus directores.

Comprensión auditiva

TRANSCRIPCIÓN. 2. Habla Juan María Arzak.
Escucha y contesta a las preguntas.

Entrevista con el cocinero Juan María Arzak:

Periodista: Un consejo a todos los jóvenes que quieren abrirse un hueco en el mundo de la alta cocina. ¿Qué es imprescindible para llegar a ser un cocinero de cinco estrellas como usted?

Juan María Arzak: Les recomiendo que tengan pasión, humildad y mucho trabajo. Hay que tener claro que se aprende algo nuevo todos los días, que la gente te enseña cosas. Nunca hay que pensar que uno lo tiene todo visto. No hay que dormirse en los laureles.

Periodista: ¿Cuáles son los países que están a la vanguardia de la gastronomía europea y por qué?

Juan María Arzak: España está a la vanguardia gastronómica de Europa, gracias a cocineros como Ferran Adrià, que es un revolucionario. Es un cocinero que ha roto los moldes, no sólo en España, en todo el mundo. Desde hace 4 ó 5 años, el mundo entero tiene puestos los ojos en lo que se hace en los fogones españoles.

Periodista: Después de más de 30 años entre fogones, ¿hay algún plato que se le resiste todavía a Juan María Arzak?

Juan María Arzak: Hay muchos platos que me salen regular, pero más o menos me defiendo con casi todo. Una cosa que me parece complicadísima es el hojaldre bien hecho.

Periodista: ¿La alta cocina es un arte o esencialmente trabajo, como asegura Paul Bocuse?

Juan María Arzak: De que es trabajo estoy seguro. Sobre si es arte o no, no lo sé. No sé si se puede calificar como arte o, más bien, como una sublimación de los sentidos.

Periodista: Usted es uno de los pocos cocineros a los que se ha oído decir que la comida rápida no es toda mala. De la misma manera, ¿se atrevería a citar los inconvenientes de la alta cocina, si es que los tiene?

Juan María Arzak: Es como todo, lo que está mal hecho está mal hecho. A mí me gusta la buena alta cocina y la buena comida rápida, que también la hay. Aunque está claro que un bacalao al pil-pil no es lo mismo que una hamburguesa fabricada por una multinacional para miles de personas de la misma manera. Lo que falla en la comida rápida, no es la comida en sí misma, sino la manera en que se prepare. La Fast-food no tendrá nunca más de un notable, porque las máquinas no piensan, ni sienten. La alta cocina puede tener un sobresaliente porque incluye la proyección del hombre. En esa cocina se nota la energía humana.

 Lengua

1. Transforma las siguientes expresiones en estilo indirecto.

a. El cliente aseguró que nunca había probado el bacalao al pil-pil.
b. Arzak nos recomienda que no nos durmamos en los laureles.
c. Arzak afirma que a él le gusta la alta cocina.
d. Berasategui dijo que él prefería el aceite de oliva.
e. Ferran Adrià declaró que se volvería a la cocina tradicional, pero sólo parcialmente.
g. Arzak nos sugirió que probásemos las especialidades de cada lugar.
h. El periodista preguntó que cuáles eran los países que estaban a la vanguardia.
i. Preguntó si había algún plato que se le resistiera.

3. PON el siguiente párrafo en estilo indirecto con un verbo introductor en pasado.

Una voz de mujer, al otro lado, me preguntó que dónde estaba. Dije que en el autobús. Ella me preguntó que qué hacía en el autobús. Le respondí que iba a la oficina. La mujer se echó a llorar, como si le hubiera dicho algo horrible, y colgó.
Guardé el aparato en el bolsillo de la chaqueta y perdí la mirada en el vacío. A la altura de María de Molina con Velázquez volvió a sonar. Era de nuevo la mujer. Aún lloraba. Me preguntó, pidiéndome respuesta y con voz incrédula, si seguía en el autobús. Le respondí que sí.

Taller *de escritura*

1. ¿Qué pasó?.
a. LEE el texto y REDÁCTALO de nuevo poniendo en pasado las formas verbales escritas en negrita y sustituyendo la primera persona por la tercera.

Desde que se casaron toda su vida se fue organizando en función de sus intereses, de su carrera (de él). Ella fue renunciando poco a poco a sus (propias) aspiraciones para facilitarle a él las cosas y en el momento en que empezó a triunfar, fue incapaz de ver qué parte de ese triunfo le correspondía a ella. Claro -pensaba-, que ella podría haber hecho como otras compañeras, que se casaron y no por eso dejaron de trabajar. Pero Carlos, muy sutilmente, la fue reduciendo a esa condición de ama de casa quejumbrosa, justo la imagen de mujer que ella más odiaba.
Y entonces ella ya era mayor para ponerse al día. Una mujer necesita ganarse un salario para no acabar siendo una asalariada de su propio marido. Claro que las cosas no parecían así. Su marido y ella eran una pareja en cierto modo envidiable. Él era un buen profesional y ella tenía estudios universitarios. Había tenido un trabajo que dejó, porque le gustaban la casa y la familia, etc. Todo era mentira.

3. Redacta un texto narrativo.   **Modelo orientativo.**
b. ESCRIBE un texto narrativo en el que cuentes una historia (real o imagniaria) teniendo en cuenta las siguientes pautas.

El verano pasado mi primo y yo fuimos de viaje por Europa en el Interraíl. Salimos de la estación de Chamartín en Madrid rumbo a Barcelona el primer sábado de julio. Era un día muy caluroso, pero no había mucha gente y el tren no estaba demasiado lleno. Llegamos a nuestro destino, donde habíamos reservado una habitación en un albergue para estudiantes que está en las afueras de la ciudad. Yo nunca había estado en Barcelona, así que hicimos un poco de turismo por las Ramblas, la Sagrada Familia, el barrio gótico, el parque Güell, etc. Si en Madrid tuvimos un calor seco, en Barcelona hacía un calor húmedo, pegajoso. Todavía no nos imaginábamos lo peor. Al llegar al albergue nos dimos cuenta de que nos habían robado la cartera con todo el dinero que llevábamos, incluidos los documentos, por lo que no pudimos pagar el alojamiento, que tuvimos que abandonar tras dormir allí la primera noche. Entonces empezó nuestra pequeña aventura. Fuimos a denunciar el robo a una comisaría. Se nos ocurrió llamar por teléfono a nuestra familia a cobro revertido, es decir, que pagaban ellos, para que nos enviaran un giro postal, pero nos dijeron que tardaría en llegar, porque era domingo y había que esperar al lunes. Así que pasamos un fin de semana haciendo una vida de vagabundos, durmiendo en los parques y en las estaciones. Fue una experiencia que nos divierte ahora que la recordamos, pero que vivimos con ratos de angustia y momentos de risa. Al final, llegó el giro, y volvimos a casa. Así que aplazamos nuestros planes para otra ocasión.

España en directo — España es... tapas

TRANSCRIPCIÓN.
Ahora nos tomamos un descanso para invitaros a disfrutar de las más típicas tapas, de un buen refresco, y de una conversación agradable... Dejemos aquí al pingüino y vamos dentro...

- ¿Me pone una caña y para hacer boca unas aceitunas rellenas, por favor?
- ¿Qué tipos de tapas le piden con más frecuencia sus clientes?
- Bueno pues aquí tenemos un gran surtido de tapas. Tenemos aquí: patatas alioli, tenemos ensalada campera, tenemos ensaladilla rusa, tenemos boquerones en vinagre, aquí hay lacón, allí hay ahumados, tortilla de papas allí al fondo... En fin, tenemos de todo.
- Todo riquísimo por lo que veo. ¿Y qué tipo de clientela es la más habitual?
- Bueno, pues en este sitio la verdad es que llega gente de todas las edades y condición, como se suele decir.
- En España los bares son como centros sociales, ¿verdad? ¿Tienen aquí muchos clientes habituales?
- Sí, primero están los oficinistas que llegan a eso de las once a tomar el desayuno y bueno, pues se piden un

pincho de tortilla de patatas con un cafetito con leche y luego pues ¡hala! se van otra vez a trabajar y luego a las dos vuelven para almorzar.
- ¿Y qué ofrecéis para comer?
- Bueno, pues como son oficinistas se suelen pedir el menú del día, que consta de un primer plato, un segundo plato, pan, bebida, postre, todo incluido por 9 €.
- Riquísimo también, ¿no? ¿Y los fines de semana?
- Los fines de semana ponemos más tapas a partir de la una, una y media y también por la noche. La verdad es que la gente viene aquí de tapeo y esto se pone hasta el tope.
- Bueno pues yo creo que nos vamos a tomar algo... póngame una tapita de pulpo y usted tómese lo que quiera, que invita la casa. ¡OLÉ!

Comprensión auditiva

TRANSCRIPCIÓN. 2. Aplicaciones de la biomimética.
Vas a escuchar un programa de radio sobre biomimética.
Escucha y contesta a las preguntas.

Presentadora: Tenemos con nosotros esta tarde a Abraham Alonso, periodista especializado en temas científicos, que nos va a hablar de la biomimética. Señor Alonso, brevemente, ¿en qué se basa la biomimética?

Abraham Alonso: La evolución ha dotado a muchos seres vivos de mecanismos superiores a cualquiera de nuestras máquinas. Aún más, los han desarrollado a partir de materiales que, en principio, no parecen especialmente útiles para el fin pretendido. Además, son más simples y abundantes que los que usa nuestra industria. Esos elementos que nos brinda la naturaleza son el principio en el que se fundamenta la biomimética, un campo de estudio que trata de entender cómo la naturaleza organiza sus componentes.

Presentadora: ¿Pero por qué están mejor estructurados los materiales biológicos que los sintéticos? Gustavo Guinea es Catedrático del Departamento de Ciencia de Materiales.

Gustavo Guinea: Sabemos lo difícil que es romper una concha de mejillón, ¿pero resistiría igual una hecha de mármol? Pues no. Seguramente se haría pedazos con un pequeño golpe. La diferencia no está en la composición, que en ambos casos es superior al 96 por ciento de carbonato de calcio, sino en cómo se organiza éste; en el mármol, masivamente, y en el mejillón, en estructuras muy pequeñas, nanométricas, similares a una pared de ladrillo.

Presentadora: Otro campo apasionante de aplicación de la biomimética es la aviación. Anna McGowen es directora del proyecto Morphing del Centro de Investigaciones de la NASA.

Anna McGowen: La naturaleza hace cosas que aún no podemos imitar. Por ejemplo, los pájaros maniobran mucho mejor que nuestras aeronaves. ¡Y no digamos los insectos! Precisamente uno de los objetivos que se han planteado los expertos de la NASA es el diseño de un ala autorreparable capaz de extenderse y recogerse por sí sola.

Presentadora: Don Gustavo Guinea, su grupo de investigación estudia la estructura y las propiedades mecánicas de la seda de araña, ¿no es cierto?

Gustavo Guinea: Sí. No sólo tiene una resistencia comparable a la de los mejores aceros y fibras, sino que posee un recubrimiento de sustancias fungicidas y bactericidas. Además, nuestro grupo ha demostrado recientemente que puede recuperar sus propiedades una vez usado sólo con ponerlo en contacto con el agua.

Presentadora: ¿Qué aplicación práctica podría tener?

Gustavo Guinea: Bueno, pues quizás en un futuro fabriquemos parachoques de un material similar. Así, cuando reciban un golpe y se deformen, podremos devolverlos a su estado original simplemente rociándolos con un vaporizador de agua.

Presentadora: De momento la naturaleza ha demostrado ser sabia. ¿Podremos ser lo suficientemente inteligentes como para entender sus lecciones?

Taller *de escritura*

1. Elementos de cohesión.
c. UNE las siguientes frases sueltas en un párrafo cohesionado, empleando los elementos de cohesión mencionados anteriormente. (Sugerencia).

La Conferencia Internacional de Robótica, en la que se presentaron varios robots españoles, se celebró el pasado mes de septiembre en Madrid. Entre los robots presentados destacaron Melanie-III, (que es) un hexápodo, de transportar grandes pesos por terrenos abruptos, y Roboclimber, el mayor de cuatro patas del mundo, que es capaz de escalar por cualquier terreno, lo que hace que sea una innovación. Desarrollado por el Instituto de Automática Industrial, el Roboclimber está diseñado para colocar mallas metálicas en los taludes de las carreteras, que sirven para evitar desprendimientos de tierra.

2. Construcción de una carretera. (Sugerencia).

Se analizan las necesidades contando los coches que pasan por un punto.

A continuación se decide la ruta, que es trazada por ingenieros de modo que se eviten pueblos, montañas y ríos, puesto que los puentes son caros.

Tras tomar muestras del terreno se realizan perforaciones en el suelo para calcular su resistencia y humedad, que son medidas con cuidado.

Empleando grandes excavadoras, la ruta queda allanada y libre de obstáculos.

A continuación se colocan gruesas capas de cemento, que son situadas en el suelo, de modo que el cemento constituye un buen cimiento.

Tras poner el cemento se coloca la capa de alquitrán y se usa una apisonadora para alisarla. Tras alisar el alquitrán vienen las rayas, que son pintadas con máquinas.

3. Escribir un artículo científico. **Modelo orientativo.**
En grupos, PREPARAMOS nuestro propio artículo científico siguiendo estos pasos.

Cuando los hijos están en peligro, la madre arriesga su vida de forma incondicional. Esto tiene una explicación científica. Después del parto, la hembra tiene niveles bajos de CRH (corticotropina). Este péptido actúa en la zona del cerebro donde se activan el miedo y la ansiedad.

Por eso las madres, en vez de acobardarse, protegen a sus crías con mayor coraje que los machos de su especie. El miedo y la ansiedad decrece durante el periodo de lactancia. Probablemente este descenso permite a las madres atacar en una situación de peligro, en la que normalmente reaccionarían huyendo, por respuesta al miedo.

Un experimento de laboratorio demostró que las hembras de rata a las que se había inyectado CRH se inhibieron más cuando el macho intentaba devorar a las crías recién nacidas. Las ratas que no tenían un nivel tan alto de CRH atacaban al macho ferozmente.

Tertulia

¿La ciencia trae consigo bendiciones o maldiciones?
TRANSCRIPCIÓN. Escucha a tres entrevistadas y di a quién corresponde cada opinión.

Uno.
P: La ciencia ¿es una bendición o una maldición?
R: La verdad es que no sé qué contestar. A veces es una cosa y otras veces es la otra. Por ejemplo, cuando se produce algún avance en medicina que permite salvar vidas, me parece que la ciencia tiene sentido. Sin embargo, cada vez que vemos los efectos mortíferos de las nuevas armas modernas, me parece que en realidad estamos retrocediendo en lugar de ir avanzando.

Dos.
P: ¿Qué es para usted la ciencia: una bendición o una maldición?
R: Pues mire, yo soy científica y vivo de la ciencia porque trabajo en un laboratorio. Y aún así, estoy convencida de que la ciencia no nos ayuda tanto como la gente cree. Creo que la humanidad era más feliz cuando la vida era más sencilla y no había tantos adelantos. Lo que pasa es que la ciencia es imparable y cada vez avanza más rápido.

Tres.
P: ¿Cómo ve usted la ciencia hoy en día? ¿Es una bendición o una maldición?
R: Hombre, creo yo que la ciencia es lo que las personas queramos que sea. La ciencia es una herramienta que usamos para conseguir nuestros fines. No es ni buena ni mala en sí, pero es cierto que nos ofrece posibilidades cada vez más apasionantes. Desde luego no se puede ir en contra de la ciencia. Lo que hay que hacer es usarla adecuadamente. Entonces la ciencia nunca es negativa.

Clave
Diploma de Español como Lengua Extranjera.
Nivel Intermedio
Modelo de examen 1

Prueba 1. Comprensión lectora

Llegan los maniquíes "gordos" a los escaparates.

1-b, 2-c, 3-b

Prueba 2. Expresión escrita

Carta personal

Opción 1   **Posible modelo**

Un amigo extranjero le dice en una carta que piensa venir a España a perfeccionar el castellano, y le pide consejos sobre cómo hacerlo. Escriba una carta en respuesta. En ella deberá:

- Felicitar a su amigo por el interés que tiene por aprender el castellano.
- Manifestar su alegría porque pronto se van a ver.
- Darle consejos prácticos sobre cómo perfeccionar la lengua.
- Hacerle advertencias sobre posibles dificultades que va a encontrar.

Querida Martha:

Me alegré mucho de recibir tu carta y tener noticias tuyas. Por ella veo que estás interesada en aprender español. Enhorabuena. Ya verás cómo lo aprenderás en muy poco tiempo. Por supuesto, también me alegro porque vamos a vernos este verano. Tengo muchas ganas de que salgamos juntas a divertirnos.
En cuanto a estudiar el idioma, conviene que te matricules en un curso de castellano. Hay muchas academias, y también hay cursos en la Universidad. No son muy caros y podrás aprender mucho. Además, claro, te conviene practicar. Yo te presentaré a varios amigos para que puedas salir con ellos y practicar conversación. Después, cuando vuelvas a tu país, podrías escribirles cartas a ellos también. Pero cuidado, que no se te olvide escribirme a mí, ¿de acuerdo?
Por otra parte, me parece que un mes es poco tiempo para aprender un idioma. El español no es muy complejo, pero tiene algunos sonidos que son difíciles de pronunciar, y la conjugación de los verbos al principio parece un poco complicada. Sería buena idea que empezaras a estudiar ahora mismo, antes de venir. Así, ya sabrías algo y te costaría menos. Si quieres te mando un ejemplar de NUEVO VEN para que lo empieces a leer. Escríbeme pronto y cuéntame más detalles: cuándo llegas, si vienes con tu familia o sola, ya sabes. Voy a prepararte una fiesta de bienvenida que ya verás.

Un beso de tu amiga

Cristina.

Prueba 3. Comprensión auditiva

TRANSCRIPCIÓN: Carmen Iglesias, preceptora del príncipe Felipe.

Carmen Iglesias es Académica de la Lengua y de la Historia, directora del Centro de Estudios Constitucionales y preceptora del Príncipe.

Periodista: A muchos les sorprendió que la reina Sofía eligiese como tutora y preceptora de sus hijos a una mujer claramente comprometida con la lucha antifranquista.

Carmen Iglesias: Yo siempre me he sentido una mujer independiente y me sentí muy halagada de encargarme de aquellas primeras tutorías de la infanta Cristina cuando llegó a la facultad. Era la primera vez que un miembro de la Familia Real acudía diariamente a clase en una universidad, día a día y curso a curso. Durante los cinco años de carrera dirigí aquel seminario en el que se hacían lecturas paralelas y se reflexionaba sobre las cosas.

Periodista: Después, en 1987, se convirtió en preceptora del príncipe Felipe en el Palacio de la Zarzuela. ¿Le pusieron objetivos, normas; preocupaba el que fuese o no fuese usted católica…?

Carmen Iglesias: No, no, en ese sentido jamás me hicieron la más mínima pregunta ni tuve coacción alguna. Los Reyes han estado siempre pegados a la realidad y no querían a alguien que estuviera fuera de los contextos. Creo que me consideraban buena profesora y que lo que querían era alguien muy de la época, muy del momento.

Periodista: En algunas ocasiones ha definido al Príncipe Felipe como una persona inteligente, madura, sensible y muy responsable…

Carmen Iglesias: Sí, es de no creérselo. Es un hombre muy inteligente, afectivo y es –como sus hermanas– una esponja. Todos ellos son como esponjas que lo absorben todo. Y tienen una memoria prodigiosa en la que graban cuanto oyen y ven. A veces piensas que no se van a acordar de algo que les has dicho y se acuerdan de todo. Con el Príncipe me encontré ante un interlocutor intelectual muy impresionante.

1-b, 2-a, 3-a.

Prueba 4. Gramática y vocabulario

Sección 1: Texto incompleto
¿Qué opinan las empresas de los recién licenciados?

1-c, 2-a, 3-b, 4-a, 5-b, 6-b, 7-c, 8-b, 9-a, 10-c,
11-a, 12-a, 13-c, 14- b, 15-c, 16-c, 17-c, 18-b
19-b, 20-c.

Sección 2: Selección múltiple
EJERCICIO 1 p. 164

21-c, 22-a, 23-b, 24-b, 25-b, 26-a, 27-a, 28-b, 29-a, 30-b.

EJERCICIO 2 p. 166

31-a, 32-b, 33-b, 34-b, 35-b, 36-a, 37-a, 38-b, 39-b, 40-a,
41-c, 42-b, 43-a, 44-a, 45-b, 46-a, 47-c, 48-b, 49-c, 50-a.

Modelo de examen **2**

Prueba 1. Comprensión lectora

Adoptar y, sorpresa, parir a la vez.

1-a, 2-b, 3-b.

Prueba 2. Expresión escrita

Redacción

| Opción 2 | Posible Modelo

Un regalo es una buena forma de mostrar nuestra estima por alguien. Pero algunos regalos son un tanto inesperados. Escriba una anécdota, real o inventada, sobre un regalo inesperado o extraño que recibió. En este texto deberá:

- Describir la situación, el motivo del regalo y las personas que protagonizan los hechos.
- Narrar cómo recibió el regalo.
- Describir el regalo.
- Describir cómo se sintió y cómo reaccionó.

Hacíamos una fiesta para celebrar que una amiga había vuelto de un viaje largo e interesante por varios países de Centroamérica. Nos enseñó diapositivas (¡muchas, eso sí!), probamos algo de comida que había traído y admiramos algunos recuerdos que nos enseñó.

Naturalmente, todos estábamos encantados escuchando sus historias y nos gustaba mucho todo lo que nos enseñaba. Sin embargo, yo alabé con mucho entusiasmo (¡quizá demasiado!) un poncho que había traído de México. Era grande, grueso, de fondo blanco con dibujos en varios colores. A mí me gustaba mucho, desde luego, pero nunca pensaba que fuera a regalármelo. Pero cuál no sería mi sorpresa cuando mi amiga lo dobló, y me dijo: "Toma, es tuyo". Al principio creí que era una broma. Después protesté mucho, diciendo que no podía aceptar un regalo así, que era demasiado caro. Sin embargo, mi amiga insistió tanto que al final me fui de su casa con el poncho en una bolsa. Desde entonces me lo he puesto varias veces y la gente siempre me ha dicho que es precioso. ¡Cuando digo que fue un regalo de una amiga la gente me dice que tengo muy buenos amigos!

Prueba 3. Comprensión auditiva

TRANSCRIPCIÓN: Lugares para la luna de miel.

Para muchas personas la celebración de la boda es el momento más importante de su vida. Para otras, lo más apasionante de un casamiento es la luna de miel, esos días maravillosos en que la pareja vive a plenitud su sueño de amor.
Para concretar ese evento tan importante existen diversos lugares muy convenientes.
Muchas parejas prefieren reductos alejados en medio del esplendor de las montañas. Para ellos, los paradores de Puerto Rico resultan la mejor opción. También, entre la belleza agreste de sus selvas, los paradores del estado de Tabasco, en México, aparecen como una oferta muy atractiva para los recién casados.
En el Parador Turístico Villa Luz, los enamorados pueden vivir unos encantadores días, disfrutando de los baños termales en sus sulfurosas aguas de manantial.
En las sierras cercanas, en el corazón de la selva de Teapa se encuentra el Parador Turístico Puyacatengo. Ubicado a la orilla del río, ese establecimiento hotelero es un lugar ideal para descansar y descubrir los encantos de la zona. Por lo general, los paquetes en los paradores incluyen recepción con flores, desayunos gourmet, cenas románticas a la luz de las velas y caminatas guiadas por los senderos de la selva.
Otra popular modalidad que ofrecen muchos hoteles para pasar la luna de miel es el sistema "todo incluido". Ese tipo de servicio trata de brindar lo mejor en materia gastronómica, como así también en animación, comodidad y bienestar por un mismo precio.
Destinos tan emblemáticos como la República Dominicana, Cancún, las Bahamas, la Polinesia, Aruba y Jamaica aparecen en casi todos los circuitos turísticos donde todo está incluido para los enamorados.

1-b, 2-c, 3-a.

Prueba 4. Gramática y vocabulario

Sección 1: Texto incompleto
Oficinas con riesgos

1-a, 2-b, 3-a, 4-c, 5-c, 6-a, 7-b, 8-c, 9-a, 10-c,
11-a, 12-c, 13-b, 14- b, 15-b, 16-a, 17-c, 18-a

19-b, 20-a.

Sección 2: Selección múltiple
EJERCICIO 1 p. 176

21-a, 22-b, 23-a, 24-b, 25-c, 26-a, 27-c, 28-c, 29-b, 30-b.

EJERCICIO 2 p. 178

31-a, 32-b, 33-b, 34-a, 35-b, 36-a, 37-b, 38-a, 39-b, 40-a,
41-a, 42-c, 43-d, 44-c, 45-b, 46-b, 47-a, 48-b, 49-a, 50-c.

Modelo de examen **3**

Prueba 1. Comprensión lectora

El sufrimiento de Frida Kahlo.

1-b, 2-c, 3-a.

Prueba 2. Expresión escrita

Carta al director

Opción 1　　　　　**Posible modelo**

Tras pasar quince días en un campamento de verano en Querétaro, México, lee usted en un periódico un artículo en el que se critica el campamento donde estuvo. Usted no está de acuerdo con el artículo. Escriba una carta al mismo periódico. En ella debe:
- Referirse a partes del artículo que afirman cosas que no son ciertas.
- Corregir la información que considera errónea.
- Contar brevemente su experiencia en el campamento.
- Pedir que el periódico publique una rectificación.

Señor director:

　　　He leído con gran sorpresa el artículo que publica su periódico acerca del campamento de verano de Querétaro, en el que se dice, entre otras cosas, que las instalaciones son "tercermundistas". Sepa que he estado en campamentos de verano en varios países de Europa y América, incluido Canadá y los EE.UU., y el campo de Querétaro está a la altura de los mejores que yo he conocido.
　　　También se afirma en su artículo que apenas había niños extranjeros en el campamento. Esto es rigurosamente falso. Había cuando yo estuve este verano chicos y chicas de quince países. Creo que, en total, había más chicos extranjeros que mexicanos. Además, el ambiente fue estupendo y todos nos lo pasamos muy bien.
　　　Yo estuve de monitor y pude comprobar que los chicos estaban muy contentos con su experiencia. Todos me lo decían, y me aseguraban que al año siguiente repetirían. Las relaciones eran especialmente buenas entre todos los monitores, también de varios países. Tuvimos actividades muy variadas y muy divertidas. En resumen, fue una experiencia inolvidable.
　　　Por lo tanto, le ruego que publique una rectificación de dicho artículo. Creo que es lo menos que su periódico puede hacer.

Fernando Ruiz.

Prueba 3. Comprensión auditiva

TRANSCRIPCIÓN: Bebé robado en el carnaval

Un bebé de dos años fue robado junto con el coche donde dormía plácidamente mientras su madre se entregaba al éxtasis del carnaval en Brasil, pero la niña apareció sana y salva horas después en la ciudad de Francia, en el interior del estado de Sao Paulo. La madre del bebé, M. A. P., de 38 años, había dejado a la niña dentro del vehículo para sumarse junto a su novio a las comparsas carnavalescas que a las dos de la mañana todavía recorrían las calles de la cercana localidad de Patrocinio Paulista.

Una sorprendida habitante de Francia salió a barrer la calle en medio de la modorra del martes de carnaval y se topó con el coche mal estacionado en frente de su casa. El coche, modelo Caravan, estaba medio abierto y dentro el bebé ya había perdido la paciencia y comenzaba a llorar. La policía de Francia abrió dos procesos, uno por robo de vehículos y otro por abandono del bebé. Mientras se resuelve el caso el bebé ha sido puesto bajo custodia de una tía hasta que un consejo tutelar responsable de los derechos de la infancia decide si devuelve la custodia de la niña a su madre.

1-b, 2-a, 3-a.

Prueba 4. Gramática y vocabulario

Sección 1: Texto incompleto
Ecología: ¿y yo qué puedo hacer?

1-a, 2-b, 3-c, 4-b, 5-b, 6-b, 7-a, 8-b, 9-c, 10-b,
11-c, 12-c, 13-a, 14-a, 15-b, 16-c, 17-b, 18-c,
19-a, 20-c.

Sección 2: Selección múltiple
EJERCICIO 1 p. 188

21-c, 22-c, 23-b, 24-c, 25-a, 26-b, 27-b, 28-b, 29-a, 30-a.

EJERCICIO 2 p. 190

31-b, 32-c, 33-b, 34-a, 35-c, 36-b, 37-d, 38-b, 39-c, 40-a,
41-d, 42-b, 43-c, 44-d, 45-b, 46-b, 47-d, 48-a, 49-d, 50-d.

Claves ejercicios

UNIDAD 1

Comprensión lectora y auditiva
1. 1-g, 2-i, 3-c, 4-f, 5-d, 6-b, 7-a , 8-e, 9-j, 10-h.
2. a. De la epidemia de la enfermedad cardiovascular. b. La obesidad y la diabetes. c. Nada, ya que parece que la prevención no es una prioridad, cuando debería serlo. d. Somos nosotros mismos quienes vivimos acelerados. e. Volver al pasado, vivir como se vivía hace 70 años. f. No ir al médico, sino a una reunión.

Gramática
1. a. Debes evitar el sedentarismo. b. Tienes que suprimir el alcohol. c. Hay que olvidarse de vez en cuando de las preocupaciones. d. Debes combatir los factores de riesgo.
2. a. Tienes que ir al médico. Es conveniente que vayas al médico. Ve al médico. b. Tienes que evitar las malas posturas. Evita las malas posturas. Es aconsejable que evites las malas posturas. c. Debes consultar a un especialista. Es bueno que vayas a un especialista. Llama a un especialista. d. Debes tomar una aspirina. Sería bueno que tomases una aspirina. Toma una aspirina. e. Debes trabajar menos. Es recomendable que trabajes menos. Trabaja menos/No trabajes tanto. f. Tienes que tomar vitaminas. Es mejor que tomes vitaminas, Toma vitaminas.
3. a. a, b. de, c. a, d. en, e. con, f. a.
4. a. de, b. de, c. en, d. a, e. en, f. en, g. con, h. con, i. a, j. en.
5. a. en, b. a, c. en, d. a, e. con, f. en, g. de.
6. a. mejor, b. más...del, c. más...que, d. Más...de...que.
7. a. La dieta mediterránea es más sana que la comida rápida. b. Los restaurantes japoneses son más caros que los restaurantes chinos. c. El libro de cocina no era tan interesante como me habían dicho/dijeron d. Comer con palillos es más difícil que comer con tenedor y cuchillo.

Léxico
1. 1-i; 2-c, 3-d, 4-f, 5-h, 6-j, 7-e, 8-b, 9-a, 10-g.
2. a-4, b-2, c-3, d-6, e-1, f-5.

Frases hechas
1. a-2, b-6, c-3, d-1, e-5, f-7.
2. a-4 (tenía un trancazo), b-2 (está pachucho), c-5 (no estoy para muchos trotes), d-1 (estoy bueno).

UNIDAD 2

Comprensión lectora y auditiva
1. 1-b, 2-e, 3-d, 4-i, 5-f, 6-c, 7-g, 8-a, 9-j, 10-h.
2. Ejercicio libre
3. a-V, b-F, c-V, d-F.
4. a-2, b-1, c-2, d-2, e-2.

Gramática
1. a. que, b. donde, c. cuando, d. donde, e. cuyo, f. cuando, g. que, h. cuyas.
2. a. quieran, b. conozcan, c. ha ganado, d. Tienen, e. deseen, f. financió, g. comía.
3. a. El Ayuntamiento ha cambiado los bancos del paseo que estaban rotos: especificativa. b. El Ayuntamiento ha cambiado los bancos del paseo, que estaban rotos: explicativa. c. El piso que venden no tiene terraza: especificativa. d. Mi hermana, que vive en Chile, ha tenido gemelos: explicativa. e. Los alumnos que habían estudiado sacaron buenas notas: especificativa. f. La grúa se ha llevado los vehículos, que estaban mal estacionados: explicativa.
4. a-2, b-3, c-1, d-2, e-2, f-1, g-3.
5. a-2, b-1, c-3, d-2, e-1, f-3, g-3, h-2, i-1, j-3, k-2.

Léxico
1. 1-c, 2-f, 3-g, 4-i, 5-j, 6-b, 7-a, 8-h, 9-e, 10-d.
a. y b. Ejercicio libre

2. a-3, b-1, c-4, d-2, e-6, f-12, g-10, h-5, i-13, j-11, k-9, l-7, m-8.
3.a
Tal vez predominen ligeramente los negativos con respecto a los positivos, pero en cualquier caso están bastante compensados. Cualidades positivas: buen humor, amigos de fiestas y romerías, fieles en el amor y la amistad, apegados a la familia, trabajadores. Cualidades negativas: socarrón, huidizo, ambiguo, extremistas, tristes, melancólicos, preocupados por la muerte.
3.b
Ejercicio libre
Frases hechas
2. a-3, b-1, c-2.

UNIDAD 3

Comprensión lectora y auditiva
1. Orientadora: a, e; Natalia: b, c, d.
3. Blanca: d. gente y cultura; Alba: a. estudios, b. requisitos y c. alojamiento; José Ignacio: e. dinero, f. trabajo.
4. a-4; b-1; c-7; d-6; e-2; f-3; g-5.

Gramática
1. a. por, b. para, c. De, d. al, e. por, f. por.
2. a. criticar, b. preguntando / preguntándole, c. Ser, d. Viendo, e. Habiendo estudiado, f. haciendo, g. haber estado, h. Diciendo, i. haber copiado.
3. a. No hablé con Eva, sino con María. b. No me bajo en Valladolid, sino en Salamanca. c. Estas flores no son para ti, sino para tu madre. d. No soy de Valencia, sino de Alicante. e. No lo hago porque es mi trabajo, sino porque me gusta. f. La carretera no está hacia el norte, sino hacia el este.
4. a. No, lo que he aprobado no es la Historia, sino la Filosofía. b. No, lo que voy a comprarme no son unos pantalones, sino una chaqueta. c. No, lo que ha llegado no son los paquetes, sino las cartas. d. No, lo que llevaremos no son bocadillos, sino patatas. e. No, lo que probé no son /eran las ostras, sino los percebes. f. No, lo que lee mi hermano pequeño no son revistas, sino tebeos.
5. a. Jaime juega bien no sólo porque es alto, sino también porque es hábil con la pelota. b. No sólo hay que entregar un trabajo, sino también una composición. c. No sólo le gustan las flores, sino también todas las plantas. d. Mi padre no sólo observa los pájaros, sino que también los dibuja. e. Este programa no sólo corrige los errores ortográficos, sino también los gramaticales.
6. a-3, b-6, c-4, d-5, e-2, f-1.
7. a. seguir tocando, b. Después...vaya, c. Mientras...estará, d. Siempre...emociono, e. Antes...escribir, f. Mientras...entró.

Léxico
1. 1-p, 2-m, 3-q, 4-k, 5-i, 6-o, 7-b, 8-j, 9-r, 10-c, 11-d, 12-n, 13-e, 14-t, 15-l.
2. a -2, b-3, c-1, d-1, e-3, f-3, g-3, h-1, i-2.

Frases hechas
1. 1-d, 2-b, 3-e, 4-f, 5-c, 6-a.
2. a-1, b-6, c-2, d-3, e-5, f-4.

UNIDAD 4

Comprensión lectora
1. a. Bajarte la música de moda; leer como gratuitos los periódicos de pago; buscar datos para el examen; hallar novia si no la tienes; ligar un plan con un guaperas de ojos azules; comprar un libro descatalogado. b. Que te pueda tocar El Gordo. c. Porque no quiere tratarlo como a Dios. d. Confía plenamente en lo que ha leído. e. Piensa que no todas son fiables ni buenas. f. Han sido sustituidos por los buscadores Google y Yahoo. g. Es el nuevo lenguaje de comunicación universal, un tanto complejo y codificado.

Comprensión auditiva

1. a-2, b. Estar en la oficina un tiempo superior al horario, quejarse continuamente de que le falta tiempo a uno, c. Si esta persona se lleva los informes a casa, si en la libreta de teléfonos hay más colegas que amigos, si se aburre en las vacaciones, d-2, e-1.

Gramática

1. a. conmigo, b. ella, c. ti, d. contigo, e. mí, f. ella, g. ti.

2. a. yo, b. consigo, c. ella, d. tú, e. él.

3. a. que, b. que, c. quienes/que, d. Quienes, e. cuales.

4. a. con el que, b. quién, c. el cual, d. que, e. con quienes/con los que.

5. a. el amigo del que te hablé ayer... b. la empresa en la que trabajamos... c. las personas a las que les preocupa su imagen... d. los compañeros con los que viven... e. la única persona en la que confiaba.

Léxico

1. 1-j, 2-b, 3-g, 4-d, 5-a, 6-f, 7-e, 8-c, 9-i, 10-h.

2. obsesivo-obsesionar, perfecto-perfeccionar, modernidad/modernismo-modernizar, imagen/imaginación-imaginativo/imaginario, engaño-engañar.

3. a-5; b-8; c-6; d-10; e-3; f-1; g-4; h-7; i-9, j-2.

Frases hechas

1. 1-b, 2-a, 3-c, 4-a, 5-b, 6-a, 7-b, 8-b.

2. a-8 (se está pasando de la raya), b-2 (está jugando con fuego), c-4 ((se) pasa las noches en blanco), d-7 (está en la luna), e-3 (se mantiene en sus trece), f-6 (comas el coco), g-1 (le falta un tornillo), h-5 (me tiene entre ceja y ceja).

UNIDAD 5

Comprensión lectora y auditiva

1. V: b, c, e, f; F: a, d.

2. a-1, b-1, c-3, d-2, e-2, f-3.

Gramática

1. a-4, b-6, c-3, d-5, e-2, f-1.

2. a. aunque, b. pero, c. porque, d. así que, e. porque, f. así que, g. aunque, h. pero.

3. a. Por, b. de, c. que, d. así, e. lo, f. pues, g. tanto.

4. a-3, b-6, c-1, d-2, e-4, f-5.

5. a. Supongo que Ramón está perdiendo el tiempo,... b. Tómate estas pastillas... c. Tus primos van a venir a la excursión,... d. Supongo que no fumas a escondidas, ... e. Voy a recogerte... f. No vayas más con esa pandilla…

6. a. tuvimos que, b. debíamos / teníamos que, c. Debíamos / Teníamos que, d. debían / tenían que, e. debías / tenías que, f. Debí.

Léxico

1. 1-j, 2-d, 3-k, 4-b, 5-m, 6-a, 7-n, 8-i, 9-c, 10-h, 11-f, 12-o.

2. a. comunitarios, b. prevención, c. internamiento, d. vandalismo, e. empujón, f. denunciar, g. comisaría.

3. a. multa, b. sentencia, c. semáforo, d. límite, e. autopista o autovía, f. paso de cebra, g. víctima, h. inmigrante.

Frases hechas

1. 1-e, 2-g, 3-b, 4-d, 5-c, 6-f, 7-h, 8-a.

2. a-7, b-6, c-8, d-1.

UNIDAD 6

Comprensión lectora

1. a-1, b-2, c-1, d-2, e-1, f-2.

Comprensión auditiva

1. a-2, b-1, c-2, d-1, e-2, f-1, g-2.

Gramática

1. a-2, b-5, c-4, d-6, e-1, f-3.

2. a. inoportuno, b. descomponer, c. desobediente, d. insensible, e. imposible, f. irresistible, g. irrelevante, h. desenchufar, i. inmortal, j. inexperto, k. impotente, l. ilógico.

3. a. destructivo / destructible, b. representativo, c. agradable, d. criminal, e. horroroso, f. conveniente, g. evidente, h. habitual, i. doloroso, j. comercial, k. económico, l. volcánico.

4. g. construcción, h. dureza, i. liberalismo / liberalización, j.

información, k. crudeza, l. realismo, m. posibilidad, n. capacidad, o. impermeabilidad, p. inteligencia, q. igualdad.

5. a. come, b. estudia, c. se esfuerzan, d. me asegurabas, e. me encanta, f. les dice.

6. a-3 (tenga mucho trabajo), b-1 (coma, nunca engorda), c-2 (haga mal tiempo), d-5 (le insistas), e-4 (parezca).

7. a. tenga, b. se empeñara, c. la alabes, d. lloviera, e. fuera, f. conozca, g. te parezca.

Léxico

1. a-1, b-2, c-2, d-3, e-1, f-2, g-3, h-1, i-3, j-1.

2. a-2, b-6, c-7, d-3, e-1, f-4, g-5.

3. a. meseta, b. rías, c. estuario, d. islote, e. marea, f. península, g. archipiélago.

Frases hechas

2. a-4 (hace leña del árbol caído), b-1 (al mal tiempo, buena cara), c-5 (se la hubiera tragado la tierra), d-3 (como caído del cielo), e-2 (cayendo chuzos de punta).

UNIDAD 7

Comprensión lectora

1. 1.b, c, d, f, 2. a, d, e, f.

Comprensión auditiva

1. a-2, b-3, c-1-2-3, d-1, e-1.

Gramática

1. a. Cómo, b. Cuánta, c. Qué, d. tanto, e. tan, f. Cuántos, g. tan.

2. a-5, b-4, c-6, d-1, e-2, f-3.

3. a. fueran, b. no hubiera pasado, c. hubiera tragado, d. estuviéramos, e. hubieras descubierto, f. hiciera.

4. a. les, b. se te, c. se, d. se lo, e. les, f. te lo.

5. a. Sí, te los voy a prestar, b. Sí, se lo he contado, c. Sí, queremos dárselo, d. Sí, se la he entregado, e. Sí, nos los han enviado ya, f. Sí, me la sé.

6. Ayer **me** ocurrió una cosa divertida. Iba yo en el autobús y delante de mí **se** sentó un señor mayor. El autobús **iba** lleno y la gente, de pie, **se** agarraba a los pasamanos para no caer**se**. De repente **sonó** un móvil. Algunos empezaron a mirar**se** los bolsillos para sacar su móvil, pero les costaba porque si no **se** agarraban podían **perder** el equilibrio.

La gente empezaba a extrañar**se** porque nadie contestaba y ese móvil no dejaba de **sonar**. Después de un rato así, la gente empezó a reír**se**, porque la situación era cómica. Al final, el señor que se había sentado delante de mí (**se**) metió la mano en el bolsillo, sacó un audífono y **se** lo puso en la oreja. Entonces oyó el móvil, y rápidamente volvió a meter la mano en el bolsillo. Esta vez sacó el móvil, que **seguía** sonando, y **contestó**.

Léxico

1. 1-t, 2-q, 3-c, 4-n, 5-k, 6-o, 7-m, 8-g, 9-l, 10-f, 11-j, 12-e, 13-r, 14-b, 15-p.

2. a-2, b-1, c-6, d-4, e-3, f-5.

3. a-4 (arrepentido), b-11 (impacientes), c-5 (celosa), d-12 (triste), e-6 (desesperado), f-8 (enfadados), g- 2 (alegre), h-10 (felices), i-9 (enfurruñado), j-1 (aburrido/a), k-3 (apasionado), l-7 (enamorado).

Frases hechas

1. 1-d, 2-a, 3-b, 4-f, 5-c, 6-e.

2. a-6, b-3, c-1, d-2, e-4, f-5.

UNIDAD 8

Comprensión lectora y auditiva

1. a. La conciliación del trabajo y la familia, es decir, poder llevar las dos cosas a cabo sin tener que abandonar una por otra, b-1, c. No, España lleva cierto retraso en materia de conciliación e igualdad de género, d. Que las mujeres abandonen su puesto de trabajo para dedicarse al cuidado de hijos y mayores, e. Dedicando mayor atención a nuestros hijos y transmitiéndoles valores, f. Un cambio social profundo y el hecho de aportar dos sueldos a la familia, g. Las mujeres firman menos contratos indefinidos, reciben retribuciones más bajas y sólo representan la tercera parte de los puestos directivos; sin embargo, se matriculan más mujeres que hombres en la universidad, y los porcentajes de población activa con titulación superior son similares, h. Incorporar estrategias que permitan a las trabajadoras compatibilizar sus responsabilidades laborales y familiares.

2. 1. capacidad, 2. acordarnos, 3. económica, 4. feminismo, 5. naturales, 6. decidido, 7. coser.

3. a. Elena, b. Rocío, c. Rocío, d. Elena, e. Rocío.

Gramática

1. a. Si hubieras mirado el calendario te habrías / hubieras acordado de que ayer era fiesta local, b. Si no hubieras comido tanto el día de tu cumpleaños no habrías / hubieras vomitado por la noche, c. Si hubieras hecho una oferta razonable, otra persona no habría / hubiera comprado el piso que tú querías, d. Si hubieras llamado a tu familia te habrías / hubieras enterado de que tu madre estaba enferma, e. Si mis amigos me hubieran invitado a la fiesta no me habría / hubiera quedado en casa aburrido, f. Si el Primer Ministro no hubiera sido un inepto no lo habrían / hubieran destituido ayer.

2. (Posibles respuestas):
 a. Si hubiera estado en esa situación, yo hubiera parado a un coche que no fuera a mucha velocidad para pedirle que me acercara a un teléfono de primeros auxilios que estuviera a este lado de la carretera / Hubiera parado al primer coche que pasara y le habría pedido que me dejara usar su teléfono móvil / No hubiera intentado cruzar los seis carriles bajo ningún concepto, hubiera sido un acto suicida. Etc. b. Habría intentado disimular / Hubiera deseado que me tragara la tierra / Habría actuado como si nada hubiera pasado. Etc. c. Le habría intentado explicar que las tarjetas se rayan con demasiada frecuencia / Le hubiera dicho que estas cosas pasan a menudo y que debía de haber habido un error.

3. a. hagas, b. me cuentes, c. te quedes, d. (os) comáis, e. recojas, f. me comuniques.

4. a. en caso de que, b. a condición de que, c. Como, d. Mientras, e. siempre que, f. con tal de que.

5. a. haya gustado, b. compre, c. ofrezcan, d. dejará, e. prejubilará, f. haya empezado

6. (Posibles respuestas):
a. En primer lugar / Para empezar, b. además, c. En segundo lugar / Por otra parte, d. Sin embargo, e. Por último, f. pero, g. En definitiva / En resumen.

Léxico

1. a-6, b-3, c-2, d-4, e-1, f-5.

2. Nos hemos separado, ya no nos aguantábamos ninguno de los dos. Él sale ahora con una chica más joven que él y parece que van en serio. Yo he conocido a un señor... que se acaba de divorciar. Aún no somos novios, sólo somos buenos amigos. Por ahora es un ligue, nos lo pasamos bien juntos, pero no sé lo que durará. Mi primer ex-marido... ha enviudado,... no tenían hijos. Su difunta esposa era encantadora. Mi ex-familia política está muy apenada. Antonio tiene dos hijos de su primer matrimonio... suponiendo que la relación se hiciera estable y nos fuéramos a vivir juntos... ¿Tú vas en serio con tu nueva pareja? ¿Oiremos pronto campanas de boda?

3. Ex-marido, ex-mujer, ex-cuñado/a, ex-novio/a, ex-nuera, ex-yerno, etc.
Viudo/a.
El suegro/a, la nuera, el yerno.
Un hijo adoptivo es aquel que biológicamente no es tuyo. Al adoptarlo lo tratas como si fuera tuyo.
Las palabras *madrastra / padrastro, hermanastro/a* pueden tener un cierto matiz negativo y peyorativo. Son personas, como podemos apreciar en los cuentos infantiles, que por lo general son malvadas, aunque esto no se ciña a la realidad en la vida actual. Por lo general, sin embargo, hoy día no se llama a nadie padrastro, sino el marido de tu madre, o se llama a la persona por el nombre propio.

Frases hechas

2. a-2 (se le caía la casa encima), b-4 (tira la toalla), c-1 (se ahoga en un vaso de agua), d-5 (pagaba el pato), e-3 (no pintaba nada).

UNIDAD 9

Comprensión lectora

1. a. A defender la libertad de expresión de los periodistas perseguidos en todo el mundo, b-3, c. No lo dice directamente, pero dice que "perdieron su libertad por no dejar de hablar", d. Consiste en escribir lo que ellos no pueden decir en su país, e. Porque es el único espacio que hay para que su voz se oiga.

Comprensión auditiva

1. a. La curiosidad por conocer y ver de primera mano acontecimientos de primera magnitud, b. Influencias, c. No encuentra ninguna explicación, d. Mientras crea que tiene algo que aportar, e. No existen lugares ni situaciones más o menos arriesgados: el riesgo es la guerra misma, f. No, porque no existe la objetividad, cuenta su visión de los hechos después de haberse informado de manera exhaustiva, g. No, unas veces sí y otras, no, h. Es bueno tener miedo para volver vivo de una zona de guerra.

Gramática

1. a. leyera; b. había conseguido; c. hubiera llamado; d. hubiera anunciado; e. hubieras avisado; f. prometieras.

2. Respuesta libre. Pero se pueden sugerir algunas posibilidades: a. Yo no lo hubiera aceptado, b. Yo no la hubiera rechazado / Yo la hubiera cogido, c. Yo me hubiera ido, d. Yo la hubiera terminado / Yo no la hubiera dejado.

3. a. había visto, b. hubiera visto, c. hubiera conseguido, d. había conseguido, e. habíamos revelado, f. hubiéramos revelado, g. había visto, h. hubiera visto.

4. a. acaba de llegar, b. está hablando, c. está aprendiendo. d. ha dejado de hablar, e. Acabo de comer.

5. a. anda diciendo, b. va mejorando, c. ha dejado de informar, d. acaba de salir, e. está aumentando.

Léxico

1. a-3, b-2, c-1, d-1, e-2, f-3, g-1, h-3.

2. a-3, b-1, c-2, d-1, e-2.

3. a-8, b-2, c-4, d-5, e-7, f-9, g-10, h-1, i-3, j-6.

Frases hechas

1. 1-c, 2-j, 3-k, 4-i, 5-a, 6-b, 7-h, 8-g, 9-e, 10-d, 11-f.

2. a-1 (habla de oídas), b-10 (habla por los codos), c-3 (sé de buena tinta), d-4 (vox populi), e- 6 (a trancas y barrancas), f-7 (andarse con pies de plomo), g-8 (se ha ido de la lengua), h-9 (no soltó prenda), i-11 (se fue por las ramas), j-2 (está al pie del cañón), k-5 (a ojo).

UNIDAD 10

Comprensión lectora

1. a. *Reinas*, b. *Habana Blues*, c. *Reinas*, d. *Reinas*, e. *Habana Blues*, f. *Reinas*, g. *Habana Blues*, h. El sexo de los novios, son cinco parejas de chicos homosexuales (*Reinas*), i. Respuesta libre.

Comprensión auditiva

1. a-2, b-1, c-2, d-2, e-1, f-1.

Gramática

1. a. por, b. para, c. Por, d. a, e. a, f. a, g. Correctas, h. por, i. por, j. para, k. para.

2. a. lo viera, b. me dijiste, c. ponía, d. hacer, e. se lo dictaba, f. les ocurre, g. indicaba, h. lo haría / hubiera hecho.

3. (Posibles respuestas):
a. decía el libro de cocina, b. el jefe de personal ha decidido cambiarlo de puesto, c. hoy se encuentra fatal, d. me habías indicado, e. actúa / interpreta todos los papeles, f. darse cuenta / mala intención.

4. a. por, b. para, c. por, d. Para, e. por, f. para, g. Por, h. para.

5. 1. para, 2. Ø, 3. a, 4. por, 5. a, 6. para, 7. al, 8. a, 9. Ø, 10. Ø, 11. por, 12. Para, 13. Por, 14. Ø, 15. para.

Léxico

1. a-1, b-3, c-2, d-1, e-2, f-3, g-1, h-2, i-3, j-2, k-1, l-3, m-1, n-3.

2. a-3, b-5, c-6, d-8, e-2, f-7, g-4, h-1.

3. a-9, b-7, c-8, d-3, e-4, f-2, g-6, h-5, i-1.

2. a-4 (montara un numerito), b-2 (tiene muchas tablas), c-3 (había cuatro gatos), d-5 (ví las estrellas), e-1 (no cabía ni un alfiler).

UNIDAD 11

Comprensión lectora y auditiva

1. a. Algo rápido, b. La comida rápida típica de uno de esos sitios "de plástico", c. A un sitio de comida rápida diseñada por Ferran Adrià, d. Se come bien, sano y es rápido.

2. a. Se trata de comida rápida y sana, con la calidad y alguno de los ingredientes de la alta cocina, b. Lechuga trocadero, salsa tapenade, rúcola, gorgonzola, salvia, piñones, cebollitas confitadas, daditos de foie de pato, puerros con pollo confitado y especias, arroz salvaje con cous-cous, etc., c. Patatas fritas no congeladas y hechas al momento con aceite de oliva, zumos naturales recién hechos, etc., d. Mucha; los colores, las maderas y los suelos están cuidados y son de calidad, e. Después de analizar los mercados. Personas con prisa, hombres de negocios. Para los que quieren comer bien y no tienen tiempo.

3. a. Estudios relacionados con la alimentación, b. Su primer contacto con la restauración fue fregando platos para conseguir dinero, c. En cualquier momento: paseando, leyendo o estudiando, d. Sí, muchas cosas, no sólo en la cocina, sino en todos los campos, e. la investigación y el conocimiento, f. formándose, g. Que dediquen al menos una hora a la semana a cocinar platos sencillos, h. Habas salteadas, con un poco de aceite y un huevo frito encima.

Gramática

1. a. El cocinero nos recomendó que estudiáramos si queríamos innovar, b. El cocinero anunció que la cocina oriental se apreciaría en las próximas décadas, c. Él me dijo: "Me ha gustado mucho el nuevo restaurante", d. La cocinera nos explicó: "La cocina de fusión seguirá de moda".

2. a. Él me preguntó si me gustaba la cocina india, b. Él me preguntó que dónde había aprendido a cocinar, c. Él me preguntó si había probado los caracoles, d. Él me preguntó que en qué platos se usaba el perejil.

3.
-Le preguntó que cuál era su plato tradicional favorito.
-Respondió que la paella.
-Le preguntó que cuál era su creación favorita.
-Respondió que su gazpacho andaluz.
-Le preguntó que qué recomendaba para aprender a amar la Gastronomía.
-Respondió que humildad.
-Le preguntó que para quién le gustaría cocinar.
-Respondió que le gustaría cocinar el inédito menú de Leonardo Da Vinci de 1502, aquel que no le aceptó su mecenas en las obras de Ludovico Esforza.
-Le preguntó que si era un hombre feliz.
-Respondió que sí, mucho. Que se sentía realizado y feliz, porque había conseguido la aspiración de la mayoría, hacer lo que le gustaba y vivir de ello. Y que, además, gozaba de la confianza de sus socios y el respeto y admiración de sus colaboradores.

4. a. había ido, b. había probado, c. he estado, d. Has cocinado.

5. (ser) era , (ser) era, (acabar) acabó, (ser) había sido, (casarse) se casó, (disimular) disimulaba, (Parecer) Parecía, (consagrar) consagró, (olvidar) olvidaba, (casarse) se habían casado, (tener) tuvieron , (ser) fueron, (Saber) Sabían.

6.

a) El paciente habló a su psicoanalista de la mujer que había conocido en el parque y le dio, en sucesivas sesiones, tal cúmulo de detalles sobre ella que el psicoanalista advirtió que se trataba de su propia mujer. En tal caso, los dos amantes -que ignoraban el enredo en el que estaban envueltos- quedaban a su merced.

b) El psicoanalista no llegó a enterarse de que la mujer del parque era su esposa. Pero el paciente y la mujer, hablando de sus vidas respectivas, advirtieron la coincidencia. En esta segunda posibili-

dad era el psicoanalista el que quedaba expuesto a los manejos de la pareja de amantes.

c) Llegó un punto de la narración en el que los tres advirtieron lo que pasaba, pero cada uno de ellos pensó que los otros no lo sabían. En ese caso, todos creían poseer sobre los otros un poder del que en realidad carecían.

d) Ninguno de ellos sabía lo que estaba sucediendo; de ese modo los tres personajes evolucionaron, ciegos, en torno a un mecanismo que los podía triturar, uno a uno colectivamente. Sería el azar y el discurrir narrativo los que decidieran por ellos su salvación o desgracia.

Léxico

1. a-5, b-4, c-7, d-2, e-6, f-1, g-3.

2. a. sosa, b. insípida, c. salada, d. picante, e. cocido, f. frito, g. asado, h. congelado, i. precocinado .

3. a-8, b-3, c-4, d-6, 1, e-5, f-7, g-2, h-9, i-10.

Frases hechas

1. 1-j, 2-a, 3-f, 4-b, 5-c, 6-i, 7-e, 8-g, 9-d, 10-h.

2. a-5 (estamos como sardinas en lata), b-10 (era su media naranja), c-8 (No se le puede pedir peras al olmo), d-3 (agua que no has de beber, déjala correr), e-4 (está a la sopa boba), f-9 (me puse como una sopa), g-1 (a buen hambre no hay pan duro), h-2 (a falta de pan, buenas son tortas), i-7 (nunca puedes decir de esta agua no beberé), j-6 (no está el horno para bollos).

UNIDAD 12

Comprensión lectora y auditiva

1. V: c, d, e, g; F: a, b, f, h.

2. a-3, b-2, c-3, d-1, e-2.

Gramática

1. Dos institutos científicos realizaron este estudio en colaboración. Las muestras de sangre infectada con virus se examinaron e el Instituto Bacteriológico de la Universidad de Valencia y se compararon con muestras recogidas por el Instituto Médico de Bogotá. Posteriormente se celebró una reunión conjunta, en la que se abordaron distintas posibilidades para desarrollar una vacuna. Los dos Institutos desarrollarían esta vacuna conjuntamente y Colombia y la Unión Europea financiarían esta operación. Es la primera vez que se intenta desarrollar una vacuna contra este virus, que causa miles de muertes entre el ganado cada año. Se ha creado mucha expectación entre los ganaderos.

2. a. estaban, b- fue, c. estábamos, d. ha sido / fue, e. está, f. sido.

3. 1. es, 2. es, 3. es, 4. están, 5. Es, 6. es, 7. Está, 8. es, 9. está, 10. son, 11. es, 12. son, 13. es, 14. es.

4. a. es-es, b. están-está, c. estáis-está, d. es-estar, e. estar-estará, f. es-está, g. es-Estoy.

Léxico

1. 1-d, 2-n, 3-a, 4-h, 5-g, 6-f, 7-k, 8-m, 9-b, 10-c, 11-o, 12-i, 13-j, 14-l, 15-e.

2.

	NBRE	ADJ	VER	
	x	x		a. desierto
	x		x	b. sueño
	x			c. suntuosidad
		x		d. torturante
		x		e. intangible
		x		f. silencioso
	x	x		g. periódico
			x	h. compadecían
		x		i. verdadero

3. a. completar, b. investigaciones, c. científicos, d. eléctricos, e. perforamos, f. excavadoras.

Frases hechas

1. a. experiencia...madre, b. borrego...ciego, c. decente...insolente, d. diligencia...ciencia.

2. Alaban: 2, 3; Menosprecian o comparan con otras virtudes: 1, 4.

3. a-2, b-4, c-3, d-1.